U0505006

卢纳熙 等 著

欧亚经济联盟研究报告

RESEARCH REPORT OF
EURASIAN
ECONOMIC UNION

社会科学文献出版社
SOCIAL SCIENCES ACADEMIC PRESS (CHINA)

引　言

　　欧亚经济联盟是以俄罗斯、哈萨克斯坦、白俄罗斯、吉尔吉斯斯坦、亚美尼亚为正式成员国的区域国际组织。欧亚经济联盟是俄罗斯主导的独联体地区重要的区域经济一体化成果，目标是建成集经济、社会、法律、文化于一体的综合性国家间联盟，以经济一体化为基础，最终建成"欧亚一体化"。那么，欧亚经济联盟及各成员国的发展状况如何，是否与联盟成立初衷相契合？有哪些促进欧亚经济联盟发展的政策值得借鉴？各成员国的战略性产业发展现状如何？"一带一盟"对接合作取得了怎样的进展？为解答上述问题，特撰写《欧亚经济联盟研究报告》。本报告以欧亚经济联盟的发展状况为核心，集中讨论俄罗斯、哈萨克斯坦、白俄罗斯、吉尔吉斯斯坦、亚美尼亚的经济、外交等议题。从经济原理、发展规划、政策发布、数据分析等多角度对欧亚经济联盟的发展状况进行了梳理，分析了各成员国在基础条件、发展战略、产业布局、外交政策等方面的差异，总结了各成员国在发展中的创新之处、独到之处和特别之处，以期为"一带一盟"对接合作提供切实可行的对策和建议。

　　本书共分为三部分，分别是总论、欧亚经济联盟成员国经济篇、"一带一盟"对接合作篇。总论全面阐述了欧亚经济联盟的发展概况、一体化政策、经济发展以及国际合作情况。欧亚经济联盟成员国经济篇从国家概况、经济发展等层面出发，分析了各成员国的经济、产业等状况，重点讨论了国际能源安全体系下俄罗斯国际能源合作、白俄罗斯的经济转型路径等议题，并结合当前国际形势进行了相关展望。"一带一盟"对接合作篇基于"一带一盟"对接合作的方向路径、合作领域、现有局限和未来展望展开分析，"一带一盟"对接合作聚焦政策沟通、设施联通、贸易畅通、资金融通及民心相通五个方面，为全面战略合作伙伴关系注入新内涵、为地区和平稳健发展增添新动力。

《欧亚经济联盟研究报告》由卢山冰教授选定报告主题，卢纳熙和南娜娜完善大纲，确定各篇基本研究内容。各篇章分工如下：总论由卢纳熙、南娜娜完成；欧亚经济联盟成员国经济篇由黄佳栋、卢纳熙、金璇、屈海燕完成；"一带一盟"对接合作篇由贾晓倩、邢姣完成。各篇初稿完成后，由卢纳熙统稿，卢山冰、卢纳熙审核，形成终稿。

目 录 ⤵

总 论

欧亚经济联盟成员国经济篇

"一带一盟"对接合作篇

总　论

　　欧亚经济联盟是以俄罗斯、哈萨克斯坦、白俄罗斯、吉尔吉斯斯坦、亚美尼亚为正式成员国的区域国际组织，五国均是"一带一路"倡议的重要合作伙伴。苏联解体后，俄罗斯不断加强独联体地区的经济一体化建设，努力与独联体国家一道成为世界多极格局中的一极。经过多年的反复探索，2015年1月1日，俄罗斯、哈萨克斯坦、白俄罗斯三国成立了欧亚经济联盟，随后亚美尼亚、吉尔吉斯斯坦两国加入。欧亚经济联盟是俄罗斯主导的独联体地区重要的区域经济一体化成果，目标是将联盟建设成集经济、社会、法律、文化于一体的综合性国家间联盟，以经济一体化为基础，最终形成"欧亚一体化"。欧亚经济联盟旨在提高成员国人民生活水平，为经济发展创造稳定的环境；在联盟框架内建立商品、服务、资本及劳动力统一市场；在全球经济背景下推动全面现代化，提高成员国经济竞争力。但是，联盟成员国合作有待深化。从相互贸易和投资现状看，成员国之间的经贸合作发展比较缓慢，俄罗斯的经济相对优势和特殊制度安排使其在联盟决策过程和收益分配方面占据主导地位，联盟主要便利了俄罗斯对其他成员国工业制成品的出口和投资，对联盟成员国之间贸易与投资的促进作用并不均衡。欧亚经济联盟并非如欧盟一般是所有成员国深度融合的网络化结构，而是以俄罗斯为核心的"轮辐式结构"。

第一章　欧亚经济联盟发展概况

欧亚经济联盟的成立，不仅有历史和文化原因，更是现实社会经济发展的必然。欧亚经济联盟经历了概念提出、组织机构探索、联盟正式成立和联盟一体化发展四个阶段。与其他区域性国际组织相比，欧亚经济联盟有其独特性。欧亚经济联盟是在独联体时代由俄罗斯发挥主导作用成立的区域经济一体化国际组织。

第一节　欧亚经济联盟成立背景

一　独联体的先天不足和成员国之间的矛盾促使部分成员国寻求构建经济合作组织

1991 年 12 月 8 日，苏联 3 个加盟共和国领导人白俄罗斯最高苏维埃主席舒什克维奇、俄罗斯总统叶利钦、乌克兰总统克拉夫丘克在白俄罗斯的别洛韦日会晤，签署《独立国家联合体协议》，宣布"苏联作为国际法主体和地缘政治现实，将停止其存在"，建立独立国家联合体。同月 21 日，除波罗的海三国和格鲁吉亚外，其他 11 个苏联加盟共和国签署《阿拉木图宣言》和《关于武装力量的协议书》等文件，宣告苏联停止存在及成立独立国家联合体。1993 年 12 月，格鲁吉亚加入独联体。

1992 年巴塞罗那奥运会，独联体国家以联合队名义参赛，在奥运会上大放异彩，在奖牌榜和金牌榜上均居第一名，即金牌 45 枚、银牌 38 枚、铜牌 29 枚、总奖牌 112 枚，而美国金牌 37 枚、银牌 34 枚、铜牌 37 枚、总奖牌 108 枚。这是独联体历史上最为光彩的一刻。但是，随着独联体国家选择的发展道路不同，尤其是受西方国家的政治渗透、经济融入和诱导，独联体内部分化成为必然。

独联体是独立主权国家的协调组织，以主权平等为基础。其宗旨是为成员国进一步发展和加强友好、睦邻、信任、谅解和互利合作关系服务，为各成员国在国际安全、裁军、军备监督和军队建设方面协调政策。苏联解体后，独联体在处理加盟共和国错综复杂的问题时，确实发挥了很大作用。但是，由于这个组织注重的是国家的独立，而不是组织的联合，成员国之间很少达成真正意义上能够有效落地实施的共识。各国对内忙于巩固政权、发展经济，对外则加紧争夺苏联遗产。这个时期的国与国关系，不再是苏联加盟共和国之间的关系，以往的加盟共和国之间行政区域划分的争议，变成国与国分界线的争议，这些争议点有近 200 处。① 在独联体刚刚成立的 1992 年，阿塞拜疆、摩尔多瓦、土库曼斯坦拒绝参加 3 月和 9 月的两次独联体跨国议会大会。1993 年，独联体成员国关系陷入僵局，处于有"独"无"联"状态。尽管俄罗斯在维护独联体发展上不遗余力地试图推进经济一体化工作，但是成效甚微。

除波罗的海三国爱沙尼亚、拉脱维亚、立陶宛拒绝加入独联体外，其他 12 个苏联加盟共和国，都曾是独联体成员国。在独联体 12 个成员国中，后来有 3 个国家正式退出独联体。土库曼斯坦第一个退出独联体。1995 年 12 月 12 日，土库曼斯坦被联合国批准为永久中立国，不参与任何政治联盟，不偏袒国际上任何一方组织；2005 年 8 月 26 日，土库曼斯坦在俄罗斯喀山独联体元首会议上宣布退出独联体。格鲁吉亚在俄格冲突后第二个退出独联体。2008 年 8 月，俄罗斯与格鲁吉亚之间爆发战事，以格鲁吉亚惨败结束。当月，格鲁吉亚宣布退出独联体。第三个是乌克兰。乌克兰在俄罗斯"收回"克里米亚后宣布退出独联体。这样，独联体由鼎盛时期的 12 个成员国，剩下了亚美尼亚、阿塞拜疆、白俄罗斯、

---

① 戚超英、杨雷：《独联体的"独"与"联"探析》，《东北亚论坛》1999 年第 4 期，第 53～58 页。

摩尔多瓦、哈萨克斯坦、吉尔吉斯斯坦、塔吉克斯坦、乌兹别克斯坦、俄罗斯共9个国家。在这9个国家中，阿塞拜疆、摩尔多瓦也曾公开表示脱离独联体。①

在这里还要提及的是，独联体成员国成立了"古阿姆民主与发展组织"。该组织由格鲁吉亚、乌克兰、阿塞拜疆和摩尔多瓦发起成立，在政治上和资金上得到美国的大力支持，目的是与独联体分庭抗礼。随着格鲁吉亚和乌克兰先后退出独联体，"古阿姆民主与发展组织"的政治目标逐步实现。

二　俄罗斯与独联体其他成员国需要新型区域国际组织助力经济发展

苏联解体以后，俄罗斯作为独联体中国土面积最大、经济和军事实力最强的国家，也是继承苏联政治遗产最多的国家，在经济发展上可谓惨淡。1992~2000年，俄罗斯国内生产总值只有3年实现正增长，其他年份都呈负增长。21世纪以来，虽经济形势有所好转，但是经济增速仍然出现前快后慢的景象。2001~2010年俄罗斯经济年均增长率为4.93%，2011~2014年俄罗斯经济年均增长率为2.71%（见表1-1）。加强与独联体成员国之间的经济合作，积极推动成员国之间一体化合作，对于俄罗斯的经济发展而言无疑至关重要。

表1-1　1992~2000年、2011~2021年俄罗斯经济增长率

单位：%

项目	1992年	1993年	1994年	1995年	1996年	1997年	1998年	1999年	2000年	2011年
增长率	-14.53	-8.67	-12.57	-4.14	-3.76	1.4	-5.3	6.4	10.0	4.3

项目	2012年	2013年	2014年	2015年	2016年	2017年	2018年	2019年	2020年	2021年
增长率	4.02	1.76	0.74	-1.97	0.33	1.83	2.81	1.34	-2.95	4.7

资料来源：《俄罗斯历年GDP年度增长率》，https：//www.kylc.com/stats/global/yearly_per_country/g_gdp_growth/rus.html。

---

① 王靓：《格乌阿摩四国齐心脱离独联体》，《东方早报》2006年5月25日。

（一）俄罗斯经济发展与独联体国家关系密切，存在经济一体化客观要求

苏联时期的经济发展自成体系，一定程度上独立于世界经济体系之外。苏联时期对于各个加盟共和国的产业分工和工业布局有着明确的安排，每个加盟共和国都处在苏联产业经济链的不同位置。各个加盟共和国的经济发展水平和生产水平都依赖于这一庞大产业体系，俄罗斯处于这一产业体系的高端或中端位置。苏联解体后，新独立的国家有了更多的发展路径，但是原来统一的大市场经济体分崩离析后，各国赖以生存的产业无法立即融入世界经济体系，加之苏联时期形成的与产业经济直接相关的行业标准、产业标准等难以与国际接轨，[①] 制约了包括俄罗斯在内的独联体国家经济发展进程。除俄罗斯、乌克兰、乌兹别克斯坦、哈萨克斯坦和白俄罗斯之外，其他独联体国家人口数量都不到1000万人（见表1-2）。经济体量小、人口少，再加上苏联时期计划体制的产业分工，这些新独立的国家在经济发展上举步维艰。

表1-2　1992年独联体国家人口数量

单位：千万人

项目	亚美尼亚	阿塞拜疆	白俄罗斯	摩尔多瓦	哈萨克斯坦	吉尔吉斯斯坦	塔吉克斯坦	乌兹别克斯坦	俄罗斯	土库曼斯坦	格鲁吉亚	乌克兰
人口	0.34	0.74	1.02	0.30	1.64	0.45	0.55	2.15	14.9	0.39	0.49	5.22

（二）俄罗斯具备推动独联体国家经济一体化的客观基础

首先，俄罗斯拥有丰富的石油、天然气能源资源，经济实力雄厚。大多数独联体国家在能源上都严重依赖俄罗斯，俄罗斯供给价格明显低于国际市场价格。在现代世界经济中，能源是最为重要的大宗商品。俄罗斯的能源资源优势，确保了其在经济一体化中的话语权。其次，在苏联时期留下的便利交通运输网络中，俄罗斯处于核心位置。苏联时期几乎所有的交通基础建设

---

① 以铁路轨距为例，火车的铁轨分为宽轨、窄轨、标准轨。大多数国家所采用的是标准轨，而苏联时期境内的铁轨为1520毫米宽轨。这与防止他国入侵有关，也与地势复杂存在很多冻土层，将铁轨设计成宽轨能够分摊火车的重量、加强稳定性有关。

都以莫斯科为中心，独联体国家的公路、铁路和航空都直达莫斯科。俄罗斯在独联体交通运输网络中，依然在发挥着交通枢纽和核心功能作用。最后，俄罗斯是独联体国家侨汇收入的主要来源地，支撑着许多国家的外汇储备。由于语言上的便利和文化上的认同感，中亚国家每年有数百万人在俄罗斯工作，其中吉尔吉斯斯坦有近100万人、乌兹别克斯坦有近200万人在俄罗斯务工。劳务侨汇收入已经成为中亚一些国家主要的经济收入来源。

（三）独联体国家在经济上与俄罗斯具有互补性

苏联时期15个加盟共和国的经济发展各具特点。其中，俄罗斯经济实力最强，工农业均发达；乌克兰经济实力仅次于俄罗斯，重工业发达，拥有苏联重要的煤炭、钢铁基地；白俄罗斯加工业发达；立陶宛高技术产业突出；拉脱维亚轻工业和乳畜业发达；爱沙尼亚机械、轻工业和食品工业发达；摩尔多瓦食品工业发达；格鲁吉亚是重工业和亚热带经济作物基地；亚美尼亚重工业和轻工业发达；阿塞拜疆是苏联重要的油气生产基地之一；哈萨克斯坦是苏联的重要能源、原材料、商品粮基地；乌兹别克斯坦重工业发达，也是全苏最大的产棉区；吉尔吉斯斯坦重工业、耕作业和畜牧业发达；塔吉克斯坦工业以采矿、轻工、食品为主且植棉业发达；土库曼斯坦工业欠发达而植棉业和养羊业较发达。[①] 除波罗的海三国立陶宛、拉脱维亚和爱沙尼亚独立后从未加入过独联体外，其余12个国家都曾经或者仍然是独联体成员国，经济发展的互补性是一种客观存在。特别是对于独联体中一些经济实力较弱的国家，在独联体内部寻求经济合作的成本最小、路径最短。

独联体国家发展中出现的多种问题，也促使相关国家注重与俄罗斯步伐协调。比如，吉尔吉斯斯坦发生的"郁金香革命"、白俄罗斯发生的政治危机、阿塞拜疆和亚美尼亚矛盾升级，一些国家经济问题导致国内矛盾激化、区域稳定和安全形势发生变化等，都需要有共同认可的平台机构来推动区域

---

① 冯春萍：《前苏联铁路网的形成、发展和布局》，《世界地理研究》1994年第2期，第100、102~111页。

之间的互联互通，在促进经济一体化发展过程中维护国家稳定和推动经济发展。

（四）独联体成员国不断探索构建区域经济合作组织

1991 年成立以来，独联体内部相继成立了许多次区域组织和经济集团。

1. 俄白联盟

1996~1999 年，俄罗斯和白俄罗斯先后成立俄白共同体、俄白联盟，签署《成立俄白联盟国家条约》，2000 年初该条约生效。根据条约规定，俄罗斯和白俄罗斯联盟国家机关包括最高国务委员会、执行委员会和联盟议会。最高国务委员会由成员国总统、总理和议会领导人组成，主席由两国总统轮流担任。两国将保留各自的主权、国家独立和领土完整，并保留宪法、国旗、国徽等；但两国的法律将趋于接近，并将建立联盟法律体系。俄白实施联盟国家条约的行动纲领规定，从 2000 年起逐步拉平两国主要宏观经济指标；从 2001 年起实行统一的税收政策；从 2005 年起实行统一的贸易和关税政策，当年底实现货币统一。①

2. "古阿姆"集团

1997 年 10 月，格鲁吉亚、乌克兰、阿塞拜疆和摩尔多瓦成立了一个磋商性的非正式地区联盟，"古阿姆"一词是由四国国名的第一个字母组合而成的。1998 年乌兹别克斯坦加入"古阿姆"，2002 年暂停在该组织活动，2005 年 5 月退出。2006 年 5 月，格鲁吉亚、乌克兰、阿塞拜疆和摩尔多瓦四国领导人在基辅举行"古阿姆"峰会，决定把这一非正式地区联盟变为正式国际组织"古阿姆民主与发展组织"。自 21 世纪初期在独联体和中东、北非发生"颜色革命"以后，该集团加速了独联体地区的地缘政治分化进程和经济非一体化进程，并催生了俄罗斯新的独联体政策。②

3. 中亚经济共同体

1994 年，哈萨克斯坦、吉尔吉斯斯坦和乌兹别克斯坦三国共同成立了

---

① 周尚文、胡健：《俄白联盟与一体化理论解读》，《国际观察》2002 年第 6 期，第 29~33 页。
② 潘广云：《"古阿姆"集团的演变及其对独联体的影响》，《国际问题研究》2007 年第 1 期，第 42~45 页。

"中亚联盟"。1998年，更名为"中亚经济合作组织"，同年塔吉克斯坦加入。2001年再次更名为"中亚合作组织"，2004年俄罗斯加入。最终该组织于2005年并入欧亚经济共同体。以哈萨克斯坦首任总统纳扎尔巴耶夫为首的中亚国家领袖积极推动中亚经济共同体构建，该共同体经历了"聚合式一体化"到"维系式一体化"，最终转向由俄罗斯主导的"捆绑式一体化"。①

4. 欧亚经济共同体

1996年3月，俄罗斯、白俄罗斯、哈萨克斯坦和吉尔吉斯斯坦签署协议，决定成立四国关税联盟，旨在协调四国的经济改革进程，加快四国一体化发展。1999年，塔吉克斯坦加入这一联盟。2000年10月，俄、白、哈、吉、塔五国签署条约，决定将关税同盟改组为欧亚经济共同体。2001年5月，欧亚经济共同体跨国委员会第一次会议在白俄罗斯首都明斯克举行，会议宣布欧亚经济共同体正式成立。会议发表的联合声明指出，五国将继续遵守关于建立关税同盟和统一经济空间的各项协议，在兼顾国家利益和共同体利益的基础上，为深化共同体成员国在经贸、社会、人文及法律领域的合作创造必要条件。2005年10月，乌兹别克斯坦申请加入欧亚经济共同体，2006年2月正式加入，2008年10月退出该组织。2014年10月，欧亚经济共同体各成员国在明斯克签署关于撤销欧亚经济共同体的协议。2015年1月1日，欧亚经济共同体所有机构停止活动。欧亚经济共同体在推动独联体一体化进程，特别是经济一体化发展上，进行了有价值的探索。

5. "四国经济空间"

2003年9月，俄罗斯、白俄罗斯、哈萨克斯坦和乌克兰四国元首，签署了建立统一经济空间的协定。根据协定，四国将在保障公平竞争、维护宏观经济稳定的前提下奉行一致的对外贸易政策，最终实现区域内商品、服

---

① 马芸辉：《"从中亚经济共同体到突厥国家组织：纳扎尔巴耶夫的地区构建思想解析"讲座纪要》，2021年12月，kjmz.snnu.edu.cn/info/1014/1388.htm。

务、资本和劳动力的自由流动。①

独联体中曾经出现的这些组织，除了"古阿姆"明显是分裂分化独联体之外，其他组织在不同时期对促进独联体经济一体化进程不同程度地发挥过积极作用。

三　俄罗斯积极推动经济一体化战略

苏联解体之前，俄罗斯每年向其他加盟共和国提供的经济支持约 370 亿卢布，折合 600 亿美元。叶利钦曾经写道：俄罗斯人有一个幻想，即"摆脱了对'小兄弟们'的经济责任这一重负，俄国经济能够达到前所未有的发展"。② 因此，独联体成立初期，俄罗斯对独联体政策没有明确纲领，在经济上"甩包袱"，在军事上借助集体安全条约推动军事一体化。

（一）俄罗斯推动在《独联体章程》中明确经济一体化战略目标

《独联体章程》明确了部分经济一体化内容，为后来经济一体化实践奠定了基础。1993 年通过的《独联体章程》，标志着独联体开始向规范的地区性国际组织转变。在经济上，成立了独联体跨国银行和可以调节有价证券的跨国市场，确定卢布为成员国之间的结算单位；签署了加快经济一体化进程宣言，强调加强关税、货币政策、立法、贸易等方面的合作，促进资金、商品、劳务在独联体范围内自由流动，争取建立类似欧盟的经济合作机制；通过《独联体经济联盟条约》，规定独联体成员国之间相互给予最惠国待遇，实行统一的货币政策。③ 1993 年下半年，北约开始酝酿东扩，提出包括苏联加盟共和国在内的"和平伙伴关系计划"。俄罗斯外交部部长科济列夫连续发表讲话，强调俄罗斯对独联体国家负有"特殊使命"，所开展的军事合作具有合法基础。在随后修订的俄罗斯军事学说中，苏联地区被宣布

---

① 潘广云：《独联体内"四国统一经济空间"相关问题探析》，《俄罗斯研究》2005 年第 2 期，第 61~67 页。

② 〔俄国〕鲍里斯·叶利钦：《叶利钦自传：午夜日记》，曹缦西、张俊翔译，译林出版社，2001，第 272 页。

③ 许志新：《俄罗斯对独联体政策（1992—2000 年）》，《欧洲》2001 年第 5 期，第 43~51 页。

为"俄罗斯的切身利益地区"。科济列夫的文章和讲话标志着俄罗斯在独联体实行以加强军事控制为核心的强硬政策,这被外界概括为"科济列夫主义"。[①] 这标志着俄罗斯在苏联解体后对独联体从"甩包袱"到高度重视其战略地位的态度转变。

(二)俄罗斯以"对外政策构想"昭示经济一体化追求

1993 年俄罗斯总统叶利钦批准的《俄罗斯联邦对外政策构想的基本原则》是俄罗斯外交指导文件。[②] 1995 年 9 月,俄罗斯推出《俄罗斯联邦对独联体国家战略方针》,强调与独联体各国搞好关系是俄罗斯外交活动最重要的工作。俄罗斯把同独联体的关系摆在对外政策的优先地位,表示"多速度、多层次、多形式"地推动独联体一体化。独联体并非"包袱",而是俄罗斯的"战略空间和能源基地"。1993 年 6 月,俄罗斯等 9 个独联体成员国签署了《关于建立经济联盟的条约》,此后独联体高层会议又通过《经济联盟条约》《阿什哈巴德宣言》,提出建立经济联盟委员会和逐步建立自由贸易区的决议。1994 年 10 月,独联体国家首脑会议决定成立独联体跨国经济委员会。1995 年 5 月,独联体通过建立独联体货币委员会的协议。1995 年 9 月,独联体建立支付联盟、海关联盟、跨国经济委员会、跨国银行、跨国经济法院等组织。在经济一体化上,独联体取得一定进展。截至 1995 年 9 月,独联体共签署 300 项协议,基本上是"协议签得多、落实得少"。1997 年 3 月和 10 月,独联体举行两次元首会议,均未取得预期结果。在 1998 年

---

① 哈萨克斯坦共和国总统战略研究所所长乌·卡谢诺夫:《"科济列夫主义"——俄罗斯的"门罗主义"?》,《(俄罗斯)独立报》,1994。

② 1993 年 4 月 23 日,时任俄罗斯总统叶利钦批准了《俄罗斯联邦对外政策构想的基本原则》,开启俄国千余年历史上以"对外政策构想"形式公布相关文件之先河;第 2 次以"对外政策构想"名义公布文件是在 2000 年 6 月 28 日,即普京就任总统 1 个月后;第 3 次是 2008 年 7 月 15 日,梅德韦杰夫就任总统两个多月后;第 4 次是 2013 年 2 月 12 日,普京再度当选总统 9 个月后;第 5 次是 2016 年 12 月 1 日,普京签署命令批准发布;第 6 次是 2023 年 3 月。参阅黄登学:《新版〈俄罗斯联邦对外政策构想〉述评——兼论普京新任期俄罗斯外交政策变化》,《俄罗斯研究》2014 年第 1 期,第 182~208 页;〔俄〕金永雄:《现阶段俄罗斯对外政策构想及对朝鲜半岛政策》,杨俊东译,《东北亚学刊》2018 年第 4 期,第 40~44 页;谢亚宏:《俄罗斯新版外交政策文件强调——俄中是全球稳定基本要素》,《人民日报》2016 年 12 月 4 日。

4月举行的独联体元首会议上，各国元首连一份正式文件也未签署。这表明，在独联体所有成员国中推动经济一体化发展，的的确确存在实际障碍。

（三）俄罗斯积极推动构建区域经济一体化组织

世纪之交，普京登上俄罗斯政治舞台后，积极推动区域经济一体化。在进入21世纪后，普京与白俄罗斯、哈萨克斯坦等国家领导人建立密切联系，使俄罗斯在俄白联盟、中亚经济共同体、欧亚经济共同体、"四国经济空间"等组织中发挥重要作用，不遗余力地促进区域经济一体化。他与哈萨克斯坦总统纳扎尔巴耶夫、白俄罗斯总统卢卡申科在许多领域达成共识，并展开紧密合作。在推动独联体国家发展上，纳扎尔巴耶夫是区域一体化概念首倡者。1994年纳扎尔巴耶夫提出，独联体各成员国应该以欧盟为蓝本建立区域一体化组织。新的一体化组织尊重各国主权完整与独立，遵循平等、自愿、互利原则。但是，当时独联体国家并没有对他的建议加以重视和研究。此后关于促进多边合作、建立一体化组织的构想和建议层出不穷，但是都没有取得实质进展。2011年10月3日，时任俄罗斯总理普京以总统参选人的身份，公开发表署名文章，明确提出建立欧亚联盟的战略构想。在关税同盟和欧亚统一经济空间的基础上，构建"欧亚经济联盟"，并最终将其发展为"欧亚联盟"。2012年普京再次开始总统任期后，迅即与独联体成员国开展密集外交活动，大力推动区域一体化进程。

第二节　欧亚经济联盟的设置与功能

独联体成立以来，成员国加强国家之间合作，谋求共同发展。欧亚经济联盟是在独联体成员国积极探索下形成的推动区域经济一体化组织。

一　欧亚经济联盟的成立

（一）独联体自贸区构想引领

1993年9月，俄罗斯等独联体国家就建立经济联盟签署协议。1994年4月，独联体国家就开展自由贸易区建设问题达成协议，协议中明确各参加成员国要逐步取消国与国之间的关税,共同建立统一信贷体系,向关税同盟过渡。1994年10月,成员国签署了《独联体一体化发展的基本方针》《独联体一体化发展的前景计划》等文件。1996年3月,俄罗斯、白俄罗斯、哈萨克斯坦和吉尔吉斯斯坦四个国家的领导人签署了《在经济和社会领域加深一体化条约》。同年4月,俄白两国签署了《成立主权国家共同体条约》,确立两国将逐步实现经济一体化,建设共同市场。与此同时,乌克兰、摩尔多瓦、格鲁吉亚和阿塞拜疆四国于1997年建立"古阿姆"集团。建立该组织最初的目的是讨论欧洲常规军事力量条约的侧翼限制问题,随后,成员国之间的合作逐渐扩大到解决地区冲突、明确能源安全、建立亚欧运输走廊和开发里海能源等问题。为了应对独联体离心倾向,2000年10月,俄罗斯领导人召集哈萨克斯坦、亚美尼亚、塔吉克斯坦和吉尔吉斯斯坦领导人在比什凯克举行会议,推进加强联系和推动经济一体化进程工作。

1994年,独联体国家曾初步签订自由贸易区条约,但包括俄罗斯在内的部分国家没有批准该条约。2011年10月18日,在俄罗斯圣彼得堡举行的独联体国家政府首脑理事会签署了新的《独联体自由贸易区协定》。新条约共有8个国家签署,分别是俄罗斯、白俄罗斯、哈萨克斯坦、乌克兰、吉尔吉斯斯坦、塔吉克斯坦、亚美尼亚和摩尔多瓦。阿塞拜疆、乌兹别克斯坦、土库曼斯坦在会议上表示,将认真研究和慎重考虑本国加入条约的可行性。已经签订的新条约明确,简化各国之间经贸法律条款,修改涉及自由贸易制度的双边和多边法律法规文件100多项。[①] 当时,独联体执行委员会经济司司长库什尼连科这样解释自贸协定:自贸协定的条款以世界贸易组织协定为基准,尽可能接近世贸组织规则,各个参加国均承诺最终取消进口配额并过渡到零关税,但是各国亦均同意暂时保留酒和糖类商品关税,至于能源和金属等产品并未列入协定的减让表;出口关税将继续维持既有水平,同时立即开展降低直到取消出口关税的谈判。该自贸协定只限于货物贸易,对于服务贸易、金融投资等领域的谈判,准备在自贸区启动后着手开展。2012

---

① 冯绍雷:《俄白哈三国关税同盟意味着什么》,《东方早报》2011年8月2日,第A18版。

年 5 月 30 日，俄总理梅德韦杰夫在独联体国家政府首脑委员会扩大会议上表示，"独联体进一步一体化的重要保障就是加快批准独联体自由贸易区条约，推动发展独联体自贸区"。2012 年，俄罗斯、白俄罗斯、哈萨克斯坦、亚美尼亚、吉尔吉斯斯坦、塔吉克斯坦和摩尔多瓦陆续批准了独联体自由贸易区协议书。①

2012 年 8 月 12 日俄罗斯塔斯社报道，俄总统普京与来访的埃及总统塞西会谈后对外表示，"俄罗斯、埃及两国将启动建立'俄白哈关税同盟'和埃及自贸区的可行性研究"，如果启动此项工作，那就意味着独联体经济一体化后的权力范围有超越独联体的可能性。

（二）从关税同盟向欧亚经济一体化的推进

1994 年哈萨克斯坦总统纳扎尔巴耶夫在莫斯科大学演讲时第一次提出欧亚联盟概念。1996 年 1 月 20 日，俄、白、哈三国领导人共同签署关税同盟协议，同年 3 月 29 日俄罗斯、白俄罗斯、哈萨克斯坦和吉尔吉斯斯坦四国签订了《在经济和人文领域深化一体化合作条约》，并确认成立独联体内区域合作组织——关税同盟。1999 年 2 月 26 日，塔吉克斯坦领导人宣布该国加入关税同盟，五个国家签署了《关税同盟和统一经济空间条约》。2000 年 10 月 10 日，俄、白、哈、吉、塔五国总统在哈萨克斯坦首都阿斯塔纳举行会议，一起签署《关于成立欧亚经济共同体协议》，目的是在已经形成的关税同盟的基础上，共同推进建立统一经济空间，进一步促进五国经济一体化。2001 年 5 月 31 日，欧亚经济共同体跨国委员会第一次会议在白俄罗斯首都明斯克召开，本次会议达成的最重要意向是"宣布欧亚经济共同体正式成立"。五国领导人表示继续遵守以往已经签署的关于建立关税同盟和统一经济空间的各个协议，继续深入开展经贸、人文和法律合作。

2009 年 11 月 27 日，在明斯克举行欧亚经济共同体成员国元首峰会，

---

① 李新：《中国与俄罗斯在中亚的经济利益评析》，《俄罗斯中亚东欧研究》2012 年第 5 期，第 39~48 页。

俄、白、哈三国总统共同签署《关税同盟海关法典》，标志着"俄白哈关税同盟"正式成立，这就意味着从此三国之间"使用统一的海关编码，彼此不设立海关，货物实行自由流动""制定统一的标准和规则"。[①] 从理论上讲，在三国关税同盟之内，商品、劳务、资本、技术等要素都享有更加顺畅地自由流动的机会。应该承认，《关税同盟海关法典》的批准是三国学者、专家和政府管理部门共同努力的成果。此成果既基于市场原则又兼顾了每个成员国发展实际，这一规范性文件的出台，对推动三国之间的有序合作意义重大。到 2011 年 7 月，关税同盟实现了全面运行，三国各自的关税区被合并成了统一的关税区，适用统一税法、统一税率、统一外贸和关税调节系统、统一技术调节规范。

根据俄罗斯有关研究部门推算，在俄白哈关税同盟正式运行之后，在第一年就会推进三国经济发展，三个国家撤销了海关屏障之后，预计各国之间贸易额每年将平均增长 40% 左右，每个国家 GDP 年均提高 15% 左右。对于原来经济往来极少的哈萨克斯坦和白俄罗斯，在关税同盟建立后，两国的贸易量也将增加两倍左右。

（三）从欧亚经济共同体跃升为欧亚经济联盟

欧亚经济一体化从构思到持续推进历经 17 年的协调和谈判，到 2011 年才有了实质突破。2011 年 11 月 18 日，俄罗斯总统梅德韦杰夫、白俄罗斯总统卢卡申科、哈萨克斯坦总统纳扎尔巴耶夫在莫斯科会晤，正式签署了《欧亚经济一体化宣言》，并宣布 2012 年 1 月 1 日关税同盟将过渡到统一经济空间，逐步扩大三个国家之间产品销售市场，促进市场开放，最后实现商品、服务、资本和劳动力的自由流动。三国领导人表示，努力在 2015 年前统一与关税同盟和经济一体化相关的各项法律，并且在此基础上建立欧亚经济联盟。在这次会晤中，俄、白、哈三国签署了《欧亚经济委员会条约》和《欧亚经济委员会工作条例》，明确在 2012 年 7 月 1 日欧亚

---

① 徐韶颖：《中亚五国与邻国开展过境运输的现状和建议——联合国秘书长在联合国大会第49 次会议上的报告》，《中国软科学》1996 年第 3 期，第 6~17 页。

经济委员会正式成立并运行，从而取代关税同盟委员会。此次会议明确欧亚经济委员会的性质为"超国家常设机构，全权负责和统筹独联体欧亚经济一体化事务进展的实施和管理工作"。各成员国将向委员会移交主权范围内的175项职能。委员会总部设在莫斯科，内部设理事会和联席会议两大机构。

2014年5月29日，俄罗斯、白俄罗斯、哈萨克斯坦三国筹办的欧亚经济委员会最高理事会会议在哈萨克斯坦首都阿斯塔纳举行，目的是探索三国一体化进程，在会议上，三国签订了《欧亚经济联盟条约》。《欧亚经济联盟条约》的内容是保障商品、服务、资本和劳动力在三国境内自由流通，并推行协调一致的经济政策，最终目标是形成一个类似欧盟的区域经济联盟，并且形成一个拥有超过1.7亿人口的统一市场。

2015年1月1日，《欧亚经济联盟条约》正式生效。1月2日亚美尼亚加入欧亚经济联盟。吉尔吉斯斯坦表示希望加入欧亚经济联盟，随后国内启动了相关程序。8月12日，吉尔吉斯斯坦加入欧亚经济联盟。至此共有五个国家以成员国身份参与欧亚经济联盟。

在独联体经济一体化发展中，俄罗斯发挥了举足轻重的作用，其运用政治、经济、外交、能源等综合战略和策略，加速推进独联体地区一体化进程，促成了从欧亚经济共同体向欧亚经济联盟的跃进。

二 欧亚经济联盟机制建设

一个区域国际组织机构的健康和可持续发展，需要拥有清晰的基本原则、战略规划和机制保证。欧亚经济联盟作为推动独联体区域经济一体化的区域国际组织，在建章立制上做了大量基础性工作。

欧亚经济联盟所明确的基本原则是在尊重各参与国主权的情况下，建成一个商品、服务、资本、劳动力共同流动的国际经济贸易共同体。其宗旨是消除联盟内关税和非关税壁垒，实现货物、服务、资本和劳动力自由流动，在WTO原则和标准的基础上，按照欧盟模式建立高度一体化的超国家联合体。联盟设置的机构主管部门和权力机关分为以下几部分：国家元首级别的最高欧亚经济理事会、总理级别的欧亚政府间理事会、常设执行机构欧亚经济委员会和仲裁机构欧亚经济联盟法院。

（一）《欧亚经济联盟条约》规定了联盟协作机制

2014年5月9日，俄、白、哈三国总统签署成立欧亚经济联盟的法律文件，意味着从欧亚经济共同体即将转身为"欧亚经济联盟"。2014年10月3日，俄罗斯总统普京签署文件，率先批准《欧亚经济联盟条约》。与此同时，俄外交部发表声明称，"欧亚经济联盟是俄罗斯、白俄罗斯、哈萨克斯坦一体化发展的新阶段，将促进三国经济发展和现代化步伐以及提高三国在世界经济一体化条件下的竞争力"，并且表示，"欧亚经济联盟对所有认同该组织原则和目标的国家开放"。白、哈、亚在当月也批准《欧亚经济联盟条约》并加入欧亚经济联盟。《欧亚经济联盟条约》由两部分组成，第一部分阐述了建立联盟的目的和任务，即将联盟定位为全方位发展的国际组织。第二部分规定了联盟内部经济协作机制，明确了一体化的具体义务。欧亚经济联盟总部设在莫斯科，联盟法院设在明斯克，金融监管机构设在阿拉木图。

（二）联盟组织机构与职能

欧亚经济委员会是联盟经济一体化的直接责任机构。欧亚经济委员会主要有以下三个职责。①协调经济政策。主要包括宏观经济政策、公平竞争和反垄断、能源开发和基础设施规划、金融市场、服务经济、劳务输出、移民政策、农业补贴等。②统一经贸政策。主要涉及关税统一、非关税协调、反不正当竞争、反倾销、贸易谈判、技术共享、卫生检疫、公共卫生等领域的规则设计与实施。③统一各国立场。与非成员国展开谈判，开展海关协调、市场准入标准制定、信息沟通和交流、贸易壁垒消除等方面的基础建设工作。

欧亚经济委员会由理事会负责运行和管理，欧亚经济委员会理事会由副总理级理事会和部长级理事会构成。副总理级理事会为议事机构，由9人组成，每个成员国派出一名副总理和两名官员参加。部长级理事会为执行机构，由俄、白、哈三方各出三人组成。首任理事会主席赫里斯坚科从俄工贸部长职位上卸任后担任该职务，负责欧亚经济委员会具体工作。部长级理事会由 1 名主席和 8 名部长级委员组成，理事会下设 23 个司局。委员会工作人员属于国际职员，实行公开招聘，竞聘上岗。委员会取消原关税同盟委员会秘书处工作人员按照国别分配名额的规定。2012 年 2 月 1 日起，所有部长级理事会委员开始履行职责，每周召开理事会会议，讨论市场内关税调节、贸易救济措施问题及相关立法。部长级理事会组建了由各国政府代表组成的咨询委员会，已经建立了三个咨询委员会，即贸易政策咨询委员会，税收政策和行政管理咨询委员会，技术调节、卫生和植物卫生措施咨询委员会。其中，贸易政策咨询委员会，负责就欧亚经济委员会拟通过的解决贸易问题决议与关税同盟和统一经济空间成员国代表举行协调和磋商。该委员会下设关税、非关税调节和保护措施分委会和贸易政策分委会。税收政策和行政管理咨询委员会，负责部长级理事会研究议案，具体包括关于关税同盟实施税收政策和行政管理的规范性法律文件草案。技术调节、卫生和植物卫生措施咨询委员会，其职责是在统筹协调各成员国一致意见的基础上，为部长级理事会提供在技术调节以及采取卫生、兽医卫生和植物卫生措施领域的建议和方案。该委员会又下设五个分委会，即医药产品流通分委会、技术调节分委会、卫生措施分委会、兽医卫生措施分委会、植物卫生分委会。

（三）欧亚经济联盟的建设规划

第一步是加快俄白哈关税同盟建设。2007 年 10 月三国签署了新的《关税同盟条约》；两年后，签署了《关税同盟海关法典》；2010 年 1 月，正式实行统一关税税率、关税限额使用机制、优惠和特惠体系，以及统一的对第三国禁止或限制进出口的商品清单；2011 年 7 月，统一关税空间成立，这标志着关税同盟开始实际运作。

第二步是将关税同盟提升为统一经济空间。2010 年 12 月，俄、白、哈三国在莫斯科宣布统一经济空间从 2012 年 1 月 1 日起开始全面运作。

第三步是将统一经济空间提升为欧亚经济联盟。2014 年 5 月 29 日，俄、白、哈签署了《欧亚经济联盟条约》。根据条约，欧亚经济联盟于 2015

年 1 月 1 日正式启动，俄、白、哈三国公民在欧亚经济联盟任何一国就业，不再需要获得专门的工作许可。2016 年之前建立统一的药品市场，2019 年之前建立统一的电力市场，2025 年之前建立统一的石油、天然气市场。

第四步是到 2025 年，俄、白、哈三国将实现商品、服务、资本和劳动力的自由流动。欧亚经济联盟的终极目标，是建立类似于欧盟的经济联盟，形成一个统一市场。

从联盟进展来看，在关税同盟构建上，俄罗斯、白俄罗斯和哈萨克斯坦三个国家已经统一关税、非关税措施以及技术标准。① 从经济总量来看，俄、白、哈三国的经济总量占世界经济总量的 2.6%，贸易额占世界贸易额的 4%，探明石油储量占世界总量的 9%，天然气总储量占世界总量的 25%。三国经济一体化之后，在促进三国贸易活跃增加贸易量的同时，其在能源领域的话语权将更加集中，在能源合作上的协调力度将更大，在中亚地区的带动示范效应会逐渐凸显。②

三 欧亚经济联盟巩固运行机制保障

（一）《欧亚经济联盟条约》在运行机制建设中发挥最重要的作用

《欧亚经济联盟条约》在规定联盟运行机制建设中发挥了最重要的作用。《欧亚经济联盟条约》"共使用了 236 个条约，其中 96 个为俄罗斯、白俄罗斯、哈萨克斯坦关税同盟和统一经济空间条约，133 个为欧亚经济共同体条约，7 个为多边文化、科学、移民合作协定"。从内部构成来看，《欧亚经济联盟条约》是联盟成员国之间平等协商和共同利益目标的文本表现，其所具有的国际法性质和其在联盟内部的最高法律效力也决定了其对成员国相互关系和行为活动的法律强制约束力，正因如此，它在联盟法律体系中占有核心地位，是联盟的基本法。

---

① 海米提·依米提、黄蓉蓉、潘志刚：《上合组织框架下中国与中亚区域经贸合作制度建设》，《新疆大学学报》（哲学人文社会科学版）2009 年第 4 期，第 96～100 页。

② 黄孟芳、卢山冰、余淑秀：《以"欧亚经济联盟"为标志的独联体经济一体化发展及对"一带一路"建设的启示》，《人文杂志》2015 年第 1 期，第 36～44 页。

（二）欧亚经济联盟内部机构发挥基础作用

在机制建设方面，欧亚经济联盟重视内部的顶层设计和制度建设，积极融合各国的利益契合点，其目标是通过完善的机构设置、平等的决策程序和合理的法律磋商机制来规范各成员国之间的权力分配，同时平衡成员国之间的战略利益，确保各项政策的安排、制定、协商和执行。联盟机制建设的主要特点是灵活、开放和均衡，不仅吸取了前期欧亚经济共同体一体化运行的经验和教训，也充分利用了前期一体化运行的成果，总体以欧盟为参照样本，试图建立一整套适合独联体成员国自身运行特点且行之有效的机制。设立了最高欧亚经济理事会、欧亚政府间理事会、常设区域机构欧亚经济委员会、欧亚经济联盟法院、欧亚开发银行和欧亚稳定与发展基金。这些机构分工协作、各司其职，确保联盟的正常运转和区域经济一体化进程稳步推进。在法律制度建设上，为确保商品、服务、资本和劳动力的自由流动，欧亚经济联盟计划逐步完善各成员国在货物运输、服务和资本方面的标准条例框架，统一相关法律法规。2018年正式生效的《欧亚经济联盟海关法典》是联盟框架内又一部极其重要的基础性法律。

（三）欧亚经济委员会发挥协调作用

欧亚经济委员会是联盟初创时期，俄罗斯、白俄罗斯、哈萨克斯坦三国经济一体化的直接组织机构。欧亚经济委员会统一协调经济政策、经贸政策和各国立场。

第三节　欧亚经济联盟的发展与评价

2015年1月1日，欧亚经济联盟正式成立。同年，亚美尼亚和吉尔吉斯斯坦加入，成为正式成员国。经过多年的运行，欧亚经济联盟在推动成员国经济发展和一体化进程上取得了一定成绩，同时也暴露出一些问题。

一　在发展中不断完善机制、强化宏观指导，体制机制优势充分显现

欧亚经济委员会执委会是欧亚经济联盟具体运行管理机构，直接负责欧

亚经济联盟的运行管理。欧亚经济委员会执委会下设1个主席职位和9个部长职位，一般由5个成员国分别派出2个代表担任部长职位，其中1名轮值主席国的代表担任主席。执委会下设9个部和21个专业咨询委员会，几乎涉及成员国开展多边经济合作的一切领域。

（一）与时俱进增设新职能部门

随着联盟框架下一体化进程不断深入，欧亚经济委员会执委会增设新的职能部门并建立相关磋商机制。2019年12月，欧亚经济委员会执委会经济与金融政策部增设"劳动移民与社会保障司"，专门负责落实联盟内人员自由流动及国际务工人员的社会保障，重点落实2019年12月20日签署的《欧亚经济联盟劳动者退休保障协定》。同时，在执委会内部市场、信息化、信息通信技术部增设"内部市场运行司"，主要承担优化联盟内部市场环境的职责。为推进数字经济建设，2018年2月，专门设立了"数字经济办公室"，由执委会主席担任办公室主任，专门协调联盟框架下数字经济基础设施建设，维护成员国数字主权，建立"欧亚数字平台"。该办公室收到50个数字经济发展倡议，其中若干倡议正在实施。2018~2019年，先后增设了若干决策辅助机构，即成员国认证部门主管官员理事会、标准化部门主管官员理事会、交通部门主管官员理事会、农业政策理事会及工业政策理事会等。2020年7月，成立了处理商品转运纠纷委员会。

（二）积极开展对成员国宏观经济指导

欧亚经济联盟的建立目标是推动区域内的经济一体化，并在远景规划中实现一定程度的政治一体化。从经济一体化角度来说，欧亚经济联盟通过制定经济发展目标，推动各成员国的经济政策协调发展，并且长期关注各成员国的宏观经济指标，如经济增速、失业率、财政赤字、进出口贸易额等，通过这些经济数据指标分析成员在这段时间的经济发展状况，为推动各成员国的经济平稳增长、向好增长提供指导。

在宏观经济指标方面，《欧亚经济联盟条约》为联盟成员国的相关经济指标规定了基准：①中央年度预算赤字不能超过GDP的3%；②所有部门的债务不能超过GDP的50%；③各国年通货膨胀率不得超过5%。

通过对这些宏观经济指标的把控，欧亚经济联盟为成员国的经济发展制定了框架和目标，形成了一套以宏观经济指标为靶向的导向型机制。在这种机制的影响下，欧亚经济联盟在推进区域经济一体化进程中，对成员国的经济发展产生着指导和调试作用。

（三）管理机制运行顺畅

从欧亚经济联盟发展来看，组织机制设计严谨、运行规则针对性强是联盟得以运行的制度保障。联盟形成了最高欧亚经济理事会、欧亚政府间理事会、欧亚经济委员会的"三委"纵向组织机制，同时取消了欧亚议会，兼容了欧亚开发银行。成员国元首组成的最高欧亚经济理事会在决策、监督中拥有最高权威，总理级别的欧亚政府间理事会负责上传下达，欧亚经济委员会负责执行。此外，联盟的决策机制不以国家大小、人口数量、经济发展水平等其他因素为衡量标准，而是以国家为单位、以主权平等为基线，拉平了所有成员国在决策中的地位。这种决策模式在一定程度上有利于成员国消除其在一体化进程中对主权丧失的担心，把欧亚经济联盟的一体化紧紧限定在经济领域，进而提高其余成员国对地区一体化的参与度。[1]

同时，欧亚经济联盟的合作机制主要体现在经济一体化层面，强调经济政策、货币政策、生产要素等的流动配置与互联互通，而在政治一体化上不强调、不明显。换言之，欧亚经济联盟的合作机制限定在传统经济领域，避免在联盟一体化进程中出现政治化倾向。从这一点上看，欧亚经济联盟的机制主要是服务于经济一体化。

二　欧亚经济联盟经济稳步发展，呈现可持续发展态势

根据欧亚经济委员会统计司出版的《欧亚经济联盟统计年鉴》，2020年，欧亚经济联盟国家 GDP 为 17381 亿美元，比 2015 年增长 4.7%；欧亚经济联盟国家间贸易额为 1092.18 亿美元，比 2015 年增长 19.7%，与欧亚

---

① 王晨星：《三大动力助推欧亚经济联盟发展》，《工人日报》2020 年 5 月 29 日。

经济联盟以外国家的外贸总额接近 6250 亿美元，比 2015 年增长 7.8%。以哈萨克斯坦为例，2015~2020 年，哈对联盟国家出口增长 25%。其中，对俄罗斯出口增长 25%，对白俄罗斯出口增长 1 倍，对吉尔吉斯斯坦出口增长 20%，对亚美尼亚出口增长 5 倍。哈对联盟国家出口的 60% 为非原材料性商品。

欧亚经济委员会统计显示，2021 年，欧亚经济联盟与外部国家进出口贸易总额 8441.8 亿美元，同比增长 35.1%。其中，联盟国家向外部国家出口 5256.5 亿美元，同比增长 44.1%；自外部国家进口 3185.3 亿美元，同比增长 22.6%，实现贸易顺差 2071.2 亿美元。俄罗斯进出口贸易额 7893.89 亿美元，同比增长 37.9%。2021 年欧亚经济联盟成员国相互贸易额 726.1 亿美元，同比增长 31.9%，俄罗斯、白俄罗斯、哈萨克斯坦、亚美尼亚、吉尔吉斯斯坦与联盟其他成员国相互贸易额和同比增长率也大幅度提升（见表 1-3）。

表 1-3　2021 年欧亚经济联盟成员国间相互贸易额和同比增长率

单位：亿美元，%

项目	俄罗斯	白俄罗斯	哈萨克斯坦	亚美尼亚	吉尔吉斯斯坦
贸易额	458.1	174.6	76.5	8.9	8.0
增长率	34.3	24.7	34.9	25.2	44.9

三　不断消除市场壁垒，联盟成员国间要素自由流动可期

《欧亚经济联盟条约》规定要在 10 年内为联盟内部"商品、服务、资本和劳动力的自由流动"消除一切障碍并形成统一市场。由于欧亚经济联盟各个成员国经济发展模式不同，在制度转型过程中存在差异，客观上造成联盟内部存在诸多壁垒和限制。为了系统性消除内部市场壁垒，各成员国通过统一法律，提高不同领域经济政策的协调水平。欧亚政府间理事会会议批准了计划 2022 年底前消除的 14 项内部市场壁垒清单，包括：联盟成员国间征收出口关税缺乏协调；一国银行担保在另一国政府采购中无法使用；对其

他成员国设定政府采购国民待遇例外条款的程序不完善；部分商品技术要求不统一；联盟成员国在使用电子签名认证的电子文件方面缺乏信息协作条件；联盟成员国主管部门开展联盟技术要求执行监管协作缺乏立法基础。[①] 2020~2022年，欧亚经济联盟通过协调国家监管政策、取消关税、设立产品统一要求、许可证互认等方式，在内部共清除了30个市场壁垒。[②]

四 大力推动统一市场，一体化建设步伐加快

2020年，白俄罗斯、亚美尼亚和吉尔吉斯斯坦审议通过了《建立欧亚经济联盟统一电力市场条约》，俄罗斯和哈萨克斯坦也在履行国内审批手续。预计2025年1月起，欧亚经济联盟统一电力市场将全面启动运营。2021年1月，白俄罗斯副总理彼得里申科表示，欧亚经济联盟将于年内制定完成《关于建立统一石油和成品油市场的协定》《关于石油和成品油运输服务统一法规的协定》签署前的准备工作。这些成果将是落实《欧亚经济联盟条约》中建立统一的电力、天然气、石油和成品油市场的具体举措。2021年3月，欧亚经济联盟决定成立欧亚经济联盟成员国间农产品应急供应工作组，以应对成员国食品市场出现不可抗力等情况。针对新冠疫情暴露出的粮食安全问题，哈萨克斯坦总统托卡耶夫提出建立联盟统一农业市场、扩大高附加值农产品出口、加强农业科技合作的建议。

欧亚经济联盟开始考虑建立共同金融市场。欧亚经济委员会执委会一体化和宏观经济委员格拉济耶夫认为，美元将继续贬值，欧亚经济联盟国家应该尽快摆脱对美元的依赖。2021年3月，欧亚经济委员会金融市场咨询委员会讨论了建立欧亚经济联盟共同金融市场的实施步骤，委员会审议并批准了"建立监管和发展统一金融市场的超国家机构""成员国中央银行颁布银

---

① 《欧亚经济联盟计划消除14项内部市场壁垒》，中华人民共和国驻哈萨克斯坦大使馆经济商务处，2021年9月，http://kz.mofcom.gov.cn/article/jmxw/202109/20210903196150.shtml。

② 《消除欧亚经济联盟各成员国间贸易壁垒可产生210亿美元经济影响》，中华人民共和国驻俄罗斯大使馆经济商务处，2021年1月，http://ru.mofcom.gov.cn/article/jmxw/202201/20220103237968.shtml。

行和保险业标准化许可"两项协议草案。联盟国家计划在 2025 年前协调金融立法，开放金融市场，建立共同的交换额支付空间。

五　欧亚经济联盟与中国开展合作，取得重要阶段性成果

2015 年 5 月，中国与俄罗斯签署了《中华人民共和国与俄罗斯联邦关于丝绸之路经济带建设和欧亚经济联盟建设对接合作的联合声明》，开启了"丝绸之路经济带"建设与欧亚经济联盟对接合作之路。2018 年 5 月 17 日，中华人民共和国商务部国际贸易谈判代表兼副部长傅自应同欧亚经济委员会执委会主席萨尔基相及欧亚经济联盟各成员国代表在哈萨克斯坦首都阿斯塔纳共同签署经贸合作协定，推动对接合作取得重要阶段性成果。2019 年 10 月 25 日，《关于 2018 年 5 月 17 日签署的〈中华人民共和国与欧亚经济联盟经贸合作协定〉生效的联合声明》宣布，《中华人民共和国与欧亚经济联盟经贸合作协定》正式生效。2020 年 10 月 28 日，《中华人民共和国与欧亚经济联盟经贸合作协定》联委会首次会议以视频会议形式召开。双方积极评价《中华人民共和国与欧亚经济联盟经贸合作协定》实施一年来双边经贸关系发展成就，深入探讨在技术法规、贸易救济、海关和投资等方面加强对话合作。

2021 年，哈萨克斯坦出任欧亚经济联盟轮值主席国。哈萨克斯坦总统托卡耶夫建议，充分挖掘哈中边境霍尔果斯国际边境合作中心以及在建的哈乌边境中亚国际经贸合作中心潜力，以便惠及欧亚经济联盟成员国。[①]

---

① 《欧亚经济联盟计划消除 14 项内部市场壁垒》，中华人民共和国驻哈萨克斯坦大使馆经济商务处，2021 年 9 月，http://kz.mofcom.gov.cn/article/jmxw/202109/20210903196150.shtml。

第二章　欧亚经济联盟经济一体化政策

区域经济一体化是欧亚经济联盟发展的最终目标。欧亚经济联盟区域经济一体化是成员国间市场一体化，是从产品生产要素市场向经济政策统一和深化的过程。欧亚经济联盟成立以来，通过制定和实施包括宏观经济政策、贸易与关税政策、货币与金融政策、产业政策等经济政策，不断消除联盟成员国间市场壁垒，持续改善营商环境，稳步推动区域经济一体化。

第一节　欧亚经济联盟经济政策基本内容

欧亚经济联盟建设以欧盟为蓝本，学习、借鉴欧盟推动区域经济一体化的经济政策，结合欧亚经济联盟成员国社会、政治、经济、文化特点，形成具有独特性的经济政策。从运作机制与效率、一体化水平、可持续发展等方面衡量，到目前为止，欧亚经济联盟是"后苏联空间"中最为成功的经济一体化组织。[①] 欧亚经济联盟成功运行，与其实施的经济政策有直接关系。欧亚经济联盟的政策主要包括以下内容。

一　宏观经济政策

宏观经济政策是国家或政府有意识、有计划地运用一定的政策工具，调节控制宏观经济运行，以达到一定目标的政策。宏观经济政策目标包括"充分就业""价格稳定""经济持续均衡增长""国际收支平衡"四大目标。

欧亚经济联盟规定了成员国宏观经济指标。根据《欧亚经济联盟条约》，联盟为成员国规定了相关宏观经济指标的基准：中央年度预算赤字不

---

① 华盾：《欧亚经济联盟的"旧貌新颜"》，《世界知识》2022 年第 14 期，第 22~24 页。

能超过 GDP 的 3%，所有部门的债务不能超过 GDP 的 50%，各国年通货膨胀率不得超过 5%，这是最基本的宏观经济政策指导。

欧亚经济联盟明确了成员国国家宏观经济目标。欧亚经济委员会发布的最高欧亚经济理事会批准的《2020—2021 年欧亚经济联盟国家宏观经济政策主要目标》明确，欧亚经济联盟宏观经济中期目标是保持宏观经济稳定和维持居民生活水平，为加快经济跨越式发展奠定基础。联盟及各成员国将采取稳定宏观经济、加快投资增长、开发科技生产潜力、促进需求稳定、扩大出口规模、发展相互贸易等一系列措施，努力实现这一目标。[1]

欧亚经济联盟成员国领导人高度重视宏观政策的推行。2016 年 7 月，时任哈萨克斯坦总统纳扎尔巴耶夫出席"哈萨克斯坦工业创新发展国家规划 2016 年上半年总结大会"时表示，政府需要保持宏观政策的稳定性，并且为投资创造条件。要求把工作重点放在降低通货膨胀率和恢复国民对本币的信心上，重新激活信贷市场，积极恢复国家信贷市场规模，推动银行向中小企业贷款。[2] 2019 年，俄罗斯总统普京在最高欧亚经济理事会会议上称，俄方建议进一步统一欧亚经济联盟经济政策，削减非关税壁垒，为企业减负。联盟各成员国应认真执行在银行、金融、医药、交通、石化等行业通过的决议。普京表示，各成员国应切实履行在联盟共同能源市场、工业政策等方面达成的共识，理事会可就建立大型联盟跨国企业提出建议。

二 贸易与关税政策

欧亚经济联盟通过制定贸易、关税政策，推行统一关税并扩大商品出口的非关税调节，协助推进进口替代方案，保护联盟内部市场，扩大贸易机会，降低商品和服务的交易成本，制定并采取促进商业发展措施，优化联盟成员国间统一市场的制度环境。

---

[1] 《欧亚经济联盟确定宏观经济政策主要目标》，中华人民共和国商务部，2020 年 5 月，http：//www.mofcom.gov.cn/article/i/jyjl/e/202005/20200502966980.shtml。
[2] 《纳扎尔巴耶夫：保持宏观经济政策的稳定性为投资增长创造条件》，哈萨克国际通讯社，2016 年 5 月，https：//www.inform.kz/cn/articl_a2920660。

欧亚经济联盟在贸易、投资、劳动力流动领域推进协调合作。欧亚经济联盟始终致力于通过削减关税、实行统一海关法等措施扩大内部贸易发展。2018 年 1 月 1 日，《欧亚经济联盟海关法典》生效；2016~2020 年，在消除83% 流动障碍的基础上，欧亚经济委员会于 2021 年 2 月批准《壁垒分类办法》，赋予企业参与壁垒审查和分类流程监管的权力。[①] 纳扎尔巴耶夫表示，"各成员国经济实现增长，对外贸易和相互贸易显著扩大，国际合作蓬勃发展。总的说来，我们正坚定迈向主要目标，即实现商品、服务、资本和劳动力的自由流动"。推动欧亚联盟经济一体化将成为各国经济增长及多元化、巩固竞争力、改善营商环境和提升引资水平的重要动力。扩大与主要贸易伙伴及新兴经济体的经贸联系，是提升欧亚经济联盟在欧亚大陆作用的推动力。[②]

三 货币与金融政策

欧亚经济联盟通过货币政策提高本币在联盟内相互结算中的使用，完善支付机制，保证本币根据现行和基本收支项目进行自由兑换，最终形成联盟一体化货币市场。在货币市场上，俄罗斯卢布是欧亚经济联盟使用的主要货币。

欧亚经济联盟通过金融政策深化成员国经济一体化，建立共同经济市场，通过保证成员国平等获得金融市场准入和协调一致的金融立法，有效保障金融服务消费者的权利和合法利益，按国际标准研究金融市场风险调节方法，确立金融市场主体业务的监管秩序以及对银行、保险和有价证券市场的业务要求，为成员国互认金融市场服务许可创造有利条件，保证金融市场主体业务公开透明。

受欧亚经济委员会委托，2014 年 12 月欧亚经济联盟智库制定了《2025年前欧亚经济联盟成员国金融市场统一长期发展战略》（以下简称《金融市

---

① 华盾：《欧亚经济联盟的"旧貌新颜"》，《世界知识》2022 年第 14 期，第 22~24 页。
② 《纳扎尔巴耶夫：欧亚经济联盟正坚定迈向一体化目标》，中华人民共和国商务部，2019 年4 月，http://m.mofcom.gov.cn/article/i/jyjl/e/201904/20190402852148.shtml。

场统一发展战略》），2015 年 8 月制定了《建立欧亚经济联盟统一金融市场构想》。后者以前者为制定依据，也是前者将要实现的目标之一。

《金融市场统一发展战略》确定了欧亚经济联盟成员国发展金融市场的6 项宗旨，每项宗旨又包含若干任务：保证对实体经济、国民经济现代化长期且稳定的投资；促进欧亚经济联盟成员国经济快速增长和现代化金融发展；使作为成员国金融市场基础的参与者所有制结构多样化，向有利于形成中产阶级的社会投资模式过渡；提高欧亚经济联盟成员国在全球金融市场上的作用，增强成员国及联盟的金融市场竞争力，防止挫伤投资者积极性导致资金外流；创建制度条件，确保成员国金融市场准入的非歧视性，有效保障金融市场消费者的权利和合法利益；建立欧亚经济联盟共同金融市场一体化结构并协调其制度条件。同时，《金融市场统一发展战略》还明确了一部分目标，其中包括成员国经济发展水平、投资和储蓄发展水平、货币政策、资本账户、投资保护和避免双重征税、发展银行业、发展有价证券市场、发展保险业、国际评级等。

《金融市场统一发展战略》实施期限为 2016~2025 年，具体分为五个阶段。第一阶段（2016~2017 年），形成金融市场主要一体化结构，确保相互认可金融工具和机构，保证信息透明并协调发展战略。第二阶段（2017~2020 年），大力推进成员国对金融市场的监管，形成制度条件，确保成员国信息相互透明。第三阶段（2020~2021 年），建立欧亚经济联盟成员国金融一体化监管中心。第四阶段（2021~2025 年），消除影响成员国间资本、投资和金融服务相互流动的主要障碍。第五阶段（2025 年以后），金融市场和金融监管实现全面一体化，深化协调机制，向统一监管和制度化过渡，向建立统一的金融空间过渡。

欧亚经济联盟成员国首脑于 2019 年批准通过《欧亚经济联盟建立统一金融市场愿景》。为此，联盟成员国市场参与者有机会获得总额高达 1710 亿美元的交易资本。2020 年 11 月，最高欧亚经济理事会会议审议通过《协调欧亚经济联盟成员国金融市场领域立法的行动计划》。为落实这一计划，欧亚经济委员会已经制定相关协定草案，包括允许联盟某一成员国的代理公司和交易商参与其他成员国交易所交易，允许联盟成员国交易所相互发行和流通有价证券。构建统一交易所空间，有利于扩大联盟成员国经济投资合作，提高发行人和专业机构跨国经营的积极性。①

四 产业政策

欧亚经济联盟的产业政策由工业政策、农工政策、技术规范政策、能源政策、交通运输政策、保护竞争与反垄断政策、国际合作政策等构成。

工业政策。工业政策的目标是加快和提高成员国工业发展稳定性，加强联盟工业综合体的竞争力，实施有效的工业项目合作，提升联盟最具合作前景的科技创新合作效率，消除工业领域的壁垒。

农工政策。农工政策的目标是有效发挥联盟成员国的资源潜力，提高有竞争力的农产品和食品产量，以满足共同农产品市场需求，增加优势农产品的出口总量。而实现联盟一致农工政策的基本原则，首先要保证农产品市场的公平竞争和均衡发展，其次要规范农产品流通相关要求，消除种子和育种材料流通障碍，最后要平衡发展成员国农工综合体。

技术规范政策。技术规范政策的目标是消除非关税壁垒，包括行政壁垒和技术贸易壁垒，保证技术标准和规范一致，从而形成产品质量的保障基础，确保商品在联盟内自由流通。

能源政策。能源政策的目标是保障能源安全，确保能源独立性，提高能源资源利用效率，保障能源利益最大化，通过实施协调的能源政策逐步形成能源资源共同市场。

交通运输政策。交通运输政策的目标是推动公路、水路和铁路交通运输服务贸易自由化，实施协调一致的交通运输政策，逐步构建统一的交通运输空间和服务市场，力图保持共同优势，使欧亚经济联盟形成统一的交通运输体系。为此，必须充分挖掘成员国过境运输潜力，提高服务质量，保障交通

---

① 《欧亚经济联盟加快建立统一金融市场》，哈萨克国际通讯社，2021 年 9 月，https：//www. inform. kz/cn/article_ a3842824。

运输安全，营造良好的投资环境，不断改善交通基础设施，降低交通成本，使欧亚交通运输空间在过境运输中更具吸引力。

保护竞争与反垄断政策。保护竞争与反垄断政策的目标是为联盟内商品、服务和资本流通制定统一的竞争规则，并在跨境市场落实该规则，在超国家层面行使监督职权，遵守公平竞争规则，保障联盟市场主体利益不受侵害，营造良好竞争环境，避免特殊保护、反倾销和补偿措施对竞争产生影响。

国际合作政策。国际合作政策的目标是促进联盟与第三国的经贸合作，推动经济创新与多元化发展，增加贸易额，优化贸易投资结构，积极开展与第三方国家、地区一体化组织和国际组织的合作。实现从签署谅解备忘录到缔结自由贸易区协定等不同形式的国际协作。

第二节　欧亚经济联盟经济政策的基本特征

欧亚经济联盟以经济政策推动成员国经济发展，其经济政策呈现以下基本特征。

一　经济政策覆盖面广泛，涵盖了经济发展所有领域

欧亚经济联盟经济政策的覆盖面广，涵盖货币、金融、海关、工业、就业等领域，针对每个领域的发展都勾勒了蓝图。在货币、金融等领域，完善支付机制、加强金融立法等，使联盟内部金融业发展有法可依，以及在联盟内部实现货币互联互通，构建起统一的货币支付和结算机制。在工业领域，依托苏联时期的工业布局和产业分布，重新构建工业上、中、下游产业链，开展工业项目合作，带动成员国经济发展。以海关领域为例，批准实施《欧亚经济联盟海关法典》，明确海关手续时间要缩短一半，货物通关时间应缩减至原来的1/6。统一服务市场涵盖53个经济领域，联盟内商品流通扩大32%。建立统一药品和医疗器械市场。统一对酒精和烟草制品征收消费税。批准关于在2025年前后启动统一金融、交通运输和能源市场的文件。系统性消除内部壁垒，为预防壁垒出现，积极与各成员国政府合作，确保法

律法规协调一致。签署《贵金属和宝石交易协议》，制定面向第三方市场推广联盟珠宝产品的规划。

《产业合作主要方向》作为政策引导，在推动产业合作中发挥重要作用。欧亚经济委员会在 2021 年 5 月通过新版《产业合作主要方向》，包括确保联盟国家企业享有平等的经营条件；为工业创新发展转型创造条件；联盟国家工业数字化转型；工业生态化和引进绿色科技；合作实施投资项目，包括开发工业创新基础设施项目；为参与欧亚产业合作的各国企业建立激励机制；支持向第三国出口工业品等。2021 年 10 月，欧亚经济委员会批准《2020 年欧亚经济联盟产业合作主要方向落实情况监测分析报告》，并将该报告送交联盟各成员国政府，其中联盟产业发展的指导方向将成为未来一段时间协调成员国行动、落实产业合作主要方向的重要工具，有助于完成欧亚工业一体化领域的既定任务。①

欧亚经济联盟形成成员国间劳动力自由流动新政策。2021 年 12 月，欧亚经济委员会发布消息，欧亚经济委员会执委会已经制定确保新冠疫情期间欧亚经济联盟内部劳动力流动的建议方案，推动促进联盟成员国公民就业灵活机制，重点制定对疫情条件下联盟一体化空间内劳务移民进行统一管理的办法。在劳工政策上，欧亚经济委员会建议成员国间应允许已经与雇主签订雇佣协议并得到就业国主管部门批准的成员国公民入境就业。②

二 积极发挥货币政策在联盟中的作用，推动经济一体化跨越发展

欧亚经济联盟并不是完全的货币联盟，贸易结构也并不合理。俄罗斯一直都希望能够在联盟的框架下推行货币一体化，但是哈萨克斯坦努力采用"软平衡"的方式与俄罗斯保持巧妙的平衡。哈萨克斯坦对于联盟成员国的货币一体化有着自身考虑，因为货币一体化的推进就意味着政治一体化的推

---

① 《欧亚经济联盟成员国共同制定加强产业合作措施》，哈萨克国际通讯社，2021 年 10 月，https：//www. inform. kz/cn/article_ a3855131。
② 《欧亚经济联盟制定疫情期间劳动力自由流动统一方案》，哈萨克国际通讯社，2021 年 12 月，https：//www. inform. kz/cn/article_ a3878522。

进。欧亚开发银行和欧亚稳定与发展基金首席经济学家维诺库洛夫针对货币一体化问题明确表示，"这个问题 10 年内不会提上日程"。[①]

随着联盟的发展，在统一货币领域既有理论研究也有实践探索。虽然欧亚经济联盟目前尚不具备实行货币一体化的客观条件，但是联盟的发展需要各成员国之间采取相互协调的货币政策应对冲击。由于欧亚经济联盟自身存在的问题，要想使其在促进各成员国经济发展方面发挥更大作用，建立统一市场是非常必要的，其中包括商品和服务市场。同时还必须协调各个成员国之间的宏观经济政策，特别是货币政策。如果没有这种协调，一体化的经济结构很可能瓦解。在欧亚经济联盟框架下协调成员国货币政策的宗旨包括：深化经济一体化，开展货币金融领域的合作，确保商品、服务和资本在成员国境内自由流动，提高成员国本币在外贸和投资中的作用，成员国之间货币可相互自由兑换等。为实现上述宗旨，制定和实施协调性货币政策，要求分阶段制定和实施符合经济一体化合作需求的货币政策，在国内和国际层面创造必要的法律条件以便推进货币一体化进程并协调有关货币政策，以及实施旨在提高各成员国国内外货币市场对各成员国本币信任度的经济政策等。在特殊情况下欧亚经济联盟各成员国有权实施期限不超过一年的货币限制。这里所指的特殊情况，即收支平衡可能使成员国黄金储备降至规定水平以下或者自由化措施可能损害成员国的安全利益和公共秩序或者成员国本币剧烈波动等。实施货币限制的欧亚经济联盟成员国，须在实施限制之日起 15 日内通知其他成员国。

三 实施对外开放经济政策，加强与联盟外的国家开展自贸区建设

欧亚经济联盟与一些国家展开合作，建设自由贸易区。已经开展合作的有欧亚经济联盟—越南自贸区、欧亚经济联盟—伊朗临时自贸区、欧亚经济联盟—新加坡自贸区、欧亚经济联盟—塞尔维亚自贸区。

[①] 《欧亚经济联盟何时可以实现货币统一？》，腾讯网，2021 年 1 月，https://xw.qq.com/cmsid/20210129A045OW00；《欧亚经济联盟成员国共同制定加强产业合作措施》，哈萨克国际通讯社，2021 年 10 月，https://www.inform.kz/cn/article_a3855131。

（一）欧亚经济联盟—越南自贸区

欧亚经济联盟—越南自贸区是欧亚经济联盟对外签订的首个自贸区。越南与俄罗斯曾经相同的社会制度、相似的经济体制，以及短暂互为盟国的历史，使双方具有深层次合作的政治、经济和文化基础。1991年底，苏联解体，俄罗斯宣布与越南建立新型合作伙伴关系。1993年4月，俄罗斯制定了《俄罗斯外交政策构想基本原则》，对外交政策作出调整，实行"以西方为主、东西兼顾"的"双头鹰"外交。在东南亚地区，俄罗斯把发展与越南的关系作为外交重点，希望以越南为窗口，发展与东盟的经济合作。1995年，越南正式成为东盟成员国，经济发展迅速，GDP增长率连续多年位于东盟前列。2007年，越南成功加入世界贸易组织（WTO），在WTO框架下，越南不断加强对外经贸合作，与多个国际组织建立广泛合作关系，此时独联体地区的俄罗斯、白俄罗斯、哈萨克斯坦三国正在筹备组建关税同盟，越南对此表现出极大关注。2009年，越南工商部部长对俄罗斯进行正式访问，提出了建立越南—俄白哈关税同盟自贸区的建议。2010年10月，俄罗斯、白俄罗斯、哈萨克斯坦与越南共同组成专家小组，对关税同盟与越南建立自贸区进行可行性研究。2013年12月，俄、白、哈三国国家元首一致同意与越南展开自贸区谈判。2015年1月，欧亚经济联盟成立后继承了原俄白哈关税同盟的对外经济关系，继续推进与越南的自贸区谈判。2015年5月29日，《越南与欧亚经济联盟自由贸易协定》签署。2016年10月5日，《越南与欧亚经济联盟自由贸易协定》正式生效。该协定成为欧亚经济联盟对外自贸区建设的样板，对欧亚经济联盟对外自贸区建设具有重要意义。

（二）欧亚经济联盟—伊朗临时自贸区

伊朗是欧亚经济联盟对外自贸区建设的第二个伙伴国。1991年苏联解体，俄美关系从显性竞争转为隐性较量。1993年美伊关系恶化后，俄罗斯与伊朗的共同利益日益增加，俄伊双方进入新的发展时期。1995~2005年，伊核问题愈演愈烈，俄罗斯为发展与伊朗的关系，不顾美国反对，与伊朗签署合同，向伊朗提供核燃料以及帮助伊朗完成布什尔核电站建设。俄伊双方在共同的地缘政治与安全利益下相互支持、通力合作，双边关系得到了巩固和发展，经济合作领域不断扩大。2010年，俄白哈关税同盟启动，伊朗表现出与俄白哈关税同盟整体合作的意愿。2015年，欧亚经济联盟成立后，伊朗表示希望与欧亚经济联盟建立自贸区。2018年5月17日，在阿斯塔纳经济论坛期间，欧亚经济联盟与伊朗签署了《欧亚经济联盟与伊朗关于建立自由贸易区的临时协定》。2019年10月27日，《欧亚经济联盟与伊朗关于建立自由贸易区的临时协定》生效，该协定为双方签订正式自贸区协定打下了坚实基础。

（三）欧亚经济联盟—新加坡自贸区

新加坡作为东盟重要成员国，虽然国土面积较小，但长期以来凭借突出的经济实力、发达的经济模式以及高超的外交技巧而被视为东盟国家"低调领导者"。俄罗斯也重视发展与新加坡的关系。欧亚经济联盟成立后，俄罗斯以欧亚经济联盟为基础与新加坡展开了区域经济一体化合作。2015年11月，欧亚经济联盟与新加坡宣布启动全面的自贸区谈判。2016年5月，新加坡总理李显龙赴欧亚经济委员会总部，就启动双方自贸区谈判进行协商，双方签署了合作谅解备忘录，并在海关管理、服务与投资贸易、信息科技合作等领域达成共识。之后，双方自贸区谈判取得了较快进展。2019年10月1日，欧亚经济联盟各成员国与新加坡在亚美尼亚首都埃里温共同签署了欧亚经济联盟—新加坡自贸区协定。该协定是欧亚经济联盟与东南亚国家签署的第二个自贸区协定，体现了欧亚经济联盟与东南亚国家经济一体化合作的潜力。

（四）欧亚经济联盟—塞尔维亚自贸区

塞尔维亚作为东欧国家，因其特殊的地理位置以及与苏联深厚的历史渊源，深得欧亚经济联盟主要成员国重视。2000年8月至2010年10月，俄罗斯、白俄罗斯、哈萨克斯坦三国分别与塞尔维亚签署了双边自贸区协定，这是欧亚经济联盟成立前三国唯一与独联体以外国家签署的自贸区协定。欧亚经济联盟成立后，鉴于上述三份协议内容不同，联盟与塞尔维亚双方决定重新签署欧亚经济联盟—塞尔维亚自贸区协定。2016年5月，欧亚经济委员会决定与塞尔维亚启动自贸区协定谈判。2017年12月至2019年1月，欧亚经济联盟与塞尔维亚举行了三轮谈判。2019 年 10 月 25 日,《塞尔维亚与欧亚经济联盟及其成员国关于建立自由贸易区的协定》正式签署。该协定不仅充分协调了俄、白、哈三国与塞尔维亚的双边贸易条件,而且还巩固了联盟成员国与塞尔维亚的政治经济关系,为双方进一步合作提供了便利。

第三节　欧亚经济联盟经济政策与经济一体化发展

欧亚经济联盟的最终目标是建立类似于欧盟性质的一体化组织——欧亚联盟。经济一体化是目前成员国在一体化问题上的最大公约数。已经形成的各种经济政策在推动经济一体化上都发挥了一定作用。

一　以经济政策推动经济一体化发展,以经济一体化战略引导发展方向

欧亚经济联盟是在经济一体化基础上发展起来的区域性经济组织。在推进区域经济一体化过程中,欧亚经济联盟采取了缔结关税同盟、建立共同市场、出台海关法典等经济政策和措施不断助力经济一体化进程。

欧亚经济联盟制定欧亚经济一体化战略,以此战略推动成员国间经济一体化。在 2020 年,欧亚经济联盟最高欧亚经济理事会审议通过了《2025 年前欧亚经济一体化发展战略方向》,为欧亚经济联盟在未来五年内的投资、创新、产业协作等方面定下了基调,并且首次对教育、卫生等新领域的合作机制作出安排。在政策方面,欧亚经济联盟通过前文提到的宏观经济政策、贸易与关税政策、货币与金融政策和产业政策等,确定了联盟在交易成本、货币结算、金融市场准入和协调一致、金融监管、能源利益最大化等方面的举措。

二　对内消除市场壁垒,对外提升联盟在更广阔范围内的影响力

对欧亚经济联盟内部而言,继续积极消除联盟成员国之间的市场壁垒,进一步提高成员国经济的相互开放度,是深化一体化进程中的必要举措。为

此，各方于 2019 年 12 月签署了《欧亚经济联盟成员国消除联盟内部市场贸易壁垒工作进程》，明确了下一阶段消除联盟内部市场壁垒的具体进度和要求。同时，消除联盟成员国之间所有市场壁垒与限制成为《2025 年前欧亚经济一体化发展战略方向》中的主要条款。尽管联盟在消除内部市场壁垒与限制方面取得了一定的成绩，但随着一体化不断深化，一些新的壁垒还会不断出现。因此，消除市场壁垒是联盟一体化进程中一项长期、复杂而艰巨的工作。今后，消除内部市场非关税壁垒仍将是欧亚经济联盟框架内商品共同市场建设领域的工作重点。在现有的体制框架内，欧亚经济委员会作为一个超国家机构，将继续协同联盟各成员国进一步开展这方面的工作，同时加强监管力度，提高联盟内部的工作效率。

对外部来讲，欧亚经济联盟积极开展"大欧亚伙伴关系"建设，与多方展开对接合作。欧亚经济联盟对外政策的重点是构建以俄罗斯为主导的"大欧亚伙伴关系"，并以此为抓手推动联盟与"丝绸之路经济带"倡议对接；同时进一步加强与重要合作伙伴以及上合组织、东盟和欧盟等多边国际组织在经贸投资领域的深度合作，特别是加强在基础设施、工业创新和交通运输等方面的合作力度；要继续挖掘联盟一体化潜力，为实现地区经济的快速发展创造条件，提升联盟在世界经济体系中的整体竞争力。

三　对内开展统一能源市场和数字化建设，对外以产业政策促进科技创新

积极构建欧亚经济能源共同市场基础，加大联盟信息化和数字化建设投入。欧亚经济联盟长期处于能源垄断地位，推动联盟能源共同市场建设意味着必须打破垄断。为此，欧亚经济联盟必须克服重重困难，制定新的市场规则，确保 2025 年前建成包括石油、天然气和电力在内的联盟能源共同市场。此外，为保证联盟各项工作公开、透明、安全和高效，欧亚经济委员会已启动在欧亚经济联盟范围内使用电子随附文件并相互承认有效性的研究，关于欧亚经济联盟数字化通道体系建设等也在讨论酝酿中。

以提升整体科研创新能力为突破口，寻找新的经济增长点，提升联盟的

全球竞争力。通过建立欧亚工业技术平台整合联盟各成员国在高新技术领域的发展优势，开展联合科学研究与生产，努力提高欧亚经济联盟工业产品在世界市场的竞争力，同时扩大欧亚经济联盟在全球的影响力。欧亚工业技术平台整合了联盟内 417 家主要的工业科研机构，通过开展联合研究项目的方式重点打造各类高新技术合作平台，涉及航天和地理信息技术、LED 技术、超级计算机技术、光子技术、生物技术、生物医学技术、光照技术、固体矿物质开采和加工技术、生态发展技术、农工综合体绿色食品加工技术、农业技术以及冶金与新材料技术。[①] 未来，欧亚经济联盟将对这些领域的新技术实施统一登记管理，并对联盟内高新技术的联合研发生产提供技术和资金支持。

四　俄罗斯是欧亚联盟经济一体化的主要推动者，战略地位不可替代

在独联体经济一体化发展中，俄罗斯发挥了举足轻重的作用，其运用政治、经济、外交、能源等综合战略和策略，加速推进独联体地区一体化进程，促成从欧亚经济共同体向欧亚经济联盟的跃进。

经济一体化政策在欧亚经济联盟政策中占据主导地位，一切推动联盟一体化的政策都围绕经济一体化展开，俄罗斯在经济一体化进程中占据绝对优势地位。以金融政策为例，欧亚经济联盟推行统一的金融政策，旨在加强金融监管和金融立法，并且带动联盟内部各国的金融业发展，创造更多的金融存款、金融业增加值和资金流动。通过这种方式使联盟内部各个成员国可以实现金融业资源的良好配置。

俄罗斯在经济一体化过程中居于引领地位，为实现和维护核心利益和战略目标也付出了相当高的经济代价。在推动建立俄、白、哈和乌克兰统一经济空间过程中，俄罗斯从 2005 年 1 月 1 日起实施新的税收政策，即对这些

---

① 蒋菁：《欧亚经济联盟：目标、成效与发展态势》，《欧亚经济》2021 年第 6 期，第 69~83、124 页。

国家的商品按照目的地国原则征收增值税，保证白俄罗斯和乌克兰进口俄罗斯的各种能源更加便宜；在此方面和给予相关国家能源管道免费使用上，俄罗斯每年预计付出 2 亿美元左右。在国际原油和其他能源价格不断上升的情况下，俄罗斯对独联体出口能源资源价格远远低于国际价格，导致俄罗斯对这些国家的间接补贴大幅度增加。此外，俄罗斯大幅度增加对独联体国家的直接投资、信贷以及与劳动移民相关的资金支持。2008 年国际金融危机爆发后，俄罗斯向独联体国家共提供了 100 多亿美元的财政援助，解决了这些国家的燃眉之急。其中，向白俄罗斯提供了 35 亿美元的贷款和 60 亿美元的辛迪加贷款，帮助稳定了其国家经济局势；向吉尔吉斯斯坦和摩尔多瓦两国分别提供了 4.5 亿美元和 1 亿美元的财政援助。2013 年，哈萨克斯坦过境俄罗斯向国外出口石油近 1800 万吨，俄哈积极开展边境合作以扩大两国过境运输潜能。2014 年上半年，俄罗斯向白俄罗斯投资 36 亿美元，其中 30 亿美元为直接投资。

在成员国之间投资上，俄罗斯一直是最大投资国。欧亚开发银行发布的投资报告指出，俄罗斯是"后苏联空间"唯一一个直接投资净输出国。2020 年，欧亚经济联盟国家和独联体国家约 80% 的外国直接投资来自俄罗斯，其中约 30% 的直接投资流向哈萨克斯坦。截至 2021 年底，俄罗斯对哈萨克斯坦投资达 430 亿美元，是对哈投资最大的国家。俄罗斯也是白俄罗斯的主要投资者，在 2022 年，外国投资者在白俄罗斯实体经济领域投资额为 70 亿美元，其中俄罗斯占总投资的 56.1%。显而易见，俄罗斯在欧亚经济联盟的经济投资领域占据主导和绝对优势地位。

第三章　欧亚经济联盟经济发展

　　欧亚经济联盟长期以来一直致力于帮助成员国建立有效的区域经济联系，促进经济发展现代化，创造有利于提高全球竞争力的贸易环境。近年来，随着欧亚经济联盟的迅速发展，各成员国之间的合作力量显著增长，展现出可观的经济成就，加强了其在世界经济中的地位。

第一节　欧亚经济联盟成员国经济发展的基本情况

　　欧亚经济联盟作为区域一体化组织，通过建立共同市场和加强对外合作，使联盟内外经贸实现有序增长。全球金融危机和大国间贸易摩擦以及美欧国家实施的经济制裁，给欧亚经济联盟带来前所未有的挑战。

一　欧亚经济联盟的宏观经济

（一）欧亚经济联盟的经济地缘等条件

　　欧亚经济联盟横跨欧亚大陆，面积总计2023.03平方公里，占世界总面积的14%。但总人口稀少，共计1.83亿人，不及世界人口的3%。[①] 特别是欧亚经济联盟中各国经济社会条件存在较大差异。俄罗斯位于欧洲东部和亚洲大陆的北部，地形以平原和高原为主，是世界上面积最大的国家，在人口、国土面积和国内生产总值等方面占联盟的80%左右。哈萨克斯坦位于中亚，是世界上面积最大的内陆国，与俄罗斯、吉尔吉斯斯坦相邻，其人口规模在联盟中仅次于俄罗斯。白俄罗斯是位于欧洲中心的内陆国家，地处东欧平原，地势低且平坦，与俄罗斯接壤。吉尔吉斯斯坦作为欧亚大陆的腹心

---

　　① 资料来源：欧亚经济委员会官网。

地带，位于中亚的东北部，与哈萨克斯坦接壤。亚美尼亚是位于亚洲和欧洲交界处的内陆国，面积较小，不与欧亚经济联盟的其他成员国接壤。从各成员国在联盟发挥的作用来看，俄、哈、白三国是欧亚经济联盟的"三驾马车"，决定了联盟的发展方向及战略布局，而亚美尼亚和吉尔吉斯斯坦两国是联盟的参与者和追随者，更多希望通过参与联盟获得外交安全。另外，从欧亚经济联盟内在布局来看，不同于其他一体化组织，它是以俄罗斯为主导的中心一体化组织，或者说是以俄罗斯为中心、以白俄罗斯和哈萨克斯坦为两翼、以亚美尼亚和吉尔吉斯斯坦为桥梁的、横跨欧亚大陆、独具特色的一体化组织。

（二）欧亚联盟的国际经济环境

新冠疫情和俄乌冲突给欧亚经济联盟的经济和贸易带来了前所未有的挑战。在疫情冲击下，各成员国经济活力大幅下降，居民收入减少，市场和生产规模大幅缩减，欧亚经济联盟宏观经济的不确定性仍有持续增加的风险。这种不确定性主要受全球金融危机、大国间贸易摩擦的持续、新经济制裁措施的实施和大宗商品价格的波动等外部因素的影响，以及通货膨胀压力、货币政策收紧、国家货币汇率的波动、公共部门债务和预算赤字的增长等内部因素的影响。苏联解体后，美国干预、渗透独联体国家的发展，和俄罗斯的关系更为复杂。俄乌冲突多次谈判未果，西方国家不断对俄罗斯发起新制裁，加剧俄乌冲突，[①] 导致战线再度被拉长，这给俄罗斯以及联盟内其他成员国的经济带来不同程度的负面影响。

（三）欧亚经济联盟经济发展水平

欧亚经济联盟各成员国经济规模存在差异，经济实力排名为俄罗斯、哈萨克斯坦、白俄罗斯、亚美尼亚、吉尔吉斯斯坦。欧亚经济联盟成立以来，由于各成员国经济规模存在较大差异，加入欧亚经济联盟给各国带来不同影响。2010~2021 年，欧亚经济联盟各成员国经济发展呈现出增长缓

---

① 《俄乌冲突西方制裁对俄罗斯的影响、应对及启示》，中国社会科学院和平发展研究所，2022 年 6 月，http://ipd.cssn.cn/xscg/xslw/202206/t20220630_ 5414817.shtml。

慢、乏力等特点。具体来看,欧亚经济联盟的年均经济增长率为1.66%,俄罗斯、哈萨克斯坦、白俄罗斯、吉尔吉斯斯坦、亚美尼亚年均经济增长率分别为1.51%、2.76%、1.80%、7.11%、4.52%。2014年爆发克里米亚危机,全球能源价格暴跌,各成员国经济再次遭受严重打击,2017年后形势有所缓和,但受新冠疫情和俄乌冲突的影响,联盟的经济发展再一次出现危机。在联盟成立前后,俄罗斯和白俄罗斯的经济在2015~2016年断崖式下降,随后几年呈现出缓慢恢复增长趋势。究其原因主要体现在内外两个方面:一方面,欧亚经济联盟自成立以来,一直遭受西方国家的制裁,经济发展十分缓慢;另一方面,联盟内部存在利益分歧,效率有待提升(见表3-1)。[①]

表3-1 2010~2021年欧亚经济联盟GDP情况

单位:亿美元

年份	欧亚经济联盟	俄罗斯	哈萨克斯坦	白俄罗斯	吉尔吉斯斯坦	亚美尼亚
2010	17443.62	15253.14	1480.52	569.41	47.95	92.60
2011	23179.40	20481.77	1926.28	607.90	61.98	101.42
2012	24825.92	21919.36	2080.02	654.28	66.06	106.19
2013	26235.56	22937.05	2366.33	747.61	73.35	111.22
2014	24004.13	20813.81	2214.18	785.36	74.69	116.10
2015	16266.58	13697.22	1843.87	553.17	66.78	105.53
2016	14818.79	12797.62	1372.78	474.79	68.13	105.46
2017	18152.78	15745.44	1668.06	546.97	77.03	115.28
2018	19207.44	16607.24	1793.38	599.54	82.71	124.58
2019	19619.77	16933.15	1816.66	645.06	88.71	136.19
2020	17451.28	14927.76	1710.84	608.46	77.80	126.42
2021	20624.79	17788.86	1930.17	681.71	85.44	138.61

资料来源:欧亚经济委员会官网。

[①]《欧亚经济联盟政府间委员会会议在吉尔吉斯斯坦举行》,央视网,2021年8月,http://m.news.cctv.com/2021/08/19/ARTIVGKUL2UdrUpDBjsCRrxc210819.shtml;《〈欧亚经济联盟海关法典〉从2018年1月1日起正式施行》,中华人民共和国商务部,2018年1月,http://www.mofcom.gov.cn/article/tongjiziliao/fuwzn/oymytj/201801/20180102697360.shtml。

（四）各成员国支柱产业的发展

受要素禀赋、经济社会条件和产业发展等多因素的影响，欧亚经济联盟各成员国的支柱产业或特色产业存在较大差异。俄罗斯的主要支柱产业为机械、石油、天然气、煤炭、化工、航天航空、核工业等，[①]国防产业优势突出，从设计、研发、试验到生产系统均非常完善，是世界少有的能生产海、陆、空等武器和装备的国家。哈萨克斯坦是联盟内仅次于俄罗斯的能源富集国，拥有丰富的能源资源，采掘、冶金、化工、农业、机械工程、石油炼制、加工制造等为哈支柱产业。[②]由于白俄罗斯自然资源相对匮乏，加工制造业成为其支柱产业，白俄罗斯的机械制造在联盟中优势非常突出，特别是汽车制造、机床制造和农业机械制造等。白俄罗斯虽然能源短缺，但依靠进口俄罗斯的能源而发展的石化工业亦是其支柱产业。另外，白俄罗斯是联盟内少有的电子技术、无线电技术和 IT 行业均比较发达的国家。吉尔吉斯斯坦的支柱产业是农牧业，加之其地理区位优势使其拥有较为丰富的水电资源，水电产业为其主要产业之一。亚美尼亚虽然能源资源欠缺、农业欠发达，但其位于外高加索且处在里海与黑海交通要道上，具有发展旅游业的独特优势，旅游业成为近年来该国倡导优先发展的产业。另外，其建筑业占其GDP 的比重超过 20%，为该国的支柱产业之一（见表 3-2）。

表 3-2　欧亚经济联盟成员国支柱产业

国　家	支柱产业
俄罗斯	机械、石油、天然气、煤炭、化工、航天航空、核工业等
哈萨克斯坦	采掘、冶金、化工、农业、机械工程、石油炼制、加工制造等
白俄罗斯	加工制造业、石油加工和信息通信业等
吉尔吉斯斯坦	农牧业、金属采掘业、冶炼业、水电产业等
亚美尼亚	旅游业、建筑业、金属采掘业等

资料来源：根据相关网站信息整理。

---

① 陈宇霏：《欧亚经济联盟成员国间出口贸易潜力研究》，新疆师范大学硕士学位论文，2022，第 16 页。
② 杨文兰、王琰、宋芳：《对欧亚经济联盟内部贸易发展评估及启示》，《欧亚经济》2021 年第 6 期，第 84~103、124 页。

二 欧亚经济联盟内部贸易发展

（一）欧亚经济联盟整体内部贸易

欧亚经济联盟成立以来，一直致力于通过削减内部关税、实施统一海关法等措施扩大相互贸易。全球经济下行、油价剧烈波动、俄乌冲突、俄罗斯和西方国家之间的矛盾影响了成员国之间的互信程度，限制了欧亚经济一体化进程。通过对比联盟成立前后内部贸易数据可知，联盟成立后内部贸易总额呈波动状态。具体来看，2010 年俄白哈关税同盟正式运行，在一定程度上增加了五国间的内部贸易总额，联盟内部贸易总额由 2010 年的 1415.06 亿美元增长至 2014 年的 1754.53 亿美元；2015 年联盟成立后，内部贸易总额在 2016 年触底至 1283.47 亿美元；2017 年联盟内部贸易总额为 1632.35 亿美元；2018 年联盟统一实施《欧亚经济联盟海关法典》，通过降低贸易关税发展联盟内部贸易，2018 年达到 1802.56 亿美元；2019 年增至 1851.29 亿美元；2020 年受新冠疫情的影响降至 1642.71 亿美元；随后在各国共同努力下，2021 年内部贸易总额增至 2166.62 亿美元（见表 3-3）。

（二）各成员国内部贸易发展

1. 内部贸易贡献不同

欧亚经济联盟各成员国在联盟中地位存在较大差异。将各成员国与其他成员国对内贸易规模进行对比分析可知，俄罗斯内部贸易体量最大，俄罗斯对其他成员国贸易的年平均占比为 48.41%，这说明联盟中近一半的贸易商品由俄罗斯提供；内部贸易占比排名第二位的是白俄罗斯，年平均贸易占比约为 30.02%；哈萨克斯坦内部贸易体量低于白俄罗斯，年平均贸易占比为 17.34%；吉尔吉斯斯坦和亚美尼亚在联盟中的贸易体量很小，两国内部贸易的年平均占比均不超过 3%（见表 3-4）。

表 3-3　2010~2021 年欧亚经济联盟内部贸易

单位：亿美元

年份	出口额	进口额	总额	差额
2010	943.71	471.35	1415.06	472.36
2011	1261.49	631.00	1892.49	630.49
2012	1356.33	678.56	2034.89	677.77
2013	1288.92	645.20	1934.12	643.72
2014	1169.42	585.11	1754.53	584.31
2015	912.70	456.16	1368.86	456.54
2016	853.87	429.60	1283.47	424.27
2017	1085.24	547.11	1632.35	538.13
2018	1199.94	602.62	1802.56	597.32
2019	1234.95	616.34	1851.29	618.61
2020	1092.17	550.54	1642.71	541.63
2021	1440.51	726.11	2166.62	714.40

资料来源：欧亚经济委员会官网。

表 3-4　2015~2021 年各成员国内部贸易占欧亚经济联盟贸易总额的比重

单位：%

年份	俄罗斯	哈萨克斯坦	白俄罗斯	吉尔吉斯斯坦	亚美尼亚
2015	47.12	17.89	30.91	2.71	1.36
2016	48.37	16.15	31.35	2.43	1.71
2017	48.92	16.38	30.75	2.22	1.74
2018	48.52	16.79	30.58	2.34	1.78
2019	48.42	17.57	29.78	2.22	2.00
2020	48.81	18.66	28.07	2.23	2.23
2021	48.75	17.97	28.71	2.38	2.06
平均值	48.41	17.34	30.02	2.35	1.84

资料来源：欧亚经济委员会官网。

首先，各成员国内部贸易占比排序比较稳定，即俄罗斯、白俄罗斯、哈萨克斯坦、吉尔吉斯斯坦、亚美尼亚。俄罗斯、哈萨克斯坦、白俄罗斯作为欧亚经济联盟的"三驾马车"，在联盟的发展中占据绝对优势，吉尔吉斯斯坦和亚美尼亚的经济体量较小，在欧亚经济联盟中处于被边缘化的位置。其次，联盟中各成员国出口贸易占比的走势不同，俄罗斯、哈萨克斯坦、亚美尼亚在联盟中占比总体呈上升趋势，白俄罗斯和吉尔吉斯斯坦总体呈下降趋势。最后，俄罗斯在联盟中经济一家独大，其国内生产总值、人口数量等经济社会指标优势突出，是联盟成员国能源资源、工业制成品的提供者和技术支持者。俄罗斯在欧亚经济联盟中突出的贸易地位，决定了联盟成员国对俄罗斯有较高的依赖度。

2. 内部贸易规模差异较大

欧亚经济联盟作为新型的区域一体化组织，内部贸易占比在贸易总额中的比重是评估一体化进程的重要指标。研究表明，支撑区域内贸易增长的最低门槛是25%。[①] 目前，在欧亚经济联盟内部，亚美尼亚、白俄罗斯和吉尔吉斯斯坦的联盟内部贸易占贸易总额的平均比重均超过25%，白俄罗斯最高，达到50.85%，哈萨克斯坦则接近这一比重；但是作为联盟主导国的俄罗斯这一指标却很低，只有8.78%。而在其他区域一体化组织的实践中，这一指标要高很多，欧盟为65%、北美自由贸易协定为40%、东盟为25%。从内部贸易占贸易总额中的比重来看，联盟国家的经贸关系相比欧盟则弱很多。这说明到目前为止，欧亚经济联盟作为区域一体化组织暂时还没有充分发挥其在外部环境下国家之间自由贸易的优势。

总体来说，欧亚经济联盟成立以来内部贸易在贸易总额中占比有一定增加。联盟内部贸易占比由2015年的13.61%增加至2021年的14.58%，同期，俄罗斯由8.16%增加至8.90%，哈萨克斯坦由21.34%增加至25.55%，白俄罗斯由49.54%增加至50.60%，吉尔吉斯斯坦由43.91%增加至47.42%，亚美尼亚由26.53%增加至35.35%（见表3-5）。由此可见，欧亚经济联盟内部贸易规模较小，成员国之间的贸易紧密度不高，贸易呈现出发展不均衡的现象。

---

① 徐向梅：《欧亚经济联盟：相互贸易与投资》，《俄罗斯学刊》2020年第6期，第69~88页。

表 3-5 2015~2021 年欧亚经济联盟内部贸易占贸易总额的比重

单位：%

年份	联盟总体	俄罗斯	哈萨克斯坦	白俄罗斯	吉尔吉斯斯坦	亚美尼亚
2015	13.61	8.16	21.34	49.54	43.91	26.53
2016	14.36	8.77	22.21	52.32	37.19	29.02
2017	14.61	9.02	22.77	52.56	38.43	29.76
2018	13.73	8.41	21.26	50.71	39.30	28.83
2019	14.37	8.87	22.20	50.76	39.32	30.25
2020	14.88	9.31	23.57	49.48	42.86	34.16
2021	14.58	8.90	25.55	50.60	47.42	35.35
平均值	14.31	8.78	22.70	50.85	41.20	30.56

资料来源：欧亚经济委员会官网。

3. 内部贸易结构单一

欧亚经济联盟内部贸易结构比较稳定，但结构单一的问题比较突出，其中出口以初级产品为主，进口以制成品为主。2021 年，出口产品中矿产品占比高达 54.1%，加上食品与农业原料（8.2%），初级产品占比超过 60%。进口产品中，机械、设备和车辆占比为 45.3%，加上化工产品（18.2%），两项产品的进口占比已超过 60%（见表 3-6）。欧亚经济联盟的贸易结构比较符合联盟内部主要成员国的要素禀赋和产业发展特征。俄罗斯是能源大国，也是木材、农业资源大国，在重工业制造方面优势突出；哈萨克斯坦是仅次于俄罗斯的能源大国，拥有丰富的石油、天然气、煤炭和有色金属等矿产资源，在采矿业、加工业、建筑业和农业等方面均具竞争优势；白俄罗斯非金属矿物丰富，森林资源丰富，在机械制造、石化工业、电子工业和无线技术等方面具有优势。

表 3-6 2021 年欧亚经济联盟内部贸易进出口结构

单位：%

产品	出口占比	进口占比
食品与农业原料	8.2	11.5
矿产品	54.1	1.2
化工产品	6.5	18.2
木材、纸浆及纸质产品	3.5	1.5

续表

产　品	出口占比	进口占比
服装、鞋子等纺织类产品	0.3	6.4
金属及制品	10.5	6.6
机械、设备和车辆	3.7	45.3
其他产品	13.2	9.3

资料来源：欧亚经济委员会官网。

三　欧亚经济联盟内部相互投资

（一）俄罗斯在联盟内投资情况

俄罗斯是欧亚经济联盟的主导国。2015~2021 年，联盟内其他成员国对俄罗斯的直接投资波动幅度较大，总体呈下降趋势。具体来说，俄罗斯吸引联盟内直接投资由 2015 年的 5.13 亿美元降至 2017 年的 0.91 亿美元，2018~2019 年有所恢复，但 2020 年受新冠疫情的影响，各成员国对俄罗斯的直接投资降至史上最低 0.88 亿美元，随着各国经济的逐渐恢复，2021 年上升至 3.59 亿美元。在联盟中，俄罗斯的主要直接投资来源国是哈萨克斯坦，其次是白俄罗斯和亚美尼亚，吉尔吉斯斯坦对俄罗斯直接投资最少（见表 3-7）。

表 3-7　2015~2021 年俄罗斯吸引其他成员国的直接投资

单位：亿美元

年份	总投资	哈萨克斯坦	白俄罗斯	吉尔吉斯斯坦	亚美尼亚
2015	5.13	4.33	0.42	-0.18	0.56
2016	4.14	3.50	0.48	-0.15	0.31
2017	0.91	2.05	0.48	-0.20	-1.42
2018	1.87	1.59	0.53	-0.24	0.00
2019	1.79	1.30	0.15	-0.18	0.53
2020	0.88	0.96	0.13	-0.19	-0.01
2021	3.59	3.39	0.27	-0.33	0.26

资料来源：欧亚经济委员会官网。

2015~2021 年，俄罗斯对联盟中其他成员国直接投资总体呈下降趋势，变动幅度较大，2020 年在新冠疫情的影响下更是跌至最低 5.42 亿美元。其中，俄罗斯对联盟成员国年平均投资排名依次为白俄罗斯、哈萨克斯坦、吉尔吉斯斯坦、亚美尼亚，年平均投资分别为 5.74 亿美元、4.41 亿美元、0.86 亿美元和 0.55 亿美元（见表3-8）。

表3-8 2015~2021 年俄罗斯对其他成员国的直接投资

单位：亿美元

年份	总投资	哈萨克斯坦	白俄罗斯	吉尔吉斯斯坦	亚美尼亚
2015	16.94	6.43	7.36	1.59	1.56
2016	11.73	4.76	6.29	1.25	-0.58
2017	14.06	7.27	4.94	1.50	0.34
2018	11.55	3.66	6.46	0.52	0.91
2019	8.51	1.87	5.88	0.33	0.42
2020	5.42	0.64	4.74	0.39	-0.35
2021	12.72	6.22	4.50	0.46	1.55

资料来源：欧亚经济委员会官网。

（二）哈萨克斯坦在联盟内投资情况

整体而言，2015~2021 年，哈萨克斯坦吸引联盟内部直接投资呈上升趋势，由 2015 年的 1.97 亿美元上升至 2021 年的 9.94 亿美元，增长了 4.05 倍。哈萨克斯坦拥有丰富的石油资源，由于国内工业地区居住着较多的俄罗斯族裔，其与俄罗斯始终保持较为紧密的盟友关系，俄罗斯是哈萨克斯坦在联盟中吸引直接投资最多的国家（见表3-9）。

2015~2021 年，哈萨克斯坦对联盟内直接投资缓慢增长，由 2015 年的 2.26 亿美元增加至 2021 年的 3.69 亿美元，并且其直接投资主要流向俄罗斯，其次是吉尔吉斯斯坦，对白俄罗斯和亚美尼亚直接投资较少（见表3-10）。

表 3-9 2015~2021 年哈萨克斯坦吸引其他成员国的直接投资

单位：亿美元

年份	总投资	俄罗斯	白俄罗斯	吉尔吉斯斯坦	亚美尼亚
2015	1.97	2.27	−0.08	−0.22	0.00
2016	2.92	2.86	0.07	−0.01	0.00
2017	5.01	5.04	0.00	−0.03	−0.01
2018	6.04	6.05	−0.02	0.02	0.00
2019	4.74	4.40	0.31	0.02	0.01
2020	2.49	2.69	−0.18	−0.03	0.01
2021	9.94	10.11	−0.17	−0.01	0.02

资料来源：欧亚经济委员会官网。

表 3-10 2015~2021 年哈萨克斯坦对其他成员国的直接投资

单位：亿美元

年份	总投资	俄罗斯	白俄罗斯	吉尔吉斯斯坦	亚美尼亚
2015	2.26	2.12	0.01	0.10	0.02
2016	4.87	4.55	0.10	0.25	−0.02
2017	3.02	2.52	0.00	0.42	0.08
2018	2.57	2.07	0.00	0.51	−0.01
2019	2.83	1.81	0.01	1.04	−0.02
2020	1.03	0.25	0.01	0.77	0.00
2021	3.69	3.03	0.01	0.65	0.00

资料来源：欧亚经济委员会官网。

（三）白俄罗斯在联盟内投资情况

2015~2021 年，白俄罗斯经济中来自欧亚经济联盟内的直接投资呈下降趋势，由 2015 年的 7.37 亿美元下降至 2021 年的 4.38 亿美元，下降了40.6%。白俄罗斯在联盟内吸引直接投资的主要国家是俄罗斯，其次是亚美尼亚和哈萨克斯坦，吉尔吉斯斯坦几乎没有对其的直接投资。目前，俄罗斯对白俄罗斯主要的投资领域是核电站、电子工业和无线电技术。白俄罗斯格罗德诺地区的奥斯特罗韦茨市建造了一座由俄罗斯投资的核电站。在明斯克有一个采用绿色技术建造的多功能天然气工业中心综合体，也是俄罗斯的投资项目；另外还有俄罗斯炭黑厂、酒店等投资项目（见表3-11）。①

表3-11　2015~2021年白俄罗斯吸引其他成员国的直接投资

单位：亿美元

年份	总投资	俄罗斯	哈萨克斯坦	吉尔吉斯斯坦	亚美尼亚
2015	7.37	7.35	0.00	0.00	0.01
2016	5.44	5.43	0.00	0.00	0.00
2017	4.63	4.56	0.03	0.00	0.04
2018	5.71	5.66	0.02	0.00	0.02
2019	4.59	4.52	0.04	0.00	0.02
2020	4.74	4.67	0.04	0.00	0.03
2021	4.38	4.34	0.02	0.00	0.02

资料来源：欧亚经济委员会官网。

2015~2021年，白俄罗斯对欧亚经济联盟内投资不多，直接投资未超过6000万美元。在联盟中，白俄罗斯的直接投资主要流向俄罗斯，但近年来直接投资额总体呈下降趋势，由2015年的0.31亿美元下降至2021年的−0.27亿美元。白俄罗斯对哈萨克斯坦的直接投资额低于对俄罗斯的直接投资额，对吉尔吉斯斯坦和亚美尼亚几乎没有直接投资（见表3-12）。

表3-12　2015~2021年白俄罗斯对其他成员国的直接投资

单位：亿美元

年份	总投资	俄罗斯	哈萨克斯坦	吉尔吉斯斯坦	亚美尼亚
2015	0.31	0.31	0.00	0.00	0.00
2016	0.46	0.45	0.01	0.00	0.00
2017	0.52	0.48	0.04	0.00	0.00
2018	0.42	0.43	−0.01	0.00	0.00
2019	−0.58	−0.57	−0.02	0.00	0.00
2020	0.14	0.15	0.00	0.00	0.00
2021	−0.27	−0.27	0.00	0.00	0.00

资料来源：欧亚经济委员会官网。

---

① 宫艳华：《欧亚经济联盟域内投资一体化成效评价》，《中国外资》2021年第21期，第92~95页。

（四）吉尔吉斯斯坦在联盟内投资情况

2015~2021年，吉尔吉斯斯坦累计吸引欧亚经济联盟内直接投资8.91亿美元。吉尔吉斯斯坦经济中来自联盟内国家的直接投资整体呈下降趋势，由2015年的5.13亿美元下降至2021年的0.93亿美元，2018年和2020年更是出现了负投资现象，整体投资状况不太乐观。在联盟中，俄罗斯是吉尔吉斯斯坦的主要直接投资来源国，哈萨克斯坦直接投资较少，白俄罗斯和亚美尼亚几乎没有对其的直接投资。吉尔吉斯斯坦吸引外国直接投资较少的原因包括经济发展水平低、国内市场容量小、劳动力技能水平不高、国内政局不稳定等（见表3-13）。

表3-13　2015~2021年吉尔吉斯斯坦吸引其他成员国的直接投资

单位：亿美元

年份	总投资	俄罗斯	哈萨克斯坦	白俄罗斯	亚美尼亚
2015	5.13	4.90	0.05	0.18	0.00
2016	2.80	2.81	0.16	−0.18	0.00
2017	0.78	0.80	−0.02	0.00	0.00
2018	−0.14	0.01	−0.16	0.01	0.00
2019	0.00	0.08	−0.08	0.00	0.00
2020	−0.59	−0.70	0.11	0.00	0.00
2021	0.93	0.59	0.34	0.01	0.00

资料来源：欧亚经济委员会官网。

（五）亚美尼亚在联盟内投资情况

在欧亚经济联盟中，亚美尼亚无论是吸引其他成员国直接投资还是对其他成员国的直接投资都较少。在联盟中，俄罗斯既是亚美尼亚的第一投资来源国，还是亚美尼亚对外投资的第一投资国，联盟其他国家对亚美尼亚的直接投资几乎没有。亚美尼亚吸引外国直接投资较少的主要原因是其国内市场容量较小、自然资源不足、农业在经济中占据主导地位。

第二节　欧亚经济联盟成员国经济发展的影响因素

欧亚经济联盟建立以来，其经济一体化效果不明显，经济收益在各成员国之间分配不均衡。按照区域一体化理论，一体化的重要作用在于贸易创造和转移效应。但是欧亚经济联盟贸易创造效应不明显，贸易转移效应使一体化的利益在成员国之间重新分配，引起成员国的利益冲突。

一 欧亚经济联盟成立背景复杂

从欧亚经济联盟的名称上来看，该联盟是一个以经济利益为主要目的的区域国际组织。但从成员国的利益诉求来看，联盟并不是单纯地追求经济利益，而是以经济利益为切入点，将政治利益作为联盟发展的重要目标，由此也影响了欧亚经济联盟内部贸易的发展。

（一）各成员国都在谋求拓展生存空间

从俄罗斯的角度来看，联盟的成立对其经济的刺激作用非常有限，仅凭现有的发展既不能给俄罗斯带来巨大的市场拓展，也不能形成联盟内更加紧密的产业合作关系，但俄罗斯依然积极主动地推动该联盟的成立和发展，主要是出于拓展生存空间的现实需要。[①] 联盟之所以被冠以"经济"二字，更多的是最大限度降低国际社会对该组织成立目的的揣测，也使已加入的成员国或将来要加入的成员国放下思想包袱。吉尔吉斯斯坦和亚美尼亚的积极加入更多是出于期望俄罗斯提供安全保障的利益诉求。

（二）开展合作目的复杂

从欧亚经济联盟成立后的举措来看，成员国开展合作的目的复杂。以建立自贸区为例，表面上是通过建立自贸区推进联盟与其他国家的经贸关系发展，但从合作国的选择来看，具有政治战略地位或与俄罗斯有传统盟国关系的国家成为首选。

二 区域内部需求不对称

（一）俄罗斯为各成员国提供安全外交

亚美尼亚和哈萨克斯坦在对外交往上都寻求俄罗斯支持。亚美尼亚地缘

---

① 杨文兰、王琰、宋芳：《对欧亚经济联盟内部贸易发展评估及启示》，《欧亚经济》2021 年第 6 期，第 84~103、124 页。

关系复杂，一直将俄罗斯视为外交关系的优先发展对象。因此，在欧亚经济联盟成立的第二天，亚美尼亚就选择加入联盟。而对于联盟，更重要的也是亚美尼亚的地缘优势。俄罗斯对联盟成员国的需求多在地缘政治领域，如白俄罗斯是俄罗斯和北约之间最后一道安全屏障；亚美尼亚处于黑海和里海的交通要道上；而哈萨克斯坦不仅是俄罗斯能源输出的重要关口和通道，更在中亚国家中处于核心位置，是俄罗斯通往东亚的必由之路。

（二）各成员国对俄罗斯能源需求较高

在欧亚经济联盟中，俄罗斯和哈萨克斯坦是能源大国，而其他国家均为能源短缺国。一直以来，俄罗斯以低于市场的价格为白俄罗斯提供能源，不仅使白俄罗斯获得了满足民众生活需要的廉价能源，而且使白俄罗斯依靠俄罗斯的能源资源发展相关行业。能源对俄白两国的重要性，使俄白两国关系也时常因为俄罗斯能源政策变动而反应强烈。[①] 吉尔吉斯斯坦石油主要来自俄罗斯，俄罗斯天然气股份公司主导了吉尔吉斯斯坦天然气除上游以外的所有环节。

三　成员国之间缺乏内在联系

（一）各成员国经济差异大

欧亚经济联盟各成员国经济体量差距较大，许多产业很难依托联盟充分发展。例如，俄罗斯和哈萨克斯坦能源资源丰富，其他三国的经济体量较小，虽然联盟试图建立内部能源统一市场，但俄罗斯和哈萨克斯坦巨大的能源储量很难在联盟内完全消费，必须走向国际市场。其他行业也面临同样问题，如俄罗斯国防工业需要不断打破市场限制找到新的市场，俄罗斯的一些高科技产业也难以在联盟内部获得配套发展。

（二）第三方国家对成员国吸引力高

第三方国家中部分国家有比联盟内成员国更好的产业合作条件，对联盟

---

① 《是利还是弊？——浅议俄罗斯石油税改》，中化新网，2019 年 1 月，http：//www.ccin. com.cn/detail/26a836c37ea7a1c4b7c5c5e64c535a7b。

各成员国有较大的吸引力。例如，近年来，中俄、中哈和中白之间在能源合作、产能合作方面均取得明显成效，中国与联盟各成员国的经贸发展也在稳步推进。"一带一盟"对接以来，中国与欧亚经济联盟贸易平稳发展，"一带一盟"对接及中国与欧亚经济联盟经贸协议的签署和生效在一定程度上促进了中国与欧亚经济联盟国家经贸关系的发展。

（三）各成员国主权意识较强

区域一体化发展需要域内国家让渡更多主权，但是独联体国家对于自身主权的独立自主格外重视，这也为联盟一体化深入发展带来阻力。如俄罗斯提出区域统一货币遭到联盟内其他成员国的一致反对。一些成员国甚至以"去俄化"来保持民族独立性，如哈萨克斯坦提出以拉丁字母替代哈文中的基里尔字母，塔吉克斯坦提出去掉姓名的后缀等。[1]

四　成员国之间相互投资不平衡

（一）欧亚经济联盟内部稳定性和资金问题

一是内部稳定性不足。欧亚经济联盟的稳定性除了受到联盟外的大国干预，还受到内部因素的影响，如各成员国执政者的执政理念会影响联盟合作的深度和广度。二是资金短缺。投资不仅是开拓市场的重要手段，也是加强国际合作、密切相关国家经贸关系的重要抓手。但综观欧亚经济联盟成员国近年来的经济发展情况，经济低迷、增速缓慢、缺乏资金是联盟内成员国的共同特征。因此，吸引外资成为联盟成员国共同的利益诉求，联盟内大规模的相互投资很难实现，联盟成员国无一例外地将吸引外资的重点放在联盟外，如"一带一路"倡议下与中国的投资合作，亚洲基础设施投资银行和丝路基金等成为联盟成员国资金的重要来源。

（二）各成员国内相互投资缺乏吸引力

在欧亚经济联盟中，各成员国相互投资的绝对值和相对值都很小，其主要原因是成员国之间的经济联系不够紧密和缺乏吸引投资的领域。欧亚经济

① 周帅：《欧亚经济联盟的发展与前景》，《唯实》2019年第2期，第94~96页。

联盟内部的主要投资者俄罗斯，是 2015～2021 年平均相互投资的唯一净出口国。这与俄罗斯的市场实力有关，俄罗斯 GDP 在欧亚经济联盟中所占的比重为 85%，并且俄罗斯企业拥有投资实力。联盟内部双边投资关系极为不平衡。俄罗斯直接投资的主要对象是白俄罗斯和哈萨克斯坦，但是，与其他成员国相比，亚美尼亚和吉尔吉斯斯坦更需要投资。哈萨克斯坦直接投资的主要对象是俄罗斯和吉尔吉斯斯坦。白俄罗斯直接投资的主要对象是俄罗斯。总体而言，在相互投资方面，欧亚经济联盟国家尚未从参与区域一体化进程中获得明显收益。

第三节　欧亚经济联盟成员国经济发展的未来趋势

从欧亚经济联盟整体发展来看，其未来发展仍然受到各种内外部因素的影响且面临诸多挑战，主要包括全球经济复苏的稳定性、大国博弈潜在的风险性、地区经济多元发展的差异性、宗教传统文化的多样性、地区安全形势的复杂性、联盟内政治领导人更迭的不确定性等。但是欧亚经济联盟成员国坚持外向型的经济发展战略不会改变，联盟一体化的进程不会停滞，它将会沿着既定的方向不断前行。

一　持续深化区域一体化进程

欧亚经济联盟基于各成员国自身的政治和经济诉求，未来将朝着经济一体化的方向发展。为了确保联盟内部经济一体化进一步发展，应进一步降低非关税壁垒，促进商业自由，在当前合作的基础上向科教、文化以及社会等其他领域拓展，实现以经济为主的多支柱合作。未来，欧亚经济联盟对外政策的重点是构建以俄罗斯为主导的"大欧亚伙伴关系"，并以此为抓手推动联盟与"一带一路"倡议对接，同时进一步加强与重要合作伙伴以及上合组织、东盟和欧盟等多边国际组织在经贸投资领域的深度合作，特别是加大在基础设施、工业创新和交通运输等方面的合作力度，为实现区域经济快速发展创造条件，提升联盟在世界经济体系中的竞争力。

二　提升欧亚经济联盟全球影响力

欧亚经济联盟为寻找新的经济增长点，以提升整体科研创新能力为突破口，提升其在全球的影响力和竞争力。联盟仍将主要通过建立欧亚技术平台来整合联盟各成员国在高新技术领域的发展优势，开展联合科学研究与生产，努力提高联盟工业产品在世界市场的竞争力，同时扩大其在全球的影响力。

三　提高成员国经济相互开放度

欧亚经济联盟将继续积极消除成员国之间的市场壁垒，进一步提高成员国之间的经济开放度，这是深化一体化进程中的必要举措。为此，各方签署了《欧亚经济联盟成员国消除联盟内部市场贸易壁垒工作进程》，明确了消除联盟内部市场壁垒的具体进度和要求。[1] 同时，俄罗斯经济发展部部长呼吁各成员国通过协调国家监管政策、取消关税、设立产品统一要求、许可证互认等方式消除市场壁垒。尽管当前联盟在消除内部市场壁垒和限制等方面取得了一定的成绩，但随着一体化不断深化，一些新的壁垒还会不断出现。因此，这是联盟一体化进程中一项长期、复杂且艰巨的工作。未来，消除内部市场非关税壁垒仍将是欧亚经济联盟框架内共同市场建设领域的工作重点。在现有的体制框架内，欧亚经济委员会作为一个超国家机构，将继续协调联盟各成员国进一步开展相关工作，同时加强监督力度，提升联盟内部的工作效率。

四　确保宏观经济可持续发展

在全球经济增长乏力和能源价格不断波动的大背景下，欧亚经济联盟国家将继续采取稳健的财政政策和平衡的信贷政策，以确保宏观经济可持续发

---

[1] 《欧亚经济联盟已消除 9 项内部市场壁垒》，中华人民共和国商务部，2020 年 10 月，http://www.mofcom.gov.cn/article/i/jyjl/e/202010/20201003006890.shtml。

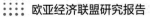

展和外汇市场稳定。当前，联盟确定的经济发展主要任务是控制综合年度赤字、政府债务和通货膨胀率，增加投资需求，不断提高科技生产潜力，为扩大出口和增进相互贸易创造条件。同时，必须改变成员国以能源经济为主的经济结构和以能源产品出口为主导的对外经济格局，实现经济关系的多元化，确保联盟未来经济发展的韧性和稳定性。

第四章　欧亚经济联盟国际合作

欧亚经济联盟是区域一体化组织中的新成员。2015 年正式运行以来，该联盟以特定的经济议程为基础，帮助成员国建立有效的区域内在经济联系，促进经济发展现代化，创造有利于提高全球竞争力的条件。然而，随着国际石油价格的动荡和美欧等西方国家制裁的双重影响，联盟经济发展、国际地位和影响力显著下降。为摆脱经济危机，重塑国际影响力，欧亚经济联盟把目标转向联盟外部国家，积极寻求外部合作伙伴。

第一节　欧亚经济联盟对外合作

欧亚经济联盟在成立之初遭遇乌克兰危机，随后受到美国对俄罗斯经济制裁的影响，后又陷入俄乌冲突的困境中。为摆脱各种危机带来的负面影响，联盟积极加强对外合作。近年来，联盟致力于拓展对外合作，尤其是重视对华合作以及推动联盟与"一带一路"倡议对接。

一　欧亚经济联盟贸易规模

欧亚经济联盟贸易由内部贸易和外部贸易构成，贸易规模不断扩大。2015~2021 年，欧亚经济联盟贸易规模总体呈上升趋势。其中，总贸易由2015 年的 6706.53 亿美元上升至 2021 年的 9880.25 亿美元。内部贸易由2015 年的 912.7 亿美元上升至 2021 年的 1438.49 亿美元；外部贸易由2015 年的 5793.83 亿美元上升至 2021 年的 8441.76 亿美元。在欧亚经济联盟中，内部贸易占比约为 20%，外部贸易占比约为 80%，这说明各成员国之间相互贸易的依赖程度并不高。（见表 4-1）。

表 4-1   2015~2021 年欧亚经济联盟贸易规模

单位：亿美元，%

项目	2015 年	2016 年	2017 年	2018 年	2019 年	2020 年	2021 年
总贸易	6706.53	5947.61	7427.21	8738.32	8592.69	7338.46	9880.25
内部贸易	912.7	853.87	1085.26	1199.95	1234.94	1092.18	1438.49
占比	14	14	15	14	14	15	15
外部贸易	5793.83	5093.74	6341.95	7538.37	7357.75	6246.28	8441.76
占比	86	86	85	86	86	85	85

资料来源：欧亚经济委员会官网。

（一）俄罗斯贸易规模

2015~2021 年，俄罗斯在联盟内贸易规模稳居第一位，呈现上升趋势，其中联盟内部贸易占比约9%、外部贸易占比约为91%。其中，总贸易由2015 年的5268.42 亿美元上升至2021 年的7893.89 亿美元，年均增长率为7.12%。内部贸易由2015 年的430.02 亿美元上升至2021 年的702.18 亿美元，年均增长率为9.04%；外部贸易由2015 年的4838.40 亿美元上升至2021 年的7191.71 亿美元，年均增长率为6.95%。具体来看，俄罗斯贸易规模先是由2015 年的5268.42 亿美元降至2016 年的4708.99 亿美元；2017~2019 年贸易规模总体增长，2020 年在新冠疫情的影响下降至5726.00亿美元，2021 年增加至7893.89 亿美元（见表4-2）。

表 4-2   2015~2021 年俄罗斯贸易规模

单位：亿美元

项目	2015 年	2016 年	2017 年	2018 年	2019 年	2020 年	2021 年
总贸易	5268.42	4708.99	5885.37	6921.84	6738.87	5726.00	7893.89
内部贸易	430.02	412.98	530.87	582.26	597.97	533.07	702.18
外部贸易	4838.40	4296.01	5354.50	6339.58	6140.90	5192.93	7191.71

资料来源：欧亚经济委员会官网。

（二）哈萨克斯坦贸易规模

哈萨克斯坦在2015~2021 年贸易规模总体呈上升趋势，其规模仅次于俄罗斯，其中联盟内部贸易占比约 23%、外部贸易占比约为 77%。其中，总贸易由 2015 年的 765.24 亿美元上升至 2021 年的 1013.12 亿美元，年均增长率为 4.63%。内部贸易由 2015 年的 163.32 亿美元上升至 2021 年的 258.90 亿美元，年均增长率为 8.36%；外部贸易由 2015 年的 601.92 亿美元上升至 2021 年的 754.22 亿美元，年均增长率为 3.61%。具体来看，哈萨克斯坦贸易规模先是由 2015 年的 765.24 亿美元降至 2016 年的 621.14 亿美元，2017~2019 年贸易规模稳步增长，2020 年在新冠疫情的影响下降至 864.71 亿美元，2021 年增加至 1013.12 亿美元（见表 4-3）。

表 4-3　2015~2021 年哈萨克斯坦贸易规模

单位：亿美元

项目	2015 年	2016 年	2017 年	2018 年	2019 年	2020 年	2021 年
总贸易	765.24	621.14	781.04	947.69	977.74	864.71	1013.12
内部贸易	163.32	137.94	177.81	201.44	217.03	203.81	258.90
外部贸易	601.92	483.20	603.23	746.25	760.71	660.90	754.22

资料来源：欧亚经济委员会官网。

（三）白俄罗斯贸易规模

白俄罗斯在 2015~2021 年贸易规模总体呈上升趋势，其贸易规模位居第三，其中联盟内部贸易占比约 50%、外部贸易占比约为 50%。其中，总贸易由 2015 年的 569.59 亿美元上升至 2021 年的 817.15 亿美元，年均增长率为 6.21%。内部贸易由 2015 年的 282.16 亿美元上升至 2021 年的 413.51 亿美元，年均增长率为 6.65%；外部贸易由 2015 年的 287.43 亿美元上升至 2021 年的 403.64 亿美元，年均增长率为 5.78%。具体来看，白俄罗斯贸易规模先是由 2015 年的 569.59 亿美元降至 2016 年的 511.56 亿美元，2017~2019 年贸易规模稳步增长，2020 年在新冠疫情的影响下降至 619.62 亿美元，2021 年增加至 817.15 亿美元（见表 4-4）。

表 4-4　2015~2021 年白俄罗斯贸易规模

单位：亿美元

项目	2015 年	2016 年	2017 年	2018 年	2019 年	2020 年	2021 年
总贸易	569.59	511.56	634.85	723.61	724.48	619.62	817.15
内部贸易	282.16	267.66	333.67	366.93	367.76	306.58	413.51
外部贸易	287.43	243.90	301.18	356.68	356.72	313.04	403.64

资料来源：欧亚经济委员会官网。

（四）吉尔吉斯斯坦贸易规模

吉尔吉斯斯坦在 2015~2021 年贸易规模总体呈上升趋势，其规模在联盟内居末位，其中联盟内部贸易占比约 40%、外部贸易占比约为 60%。其中，总贸易由 2015 年的 56.36 亿美元上升至 2021 年的 72.29 亿美元，年均增长率为 4.04%。内部贸易由 2015 年的 24.75 亿美元上升至 2021 年的 34.28 亿美元，年均增长率为 5.50%；外部贸易由 2015 年的 31.61 亿美元上升至 2021 年的 38.01 亿美元，年均增长率为 2.89%。具体来看，吉尔吉斯斯坦贸易规模先是由 2015 年的 56.36 亿美元降至 2016 年的 55.74 亿美元；2017~2019 年贸易规模总体增长，2020 年在新冠疫情的影响下降至 56.93 亿美元，2021 年达到 72.29 亿美元（见表 4-5）。

表 4-5　2015~2021 年吉尔吉斯斯坦贸易规模

单位：亿美元

项目	2015 年	2016 年	2017 年	2018 年	2019 年	2020 年	2021 年
总贸易	56.36	55.74	62.60	71.29	69.74	56.93	72.29
内部贸易	24.75	20.73	24.06	28.02	27.42	24.40	34.28
外部贸易	31.61	35.01	38.54	43.27	42.32	32.53	38.01

资料来源：欧亚经济委员会官网。

（五）亚美尼亚贸易规模

2015~2021 年，亚美尼亚贸易规模总体呈上升趋势，在联盟内仅高于吉尔吉斯斯坦，其中联盟内部贸易占比约 30%、外部贸易占比约为 70%。其中，总贸易由 2015 年的 46.92 亿美元上升至 2021 年的 83.80 亿美元，年均增长率为 11.01%。内部贸易由 2015 年的 12.45 亿美元上升至 2021 年的 29.62 亿美元，年均增长率为 19.70%；外部贸易由 2015 年的 34.47 亿美元上升至 2021 年的 54.18 亿美元，年均增长率为 8.17%。具体来看，亚美尼亚贸易规模先是由 2015 年的 46.92 亿美元上升至 2019 年的 81.86 亿美元，2020 年在新冠疫情的影响下降至 71.20 亿美元，2021 年增加至 83.80 亿美元（见表 4-6）。

表 4-6　2015~2021 年亚美尼亚贸易规模

单位：亿美元

项目	2015 年	2016 年	2017 年	2018 年	2019 年	2020 年	2021 年
总贸易	46.92	50.18	63.35	73.89	81.86	71.20	83.80
内部贸易	12.45	14.56	18.85	21.30	24.76	24.32	29.62
外部贸易	34.47	35.62	44.50	52.59	57.10	46.88	54.18

资料来源：欧亚经济委员会官网。

二　欧亚经济联盟投资规模

欧亚经济联盟在 2015~2021 年投资规模虽有波动，但基本呈上升趋势。其中，联盟吸引外部投资由 2015 年的 143.19 亿美元增长至 2021 年的 444.27 亿美元，年均增长率为 14.29%；联盟对外投资由 2015 年的 236.90 亿美元增长至 2021 年的 661.63 亿美元，年均增长率为 25.91%（见表 4-7）。整体而言，虽然各个国家情况不同，但其外部投资占比高于内部投资占比。

表 4-7　2015~2021 年欧亚经济联盟投资规模

单位：亿美元

项目	2015 年	2016 年	2017 年	2018 年	2019 年	2020 年	2021 年
吸引外部投资	143.19	505.21	336.04	94.66	362.92	168.71	444.27
对外投资	236.90	242.43	359.93	253.42	186.77	66.30	661.63

资料来源：欧亚经济委员会官网。

（一）俄罗斯投资规模

俄罗斯在2015~2021年吸引投资总体呈上升趋势，并且在联盟内居首位。其中，吸引总投资规模由2015年的68.53亿美元增加至2021年的398.26亿美元，年均增长率为68.74%；内部投资由2015年的5.13亿美元下降至2021年的3.59亿美元，年均增长率为-4.29%；外部投资由2015年的63.40亿美元增加至2021年的394.67亿美元，年均增长率为74.64%。具体来说，俄罗斯吸引投资由2015年的68.53亿美元增加至2016年的325.39亿美元，2017年和2018年连续两年下降，2019年上升至319.75亿美元，2020年在新冠疫情的影响下跌落至94.79亿美元，随后2021年上升至398.26亿美元（见表4-8）。

表4-8　2015~2021年俄罗斯吸引投资规模

单位：亿美元

项目	2015年	2016年	2017年	2018年	2019年	2020年	2021年
总投资	68.53	325.39	285.57	87.85	319.75	94.79	398.26
内部投资	5.13	4.14	0.91	1.87	1.79	0.88	3.59
外部投资	63.40	321.25	284.66	85.98	317.96	93.91	394.67

资料来源：欧亚经济委员会官网。

俄罗斯在2015~2021年对外投资在联盟内位居第一，并且总体呈上升趋势。其中，对外投资规模由2015年的220.85亿美元增加至2021年的651.89亿美元，年均增长率为27.88%；内部投资由2015年的16.94亿美元下降至2021年的12.72亿美元，年均增长率为-4.74%；外部投资由2015年的203.91亿美元增加至2021年的639.17亿美元，年均增长率为30.49%。具体来说，俄罗斯对外投资由2015年的220.85亿美元增加至2017年的367.57亿美元，2018~2020年连续三年下降，2020年跌至最低58.47亿美元，2021年上升至651.89亿美元（见表4-9）。

表 4-9 2015~2021 年俄罗斯对外投资规模

单位：亿美元

项目	2015 年	2016 年	2017 年	2018 年	2019 年	2020 年	2021 年
总投资	220.85	223.14	367.57	313.77	219.23	58.47	651.89
内部投资	16.94	11.73	14.06	11.55	8.51	5.42	12.72
外部投资	203.91	211.41	353.51	302.22	210.72	53.05	639.17

资料来源：欧亚经济委员会官网。

（二）哈萨克斯坦投资规模

哈萨克斯坦在 2015~2021 年吸引投资总体呈下降趋势，并且在联盟内位居第二。其中，吸引总投资规模由 2015 年的 65.78 亿美元下降至 2021 年的 43.80 亿美元，年均增长率为 -7.17%；联盟内部投资由 2015 年的 1.97 亿美元上升至 2021 年的 9.94 亿美元，年均增长率为 57.80%；联盟外部投资由 2015 年的 63.81 亿美元下降至 2021 年的 33.86 亿美元，年均增长率为 -12.63%。具体来说，哈萨克斯坦吸引总投资由 2015 年的 65.78 亿美元增加至 2016 年的 172.24 亿美元，2017 年和 2018 年连续两年下降，2018 年更是跌至最低 3.53 亿美元，2019 年上升至 37.31 亿美元，2020 年吸引总投资同比增长了 92.82%，2021 年下降至 43.80 亿美元（见表 4-10）。

表 4-10 2015~2021 年哈萨克斯坦吸引投资规模

单位：亿美元

项目	2015 年	2016 年	2017 年	2018 年	2019 年	2020 年	2021 年
总投资	65.78	172.24	47.57	3.53	37.31	71.94	43.80
内部投资	1.97	2.92	5.01	6.04	4.74	2.49	9.94
外部投资	63.81	169.32	42.56	-2.51	32.57	69.45	33.86

资料来源：欧亚经济委员会官网。

哈萨克斯坦在 2015~2021 年对外投资在联盟内位列第二，总体呈下降趋势。其中，总投资规模由 2015 年的 33.16 亿美元下降至 2021 年的 26.77

亿美元，年均增长率为-3.41%；内部投资由 2015 年的 2.26 亿美元增加至
2021 年的 3.69 亿美元，年均增长率为 9.04%；外部投资由 2015 年的 30.90
亿美元下降至 2021 年的 23.08 亿美元，年均增长率为-4.84%。可以发现，
哈萨克斯坦总投资由 2015 年的 33.16 亿美元增加至 2016 年的 34.75 亿美
元，2017 年下降幅度较大，2018 年和 2019 年两年均为负值，2020~2021 年
对外投资逐渐恢复增长（见表 4-11）。

表 4-11　2015~2021 年哈萨克斯坦对外投资规模

单位：亿美元

项目	2015 年	2016 年	2017 年	2018 年	2019 年	2020 年	2021 年
总投资	33.16	34.75	9.57	-46.39	-21.74	13.63	26.77
内部投资	2.26	4.87	3.02	2.57	2.83	1.03	3.69
外部投资	30.90	29.88	6.55	-48.96	-24.57	12.60	23.08

资料来源：欧亚经济委员会官网。

（三）白俄罗斯投资规模

白俄罗斯在 2015~2021 年吸引投资总体呈下降趋势，在联盟内位列第
三。其中，吸引总投资规模由 2015 年的 16.52 亿美元下降至 2021 年的
12.25 亿美元，年均增长率为-4.98%；吸引内部投资由 2015 年的 7.37 亿
美元下降至 2021 年的 4.38 亿美元，年均增长率为-9.75%；吸引外部投资
由 2015 年的 9.15 亿美元下降至 2021 年的 7.87 亿美元，年均增长率为
-2.32%（见表 4-12）。

表 4-12　2015~2021 年白俄罗斯吸引投资规模

单位：亿美元

项目	2015 年	2016 年	2017 年	2018 年	2019 年	2020 年	2021 年
总投资	16.52	12.47	12.76	14.27	12.73	13.92	12.25
内部投资	7.37	5.44	4.63	5.71	4.59	4.74	4.38
外部投资	9.15	7.03	8.13	8.56	8.14	9.18	7.87

资料来源：欧亚经济委员会官网。

2015~2021 年，白俄罗斯对外投资在联盟内位列第三，总体呈不稳定且为下降状态。其中，对外投资规模由 2015 年的 1.07 亿美元降至 2021 年的 -0.93亿美元，年均增长率为-14.29%；内部投资由 2015 年的 0.31 亿美元下降至 2021 年的-0.27 亿美元，年均增长率为-6%；外部投资由 2015 年的 0.76 亿美元下降至 2021 年的-0.66 亿美元，年均增长率为-6%。总体来看，白俄罗斯对外投资由 2015 年的 1.07 亿美元增加至 2016 年的 1.23 亿美元，而 2017~2019 年连续三年下降，2020 年上升至 0.77 亿美元，2021 年下降至-0.93 亿美元（见表 4-13）。

表 4-13 2015~2021 年白俄罗斯对外投资规模

单位：亿美元

项目	2015 年	2016 年	2017 年	2018 年	2019 年	2020 年	2021 年
总投资	1.07	1.23	0.68	0.55	-0.04	0.77	-0.93
内部投资	0.31	0.46	0.52	0.42	-0.58	0.14	-0.27
外部投资	0.76	0.77	0.16	0.13	0.54	0.63	-0.66

资料来源：欧亚经济委员会官网。

（四）吉尔吉斯斯坦投资规模

吉尔吉斯斯坦在 2015~2021 年吸引投资在联盟内位居第五，总体呈下降趋势。其中，吸引总投资规模由 2015 年的 11.42 亿美元下降至 2021 年的 5.84 亿美元，年均增长率为-13.65%；吸引内部投资由 2015 年的 5.13 亿美元下降至 2021 年的 0.93 亿美元，年均增长率为-11.70%；吸引外部投资由 2015 年的 6.29 亿美元下降至 2021 年的 4.91 亿美元，年均增长率为-3.13%。具体来说，吉尔吉斯斯坦吸引总投资由 2015 年的 11.42 亿美元下降至 2016 年的 6.16 亿美元，2017 年继续下降至-1.07 亿美元，2018 年和 2019 年连续两年上升，2020 年在新冠疫情的影响下跌至-5.81 亿美元，2021 年上升至 5.84 亿美元（见表 4-14）。

表4-14 2015~2021年吉尔吉斯斯坦吸引投资规模

单位：亿美元

项目	2015年	2016年	2017年	2018年	2019年	2020年	2021年
总投资	11.42	6.16	-1.07	1.44	3.41	-5.81	5.84
内部投资	5.13	2.80	0.78	-0.14	0.00	-0.59	0.93
外部投资	6.29	3.36	-1.85	1.58	3.41	-5.22	4.91

资料来源：欧亚经济委员会官网。

吉尔吉斯斯坦在2015~2021年对外投资在联盟内位居第四，并且总体呈下降趋势，联盟内部投资占比几乎为零。其中，对外投资规模由2015年的1.33亿美元下降至2021年的0.04亿美元，年均增长率为-13.85%。具体来说，吉尔吉斯斯坦对外投资由2015年的1.33亿美元下降至2017年的-0.29亿美元，2018~2021年对外投资量极小且波动幅度不大（见表4-15）。

表4-15 2015~2021年吉尔吉斯斯坦对外投资规模

单位：亿美元

项目	2015年	2016年	2017年	2018年	2019年	2020年	2021年
总投资	1.33	0.37	-0.29	0.05	0.05	0.02	0.04
内部投资	0.00	0.00	0.00	0.02	-0.03	0.00	0.00
外部投资	1.33	0.37	-0.29	0.03	0.08	0.02	0.04

资料来源：欧亚经济委员会官网。

（五）亚美尼亚投资规模

亚美尼亚在2015~2021年吸引投资总体呈上升趋势。其中，吸引总投资规模由2015年的1.84亿美元增加至2021年的3.79亿美元，年均增长率为15.14%；吸引内部投资由2015年的1.30亿美元下降至2021年的0.83亿美元，年均增长率为-5.16%；吸引外部投资由2015年的0.54亿美元增加至2021年的2.96亿美元，年均增长率为64.02%。具体来说，亚美尼亚吸引总投资由2015年的1.84亿美元增加至2016年的3.34亿美元，2017年和 2018 年稳定在 2.50 亿美元左右，2019~2020 年连续两年下降，2021 年上升至 3.79 亿美元（见表 4-16）。

表 4-16 2015~2021 年亚美尼亚吸引投资规模

单位：亿美元

项目	2015 年	2016 年	2017 年	2018 年	2019 年	2020 年	2021 年
总投资	1.84	3.34	2.53	2.67	1.01	0.47	3.79
内部投资	1.30	−0.91	−0.01	1.62	0.17	−0.92	0.83
外部投资	0.54	4.25	2.54	1.05	0.84	1.39	2.96

资料来源：欧亚经济委员会官网。

三 欧亚经济联盟对外签署自由贸易协定

（一）欧亚经济联盟已生效的自贸区

1. 欧亚经济联盟—越南自贸区

欧亚经济联盟—越南自贸区是欧亚经济联盟对外签订的首个自贸区。2015 年 5 月 29 日，联盟与越南正式签订《越南与欧亚经济联盟自由贸易协定》，[1] 2016 年 8 月 19 日双方完成自贸协定所有批准程序，协定于同年 10 月 5 日正式生效。《越南与欧亚经济联盟自由贸易协定》的签署促使越南成为欧亚经济联盟和东盟之间的"桥梁"，加强东盟和欧亚经济联盟之间的合作将为发展两个组织之间的贸易流通提供新的动力。在 2021 年 9 月 2 日举行的俄罗斯—东盟对话中，越南表示愿意成为欧亚经济联盟和东盟合作的桥梁与纽带，希望《越南与欧亚经济联盟自由贸易协定》有效落实，为东盟和俄罗斯及欧亚经济联盟加强合作铺平道路。[2]

---

[1] 《越南与欧亚经济联盟（EAEU）自由贸易协定将于 10 月 5 日起生效》，中华人民共和国商务部，2016 年 9 月，http://trb.mofcom.gov.cn/article/zuixindt/201609/20160901384946.shtml。

[2] 《越南愿做俄罗斯及欧亚经济联盟与东盟合作的桥梁与纽带》，中央军委与国防部机关—越南人民及武装力量之声，2021 年 9 月，https://cn.qdnd.vn/cid-6130/7187/nid-585934.html。

2. 欧亚经济联盟—伊朗临时自贸区

2018 年 5 月 17 日，俄罗斯与伊朗在阿斯塔纳签署了《欧亚经济联盟与伊朗关于建立自由贸易区的临时协定》，该协定于 2019 年 10 月 27 日生效。协定确定了欧亚经济联盟与伊朗之间开展贸易的基本规则，使其尽可能符合 WTO 规则，并涵盖了最惠国待遇、国民待遇、采取贸易救济措施、海关监管等内容。2020 年 12 月 11 日，最高欧亚经济理事会会议决定，启动欧亚经济联盟与伊朗的全面自贸区谈判，于 2022 年 10 月完成从临时自由贸易协定到永久自由贸易协定的过渡。[①] 2021 年 12 月 11 日，欧亚经济委员会官方表明欧亚经济联盟与伊朗的临时自由贸易协定延长至 2025 年 10 月 27 日，直至自由贸易协定生效或到协定日期。[②]

（二）欧亚经济联盟已签署待生效的自贸区

1. 欧亚经济联盟—新加坡自贸区

欧亚经济联盟成立后，俄罗斯以欧亚经济联盟为基础与新加坡开展了区域经济合作。2015 年 11 月，欧亚经济联盟与新加坡进行自贸区谈判。2019 年 10 月 1 日，欧亚经济联盟各成员国与新加坡共同签署了关于建立自由贸易区的协定。新加坡是第二个与欧亚经济联盟签署自贸区协定的东南亚国家，体现了欧亚经济联盟与东南亚国家经济一体化合作的潜力。根据该协定可知，欧亚经济联盟与新加坡签署的自由贸易协定不仅涉及商品贸易，还涵盖服务和投资贸易。[③]

2. 欧亚经济联盟—塞尔维亚自贸区

欧亚经济联盟与塞尔维亚开展区域经济合作。2016 年 5 月，欧亚经济联盟与塞尔维亚启动自贸区谈判。2019 年 10 月 25 日，欧亚经济联盟和塞尔维亚签署了《塞尔维亚与欧亚经济联盟及其成员国关于建立自由贸易区

① 《欧亚经济联盟与伊朗将启动全面自贸协定谈判》，中华人民共和国商务部，2021 年 7 月，http：//kz. mofcom. gov. cn/article/jmxw/202107/20210703179844. shtml。
② 《欧亚经济联盟与伊朗的临时自由贸易协定延长至 2025 年》，中华人民共和国商务部，2021 年 12 月，http：//ir. mofcom. gov. cn/article/jmxw/202112/20211203227370. shtml。
③ 《欧亚经济联盟与新加坡签署自由贸易协定》，哈萨克国际通讯社，2019 年 10 月，https：//www. inform. kz/cn/article_ a3571265。

的协定》，该协定于 2021 年 7 月 10 日生效，规定了欧亚经济联盟成员国与塞尔维亚开展贸易的基本原则，即在符合世贸组织规则下对部分商品实施零关税。该协定不仅与俄、白、哈三国和塞尔维亚之间已有的贸易制度安排相互衔接，同时也给尚未进入塞尔维亚市场的亚美尼亚、吉尔吉斯斯坦商品提供相应的优惠贸易条件。① 该协定是在 WTO 规则的基础上制定的，双方商定将按照国际标准实施卫生与植物检疫措施、技术性贸易壁垒措施，避免欧亚经济联盟成员国商品进入塞尔维亚市场时受到不合理限制。②

（三）欧亚经济联盟正在谈判的自贸区

1. 欧亚经济联盟—印度自贸区

俄罗斯十分重视发展与印度的外交关系。欧亚经济联盟成立之初，印度就为未来可能签订自由贸易协定进行准备。后来，欧亚经济委员会专家、联盟成员国和印度各部门的专家组成联合研究小组，就联盟与印度之间建立自由贸易区的可能性问题开展研究，并对自由贸易区的前景作出系统分析。2017 年 6 月 3 日，在第 21 届圣彼得堡国际经济论坛期间，欧亚经济联盟与印度签署了关于启动自贸区谈判的联合声明，同时指出双方谈判将涉及多个领域，包括海关管理、知识产权保护、减少贸易中关税和非关税壁垒等。③

2. 欧亚经济联盟—以色列自贸区

欧亚经济联盟与以色列就建立自贸区展开合作。双方已启动了自贸区谈判，但谈判的难点在于协定是否涉及资金和服务问题。以色列坚持要将服务条款纳入协定，但欧亚经济联盟内部并不是所有成员国都同意此建议，双方谈判一度陷入僵局。2018 年 4 月，欧亚经济联盟与以色列重新启动了自贸区谈判，谈判内容包括海关合作、消除贸易壁垒、发展电子商务、检验检疫

---

① 《欧亚经济联盟与塞尔维亚签署自贸区协定》，中华人民共和国商务部，2019 年 10 月，http://www.mofcom.gov.cn/article/i/jyjl/e/201910/20191002908054.shtml。

② 《〈欧亚经济联盟与塞尔维亚自贸区协定〉即将生效》，哈萨克国际通讯社，2021 年 7 月，https://www.inform.kz/cn/article_a3807687。

③ 《欧亚经济联盟与印度签署启动自贸区谈判声明》，中华人民共和国商务部，2017 年 6 月，http://www.mofcom.gov.cn/article/tongjiziliao/fuwzn/oymytj/201706/20170602595491.shtml。

等多个方面。

3. 欧亚经济联盟—埃及自贸区

2019 年 1 月 17 日，欧亚经济联盟与埃及在开罗举行了关于双方自贸区建设的首轮谈判，双方讨论了自贸区协定的主要条款，并表示希望达成一个全面的自贸区协定，以便确保贸易条件的可预测性和贸易条例的透明度。[①]2020 年 6 月 2 日，欧亚经济委员会贸易部部长与埃及贸易和工业部部长进行电话交谈，双方确认关于缔结自由贸易协定的谈判已经取得实质性进展。

（四）欧亚经济联盟与中国的经贸合作

欧亚经济联盟与中国积极开展经贸合作，达成了经贸领域重要制度性安排。中俄自 1996 年建立战略协作伙伴关系，2001 年签署《中华人民共和国和俄罗斯联邦睦邻友好合作条约》，2011 年建立平等信任、相互支持、共同繁荣、世代友好的全面战略协作伙伴关系。[②] 2015 年 5 月 8 日，中国与俄罗斯发表了《中华人民共和国与俄罗斯联邦关于丝绸之路经济带建设与欧亚经济联盟建设对接合作的联合声明》。在此背景下，欧亚经济联盟和中国于2018 年 5 月 17 日签署了《中华人民共和国与欧亚经济联盟经贸合作协定》（以下简称《协定》），《协定》于 2019 年 10 月 25 日生效。

《协定》的实施对中国及欧亚经济联盟各成员国都具有重大意义，将进一步降低双方技术型贸易壁垒，为营造良好的产业发展环境、促进双方经贸的发展奠定基础。

《协定》的主要内容涵盖了传统议题中的非关税壁垒，包括海关合作、贸易便利化、知识产权、部门合作以及政府采购等，也包含了电子商务和竞争等新议题。《协定》旨在通过加强合作、信息交换、经验交流等方式进一步减少非关税壁垒，提高贸易便利化水平，为产业发展营造良好的环境，促

---

① 《欧亚经济联盟与埃及开展首轮自贸协定谈判》，中华人民共和国商务部，2019 年 1 月，http://m.mofcom.gov.cn/article/i/jyjl/e/201901/20190102829023.shtml。

② 《中俄元首关于中俄睦邻友好合作条约 10 周年声明》，中华人民共和国中央人民政府，2011年 6 月，http://www.gov.cn/ldhd/2011-06/17/content_ 1886239.htm。

进中国与欧亚经济联盟及其成员国的经贸关系深入发展。同时，《协定》还注重双方在贸易投资规则及政策上的对接，包括海关合作、贸易投资便利化措施、检验检疫、贸易救济以及技术标准等，这些规则可以为未来缔结自由贸易区谈判奠定基础。[①]

（五）欧亚经济联盟与其他国家和国际组织签订合作备忘录

目前，与欧亚经济联盟签署合作备忘录的国家和地区有孟加拉国、约旦、印度尼西亚、柬埔寨、古巴、摩洛哥、摩尔多瓦、蒙古国、秘鲁、新加坡、泰国、法罗群岛和智利，国际组织有安第斯共同体、东盟、非盟、太平洋联盟和拉美经济体系等。[②] 但在贸易项下签订的合作备忘录（联合声明）只有 8 个，其中与乌克兰、中国、联合国贸易和发展会议与联合国欧洲经济委员会 4 个主体的签订日期在联盟成立前。在欧亚经济联盟正式成立之后，与其签订贸易合作备忘录的只有韩国、厄瓜多尔两个国家，以及南方共同市场和国际贸易中心两个国际组织。

四　欧亚经济联盟对外自贸区建设的主要特点

（一）在地域上以亚洲国家为主

目前，在欧亚经济联盟自贸区已生效、签署和正在谈判的 7 个国家中，5 个为亚洲国家、1 个为东欧国家、1 个为北非国家。[③] 联盟对外自贸区建设在地域选择上以亚洲国家为主，更多是与联盟所处的地理位置以及当前面临的政治经济环境有关。欧亚经济联盟 5 个成员国均为独联体国家，位于欧洲与亚洲交界的欧亚大陆腹地，特殊的地缘环境使得联盟与欧洲和亚洲形成了紧密的经济关系，联盟成员国重视与欧洲及亚洲有关组织、国家和地区的区域经济合作。

---

① 刘立新：《"一带一路"背景下中国与欧亚经济联盟深化经贸合作的障碍与策略》，《对外经贸实务》2020 年第 3 期，第 17~20 页。
② 资料来源：欧亚经济委员会官网。
③ 闫亚娟、陈志恒：《欧亚经济联盟对外自贸区建设的进展与方向》，《俄罗斯东欧中亚研究》2021 年第 2 期，第 33~51、151 页。

自 2013 年底爆发乌克兰危机以来，美欧与俄罗斯的制裁与反制裁，使联盟与欧洲关系陷入僵局。而此时的亚洲地区经济快速发展，东南亚的东盟、东亚的中国、南亚的印度都已成为世界重要新兴经济体，且该地区经济一体化不断向纵深发展。俄罗斯主导的欧亚经济联盟，在向西发展受阻的情况下，积极加强与亚洲国家的自贸区建设。

对于欧亚经济联盟的转向，亚洲各国表现出了积极的态度，许多国家或区域组织都表示愿与欧亚经济联盟展开自贸区谈判。主要原因在于，欧亚经济联盟丰富的能源资源有利于稳定资源短缺国的市场供给，其市场规模以及潜在增长力有利于扩大伙伴国的出口，特别是欧亚经济联盟连接欧洲与亚洲的地理位置有利于打通贸易伙伴的运输通道。欧亚经济联盟与亚洲国家共同的合作意愿，使现阶段欧亚经济联盟自贸区建设以亚洲国家为主。

（二）在谈判对象上优先选择盟友及战略伙伴关系国

历史和现实的双重原因，导致欧亚经济联盟优先选择盟友及战略伙伴关系国作为自贸区谈判对象国。与世界其他区域经济合作组织不同，受冷战时期美苏争霸及新时期俄美关系影响，欧亚经济联盟成立之初便被认为带有一定地缘政治色彩，加入欧亚经济联盟或与欧亚经济联盟开展自贸区建设，不仅意味着经济上与联盟合作，更意味着政治上有可能会受到美欧的遏制与打压。乌克兰危机爆发后，俄美关系进一步恶化，一些国家不得不在美俄之间站队，一边是美国的盟国追随其对俄罗斯实施经济制裁和政治围堵，另一边是俄罗斯的盟友及重要战略伙伴对俄罗斯给予政治支持和经济合作。俄罗斯为冲破美欧压力，巩固与盟友及战略伙伴关系国的政治关系，扩大地区及国际影响力，选择以欧亚经济联盟为平台、以能源为手段，加强对外自贸区建设。

目前，在欧亚经济联盟已生效、签署和正在谈判的 7 个自贸区伙伴国中，4 个为俄罗斯的战略伙伴关系国，在这之中，俄罗斯与越南为全面战略伙伴关系国，俄罗斯与塞尔维亚为战略伙伴关系国。而伊朗和以色列虽未与俄罗斯建立战略伙伴关系，但与俄罗斯存在"非常特殊"的关系。2017 年3 月，伊朗总统访问俄罗斯期间，俄罗斯总统普京表示，俄伊之间的合作非常高效，两国正全力向高质量、新层次的战略伙伴关系迈进。以色列作为美国的传统盟友，在美欧对俄罗斯实施经济制裁时，保持了中立立场。而且近年来，俄以在经济、政治以及军事领域的合作稳步增加，俄罗斯重视与以色列在高新技术领域的合作。现阶段，欧亚经济联盟将政治关系较为密切的盟友及战略伙伴关系国作为对外自贸区建设的支点国家，以点带面，提升欧亚经济联盟国际地位并扩大国际影响力。

（三）在建设目标上兼顾传统与非传统收益

自由贸易区作为当今世界区域一体化的重要形式之一，其成立的根本目标是获得区域合作收益。具体而言，区域合作收益包括传统收益和非传统收益。传统收益主要指经济方面的收益，包括贸易转移效应、规模效应以及贸易条件的改善等。非传统收益主要包括加强同伙伴国的政治互信、增强地区影响力、提高国际话语权等。不同时期不同类型经济体追求的目标各有侧重。对于世界影响力较小的国家而言，推动自由贸易区建设的主要目标是获得传统收益，如韩国，多年来韩国一直重视与大型经济体的新兴经济体建立自由贸易区，希望通过自由贸易区建设，减少贸易壁垒，扩大出口。而对于影响力较大的国家或区域经济组织而言，非传统收益在自由贸易区建设中起着越来越重要的作用，如美国、日本、欧盟，在重视自由贸易区经济收益的同时，更注重自由贸易区带来的政治影响。

欧亚经济联盟作为独联体地区最有影响力的区域经济组织，对外构建自由贸易区，在关注经济目标的同时，地缘政治也是其重点考虑的因素。首先，经济目标。自欧亚经济联盟成立以来，受内外部环境共同影响，联盟成员国经济下滑明显。为摆脱内部环境困境，欧亚经济联盟积极寻求外部伙伴。其次，非经济目标。俄罗斯作为苏联主要继承国，自独立以来就不断加强独联体地区区域经济一体化，努力成为世界多极化的一极。但受苏联时期计划经济体制的影响，新独立的联盟各国经济结构失衡，对外贸易规模较小，与独联体各国签订的若干经济合作协议大多有名无实。直到欧亚经济联盟成立，独联体地区的区域经济一体化才取得了实质性进展。然而，乌克兰危机的爆发和美欧的政治与经济孤立使其国际地位显著下降，为扩大地区及国际影响力，欧亚经济联盟积极开展对外自由贸易区建设，希望通过对外经济合作，增进与伙伴国的政治互信，重塑欧亚经济联盟地缘政治新格局。

五　欧亚经济联盟对外自由贸易区建设的主要影响

（一）推动了独联体地区经济与世界经济的融合

自 20 世纪 90 年代以来，区域经济一体化迅速发展，与经济全球化共同成为世界经济发展的基本趋势之一。在此背景下，参与区域经济合作，加入某种形式的区域一体化组织，一起在更大程度上与世界经济接轨，成为众多国家的战略选择。独联体国家推动和参与区域经济一体化，在经济方面的主要目标为发展本国经济、提高产品竞争力、与世界经济接轨。[①] 自由贸易区建设的本质是减少或取消贸易壁垒、降低贸易成本，使贸易更加自由，进而提高成员国的对外贸易开放水平，使成员国经济与世界经济有效融合。欧亚经济联盟对外积极开展自由贸易区合作，为成员国与世界其他国家经济联系提供便利，扩大了欧亚经济联盟各国的市场范围，提高了对外开放水平，增强了成员国企业竞争力。同时，欧亚经济联盟成员国的这种变化也会传递给其他独联体国家，这将在一定程度上促进独联体地区经济与世界经济进一步融合。

（二）加剧了俄罗斯与美欧的地缘政治竞争

苏联时期，美国与西方资本主义国家一道遏制以苏联为首的社会主义国家，美国曾提出杜鲁门主义、出台马歇尔计划、成立北约，在政治、经济、军事等领域与苏联对抗。尽管苏联建立了华沙条约组织与美国进行对抗，但是由于苏联当时的经济力量不足以支撑其与美国展开全面竞争，最终冷战以苏联解体结束。苏联解体以后，美国等西方国家为防止出现一个新的竞争对手，长期对俄罗斯实施遏制战略，这主要体现在欧盟与北约的不断东扩。1994 年，美国推动北约制定了"和平伙伴关系计划"，旨在邀请原华沙条约

---

① 闫亚娟：《欧亚经济联盟对外自由贸易区建设研究》，吉林大学博士学位论文，2021，第 65 页。

组织国家和中东欧国家加入这一计划。2009 年，欧盟推出了"东部伙伴关系计划"，该计划的实质是让独联体地区的乌克兰、摩尔多瓦、白俄罗斯、阿塞拜疆、格鲁吉亚、亚美尼亚六国在俄罗斯与美欧之间做出选择，以此削弱俄罗斯在独联体地区的政治经济影响力。2015 年，俄罗斯在独联体地区推动成立欧亚经济联盟，引起美国不满。之后，欧亚经济联盟积极开展对外经济合作，利用建立自由贸易区的形式同独联体以外的国家加强政治经济联系，这刺激了美国本就紧绷的神经。美国进一步扩大对俄罗斯的遏制，俄罗斯与美欧的地缘政治竞争进一步加剧。

（三）促进了世界多极化向深度和广度拓展

冷战时期，世界格局是以美苏两个超级大国对立斗争为主要特征的两极格局。冷战结束后，世界经济形势出现了巨大变化，表现为从经济国际化向经济全球化转变，经济因素逐渐成为影响世界各种变化的主要因素之一。世界主要力量开始紧随经济全球化不断调整对外关系，制定对外战略，努力塑造对自身有利的世界格局。俄罗斯作为苏联的主要继承国，致力于构建多极世界格局中的重要一极。但由于自身综合国力有限，独立之初的俄罗斯对建立多极世界的贡献多停留在政策和口号上。随着国民经济的恢复和发展，俄罗斯希望重新实现民族崛起，为此俄罗斯采取了更加积极和主动的对外政策。俄罗斯将独联体地区视为对外优先发展地区，并在该地区推动成立了欧亚经济联盟，希望其能够在欧洲和亚洲之间发挥桥梁作用，作为一个独立的力量中心，与欧盟、北美自由贸易区和东盟三大区域经济组织平起平坐，成为世界多极化中新的一极。

欧亚经济联盟作为区域经济组织，在世界经济格局中占有重要地位。现阶段，欧亚经济联盟不仅掌握了本区域范围内经济活动的主导权和规则制定权，对区域范围外的国家也起到了一定的辐射作用。欧亚经济联盟作为独联体地区重要的区域经济组织，建设对外自由贸易区不仅改变了联盟在世界经济格局中的地位，也扩大了联盟在全球经济格局中的话语权和影响力。欧亚经济联盟对外自由贸易区建设进一步促进了世界多极化在深度和广度上的拓展。

第二节　欧亚经济联盟对外合作阻碍

欧亚经济联盟所处的亚欧大陆是一个大国利益交织、局势错综复杂的区域。这一区域存在多个一体化组织机构和合作倡议等。欧亚大陆作为世界上最具有经济增长潜力的地区之一，是大国实现地缘政治战略的关键点和平衡点，同时也是大国博弈的热点地区。

一　欧亚经济联盟成员国之间存在矛盾

（一）俄罗斯在联盟中的主导经济地位

俄罗斯在联盟经济中具有绝对优势。以 2019 年为例，俄罗斯经济总量占联盟经济总量的 86.42%，哈萨克斯坦和白俄罗斯占比分别为 9.24% 和 3.21%，而吉尔吉斯斯坦与亚美尼亚占比仅仅分别为 0.43% 和 0.70%。俄、白、哈三国决定联盟发展方向和战略布局，亚美尼亚和吉尔吉斯斯坦则是参与者。欧亚经济联盟以俄罗斯为主导，哈萨克斯坦、白俄罗斯、亚美尼亚和吉尔吉斯斯坦对俄罗斯的经济依赖度较高，尤其是油气领域，未来欧亚经济联盟的发展在很大程度上取决于俄罗斯的经济发展状况。俄为推动欧亚经济联盟的建立和扩员做出了较大努力，如在吉尔吉斯斯坦入盟时，俄为其提供了 2 亿美元的无偿援助和与吉成立总资本为 10 亿美元的发展基金等，此外关税分成和对成员国的"能源补贴"也给俄罗斯经济带来负担。[①]

（二）成员国支柱产业差异很大

欧亚经济联盟成员国经济结构中的支柱产业或特色产业存在很大差异。采掘、冶金和国防工业是俄罗斯的支柱产业，石油、天然气工业比重很大，俄罗斯是世界第二大武器出口国，用于国防的武器和装备产业发达。制造业、石油加工和信息通信业是白俄罗斯的支柱产业，白俄罗斯号称苏联的"装配车间"，汽车、机床和农业机械制造优势非常突出，电子技术、无线

---

① 周帅：《欧亚经济联盟的发展与前景》，《唯实》2019 年第 2 期，第 94~96 页。

电技术和工厂产业比较发达。哈萨克斯坦拥有丰富的能源资源，能源采掘、农业种植和加工制造业是其支柱产业，希望在农业、石化工业、轻纺工业、建筑业和服务业上有更大的发展空间。旅游业和建筑业是亚美尼亚的支柱产业，农业、采掘业和冶炼业是吉尔吉斯斯坦的支柱产业。根据欧亚经济委员会发布的相关报告可知，制造业和矿产资源行业均占成员国经济的50%以上，并且制造业多为重工业。因此，驱动经济发展的产业因素同质化极其严重，加剧了成员国在内部市场的竞争。[①] 联盟内部除白、俄两国工业化水平较高，其他国家工业化水平相对较低。出口产品大多为矿产原料，原材料供应国处于世界供应链体系的最下游且利润极低，这与相关成员国希望通过欧亚经济联盟进行产业升级和国家发展的战略相悖。

二　各成员国在发展目标、经济条件等方面存在差异

（一）各成员国对联盟发展目标存在认知差异

联盟内各成员国的国家战略差异导致其对欧亚经济联盟发展目标存在认知差异。俄罗斯将欧亚经济联盟视为加强其国际经济、政治领导地位的方式之一。其他成员国仅希望维持当下深度的经济一体化合作和社会的稳定联系，而不追求政治一体化。俄罗斯认为欧亚经济联盟的最终目标是实现区域政治经济一体化。虽然俄罗斯不断强调欧亚经济联盟的目的并非恢复苏联，而是实行独联体地区经济一体化，但事实上，联盟内实力超群的俄罗斯可以随意将其作为国际地缘战略的工具以实现自身利益，如作为联盟核心的俄、白、哈在乌克兰与欧盟签署合作协议后对乌克兰实施经济制裁，这引起了其他成员国对俄罗斯的警惕，担心丧失部分国家主权。因此，除俄罗斯外，其他成员国，包括俄白联盟成员国白俄罗斯在参与欧亚经济联盟时都坚持主权至上。

（二）联盟内各成员国间自贸区建设目标不一致

欧亚经济联盟五个成员国在领土、人口、经济规模、经济发展以及对外

---

① 邓万林：《欧亚经济联盟一体化路径选择研究》，北京外国语大学硕士学位论文，2020，第58页。

贸易总额方面差距较大，对自贸区建设目标不一致，拖慢了谈判进程。在欧亚经济联盟的五个成员国中，俄罗斯领土面积最大，是哈萨克斯坦的 6.3 倍，是最小的亚美尼亚的 574 倍；在人口、GDP 及对外贸易总额方面，俄罗斯也都占联盟总量的 80% 以上。联盟五个成员国的国际地位也相差较大：俄罗斯继承了苏联的经济与军事实力，是世界大国；哈萨克斯坦受益于能源价格红利，为中亚第一大经济体；白俄罗斯、亚美尼亚、吉尔吉斯斯坦均为独联体地区小国。联盟五个成员国间的经济和国际地位差距，使每个成员国对联盟对外自贸区建设的诉求不同。俄罗斯作为世界军事强国，一直受西方国家的防范与打压，为塑造对自身有利的地缘政治格局，在选取对外自贸区伙伴国时更倾向于政治关系较为密切的小型经济体。哈萨克斯坦与俄罗斯不同，没有俄罗斯在地区乃至国际上的地位，但又极具战略地位，是欧洲与亚洲的交通走廊，且拥有丰富的石油和天然气资源，是世界大国博弈的焦点，这又为哈萨克斯坦经济发展带来了机遇。多年来，哈萨克斯坦一直以能源外交为手段，遵循"先经济后政治"的发展战略，希望与欧盟和中国等大型经济体及主要贸易伙伴建立自贸区，发展本国经济。而联盟其他三个成员国白俄罗斯、亚美尼亚、吉尔吉斯斯坦均为地区性小国，主要贸易和投资伙伴为俄罗斯，与联盟以外地区贸易有限，出于地缘经济与地缘政治利益考虑，三国更多希望得到俄罗斯的支持与援助，对联盟对外自贸区建设的积极性不高。

（三）合作方向偏重于服务贸易和货物贸易便利化

按照惯例，一个国家开展世界贸易活动先是从商品贸易开始，然后在商品自由化的基础上向服务贸易、投资等领域扩展。但欧亚经济联盟碍于自身经济结构和贸易结构，在对外经济交往中大力推行的是服务贸易和货物贸易的便利化，并且与之签订自由贸易协定的国家多是具有地缘优势和象征意义的经济小国。这些国家和联盟的贸易规模很小，自由贸易协定涉及的商品范围也很小，给予关税优惠和减免的商品更少。事实上，联盟与其最主要的经济伙伴之间都没有自由贸易制度。在与之缔结自由贸易协定的国家间的议题多数仅限于关税壁垒，只有与新加坡的协定中不仅包括贸易自由化的内容，也包括服务贸易和投资等领域。因此，联盟对于服务贸易和贸易便利化的重视实际上优于货物贸易和贸易自由化。或者说，对于有经济实力的大国，联盟重视服务贸易和货物贸易便利化的内容对接，对于与联盟贸易额较小的国家，联盟才会涉及货物贸易和贸易自由化的问题。

（四）贸易自由化的合作规模小、层次低

欧亚经济联盟已与部分国家签署自由贸易协定，但是总体数量偏少。目前与联盟达成自由贸易协定的有越南、伊朗（临时）、新加坡和塞尔维亚4个国家，相比欧盟达成的40个自由贸易协定，以及中国达成的25个自由贸易协定，欧亚经济联盟签订自由贸易协定国家的数量较少，质量上也难以起到对贸易和经济的拉动作用。截至2021年1月20日，全球有效的区域贸易合作协定数量达到336个。① 在此过程中，贸易自由化范围越来越广，自由化的标准越来越高。这些协定的升级主要体现在不仅包括传统自由贸易协定条款，如货物贸易、服务贸易、投资和原产地规则等，还增加了知识产权、劳工、环境、国有企业和政府采购等一些非传统议题。其中，很多条款都以自由化程度较高的标准执行，如服务贸易和投资等领域采用负面清单的模式，在环保、劳工、原产地和政府采购等方面设置了许多高标准条款。欧亚经济联盟目前与越南、伊朗（临时）、塞尔维亚和新加坡签订的自由贸易协定仍然局限在传统层面，范围上多限于货物贸易领域，条款内容主要涉及消除或降低关税和非关税壁垒。其中与新加坡的贸易协定虽然包括服务贸易、投资和金融等领域，但是由于联盟在服务贸易领域并不具备超国家主权，因此达成的协定不具有强制性。联盟与中国签订的《中华人民共和国与欧亚经济联盟经贸合作协定》也仅限于货物贸易的便利化合作，在实践上有很大的弹性和不确定性，实施强度难以界定，效果只能看双方各自的意愿和具体实行情况。由此可知，联盟目前已达成的自由贸易协定不是自由贸易协定的升级版，只是传统自由贸易协定的一部分。

---

① 肖宇：《全球区域合作从多边向双边转换》，《世界知识》2021年第4期，第21~23页。

三 外部环境阻碍欧亚经济联盟的发展

（一）欧亚经济联盟与欧盟关系难以突破

欧盟是欧亚经济联盟对外交往的理想伙伴。2018年12月6日，最高欧亚经济理事会通过《2019年欧亚经济联盟国际交往主要方向》，再次将欧盟放在除独联体外的首要位置。从表面来看，俄欧双方对欧亚经济联盟与欧盟开展合作的前提设定不同。俄方主张联盟与欧盟对接合作不受乌克兰问题干扰，借两大一体化机制对接合作，可以弥补乌克兰危机造成的战略隔阂，重启俄欧全面合作。而欧盟认为其与联盟建立合作关系的前提是俄罗斯需要在乌克兰问题上做出让步，任其加入欧洲一体化进程。从深层来看，俄欧结构性矛盾迸发，导致两大区域一体化机制间合作举步维艰。当前，俄欧之困局是双边易沟通，多边难推进。俄与德、法、意为代表的老欧洲国家易对话，而与以波兰、波罗的海三国为代表的新欧洲国家及瑞典、英国等传统地缘政治对手的关系，则是对抗成分更多。在乌克兰危机冲击下，俄欧双方均难以拿出治理共同周边地区的新方案来重新建立互信的基础。[①]

（二）在全球价值链中陷入"低端锁定"的困境

在全球价值链兴起的时代背景下，国际生产、贸易及投资格局正在发生深刻变化。与货物跨境贸易的传统贸易模式不同的是，全球价值链更加注重生产要素的双向跨境自由流通，从而使生产、贸易、服务和投资融入"一体化综合体"。全球价值链下的国际贸易竞争更加突出核心竞争力，竞争方式从过去建立完整的产业链竞争体系转变为在全球价值链中寻求对自身最有利的分工位置。[②] 发达国家追求高附加值的价值链环节，如高技术投入、产品设计、品牌营销等，而发展中国家和新兴经济体则集聚在低附加值环节，如原材料出口、加工制造、低技术投入等，并试图通过产业升级，逐步提高

---

① 王晨星：《矛盾与彷徨：欧盟对欧亚经济联盟的认知与对策分析》，《俄罗斯学刊》2017年第2期，第62~70页。

② 盛斌、陈帅：《全球价值链如何改变了贸易政策：对产业升级的影响和启示》，《国际经济评论》2015年第1期，第85~97页。

自身在全球价值链中的分工地位。从当前内部及对外贸易结构来看，欧亚经济联盟的特点是贸易量小、以原材料出口为主、核心竞争力不强、缺乏高附加值产品产出及出口，在全球价值链体系中处于低端位置。

第三节　欧亚经济联盟发展的未来趋势

欧亚经济联盟经过数年发展，积累了一定成功经验和有效路径。在新的历史时期，欧亚经济联盟一定会在扩大经济一体化和优化机制以提高影响力上做出努力，同时积极推进与中国、欧盟等经济体开展自贸区建设。

一　经济一体化再迈大步伐

俄乌冲突、新冠疫情、全球能源需求下滑等因素致使欧亚经济联盟遭遇危机和面临不确定性，但也使欧亚经济联盟在统一市场、去美元化、扩大成员和相互开放上更加合作。俄乌冲突爆发后，联盟积极采取相关措施提升内部贸易水平。欧亚经济联盟的目标是在 2025 年前实现联盟内部商品、服务、资本和劳动力自由流动，并推行协调统一的经济政策。

（一）扩大欧亚经济联盟本币结算规模

贸易本币结算已成定局，欧亚经济联盟成员国间贸易结算加速去美元化。统计数据显示，如果抛开石油美元等基于美元的能源贸易，成员国之间70%以上的贸易均绕开美元实现本币结算。[1] 2021 年 3 月 19 日，欧亚经济委员会金融市场咨询委员会讨论了建立欧亚经济联盟共同金融市场的实施步骤，委员会审议并批准了两项协议草案，分别是建立监管和发展统一金融市场的超国家机构、成员国中央银行颁布银行和保险业标准化许可。联盟内部贸易的本币结算规模也有望扩大，从而替代美元或欧元结算系统。

（二）促进欧亚经济联盟一体化合作

欧亚经济联盟旨在加强投资、物流、制造业、高科技、数字经济领域的

---

[1] 《欧亚经济联盟一体化进程再提速》，光明网，2021 年 4 月，https：//m. gmw. cn/2021-04/16/content_ 1302234767. htm。

一体化合作,使联盟的经济模式从资源导向型向资源生产型过渡。2020年,白俄罗斯、亚美尼亚和吉尔吉斯斯坦已审议通过《关于建立联盟统一电力市场的国际条约》,俄罗斯和哈萨克斯坦尚在履行国内审批手续。预计自2025年1月起,欧亚经济联盟统一电力市场将全面启动运营。[①] 此外,2021年3月30日,欧亚经济委员会理事会通过决议,决定成立欧亚经济联盟成员国间农产品应急供应工作组,以应对成员国食品市场出现不可抗力等情况。

(三)各成员国经济合作会进一步加强

俄乌冲突使欧亚经济联盟各成员国经济形势恶化,在此之前各国经济正从新冠疫情中缓慢复苏。根据欧亚开发银行预测,俄白两国经济将陷入衰退,其他成员国增速将再度放缓。由于俄罗斯是欧亚经济联盟其他成员国最大的贸易和投资伙伴,其他成员国未来经济形势将很大程度取决于俄罗斯经济复苏成效。在这种形势下,联盟成员国之间会加强经济合作,抱团取暖,实现共同发展。

二 欧亚经济联盟制度效能逐步显现

机制建设、规则设定是欧亚经济联盟现阶段取得的重要成就。对联盟内各成员国而言,欧亚经济联盟超国家机制的吸引力主要体现在以下四个方面。一是减轻因指导经济发展不力而给成员国政府带来的执政压力。欧亚经济联盟成员国均不是经济大国,推动经济快速发展的手段和资源有限。由于宏观经济发展战略实施效果不明显及经济增长乏力,成员国国内社会对执政当局频繁施压。基于此,联盟在欧亚经济委员会安排中专门设置了"协调成员国宏观经济政策",其意图就是把宏观经济发展难题转移至多边层面,舒缓成员国政府的执政压力。二是面对欧洲、亚太两个经济发达地区,欧亚经济联盟为成员国提供了"制度防御"。三是从主导国俄罗斯角度来看,尽

---

① 《欧亚经济联盟加快推动建立统一油品市场》,中国化工信息,2021年1月,https://www.chemnews.com.cn/c/2021-01-07/669735.shtml。

管欧亚经济联盟与理想中的综合性多边机制差距较大，但是通过欧亚经济联盟的制度规范，其他成员国倾向美欧的可能性大大降低，俄罗斯保持了对周边国家的有效控盘能力。四是中小成员国借助多边制度，规范并引导俄罗斯主导力的发挥，使欧亚经济联盟牢牢限定在经济领域，避免向政治、安全领域外溢，从而导致自身主权丧失。欧亚经济联盟已经从快速发展期进入稳定前进期，从商品共同市场建设逐步向难度更大的能源共同市场迈进。能源领域一体化进程是 2025 年前欧亚经济联盟及其成员国的主攻方向。能源领域为成员国经济的支柱产业，利益关系错综复杂，建立油气、电力共同市场势必要求成员国让渡更多国家主权。

三 积极推进与中国自贸区建设

中国与俄罗斯、哈萨克斯坦、吉尔吉斯斯坦地理位置毗邻，高层互访频繁，与白俄罗斯和亚美尼亚双边政治关系发展顺利。同时，中国、俄罗斯、哈萨克斯坦、吉尔吉斯斯坦还是上合组织成员国，白俄罗斯为上合组织观察员国。欧亚经济联盟与中国建设自贸区是推进区域合作、实现互惠互利的重要途径。因此，随着新形势下中国与欧亚经济联盟双边合作机制逐步升级，双方建设自贸区是应对复杂国际经济形势的双赢合作。

（一）地理位置优势

俄罗斯与中国东北的黑龙江地区相邻，哈萨克斯坦和吉尔吉斯斯坦与中国西北的新疆地区相邻，地理位置上的天然优势更便于双方促进经贸合作。借助"一带一路"倡议，中国与联盟国家在互联互通等方面的合作逐步开展，进而中国与联盟国家交通道路设施逐渐改善。基础设施的联通不仅能降低贸易成本，还能提高贸易效率，促进双边贸易快速发展。2015年，中国与俄罗斯签署《关于丝绸之路经济带建设和欧亚经济联盟建设对接合作的联合声明》，约定了双方对接的运输线路和项目清单，其中有近39 个项目涉及新道路的修筑和现有公路、铁路的升级改造，建立多个现代化的国际运输物流中心和交通枢纽，完成多项公路、铁路工程建设。2022年，欧亚经济联盟国家就发展欧洲—中国西部方向的欧亚运输走廊达成一致，改建 M1 高速公路以发展欧洲—中国西部交通，建设欧洲—中国西部和中国—吉尔吉斯斯坦—乌兹别克斯坦铁路。① 因此，无论是从地理位置上，还是未来道路连通的筹划上，中国与联盟都具有显著的地缘优势，基础设施互联互通会带来双边贸易进一步活跃，这为双方建设自贸区奠定了地缘基础。

（二）经济合作基础

近年来，中国和欧亚经济联盟经贸合作紧密，为推进自贸区建设奠定了经济基础。2018 年 5 月，中国与欧亚经济联盟及各成员国签署了《中华人民共和国与欧亚经济联盟经贸合作协定》。2019 年 10 月，该协定正式生效。该协定共包含 13 章和 1 个附件，内容不涉及货物的关税减让，主要聚焦法律调节、卫生与植物检疫措施、知识产权、政府采购以及电子商务等议题，属于典型的非优惠经济协定。该协定为中国与联盟双方在海关执法、技术协调、检验检疫措施等方面开展合作奠定了良好基础，为双方基础设施建设、工业、运输、投资合作创造了有利条件。虽然中国也受到新冠疫情冲击，但中国经济总体稳中向好、长期向好的基本面没有改变，未来经济发展前景明朗，因此，中国与联盟国家优势互补性显著，这为双方自贸区建设奠定了坚实基础。

（三）国际经济环境

中国与欧亚经济联盟除了亚美尼亚之外的其他成员国都建立了全面战略伙伴关系，双方都在为更好地合作与发展不懈努力。从当前联盟已经建设的自贸区伙伴国来看，其优先选择盟友及战略伙伴国建设自贸区。而中国与联盟各国之间几乎都建立了战略伙伴关系，这是双方自贸区建设的重要政治保障。

近年来，贸易保护主义抬头、逆全球化趋势加剧，共建自由贸易区可以提高中国与欧亚经济联盟的经贸合作水平及开放度，为双方参与推

---

① 《欧亚经济联盟国家就发展中欧运输走廊达成一致》，中华人民共和国商务部，2022 年 7 月，http：//ru. mofcom. gov. cn/article/jmxw/202207/20220703332191. shtml。

动全球化增添信心。贸易保护主义和逆全球化，阻碍了资本、劳务、技术等要素在全球范围的自由流动，不利于全球资源的优化配置和生产效率的提升，一定程度上抑制了全球贸易和经济的可持续发展。面对百年未有之大变局，中国和欧亚经济联盟如果能够共建自由贸易区、进一步加强经贸合作、共同创造经济增长点，将为各国参与全球化增添信心，助力全球经济发展。

四 欧亚经济联盟着眼与欧盟建立自贸区

俄罗斯一直都把与欧洲国家的政治经济合作放在首要位置。2014 年 1 月，在俄罗斯—欧盟峰会期间，俄罗斯总统普京向欧盟领导人建议建立欧亚经济联盟与欧盟自贸区，并表示有必要就此启动"相关性的实验性对话"。2015 年 9 月，哈萨克斯坦总统纳扎尔巴耶夫提出"大欧亚"合作倡议，指出建立一个从欧洲经欧亚大陆直至太平洋的区域大市场，即"欧盟—欧亚经济联盟—丝绸之路经济带"三者结合的区域合作框架。2016 年 6 月，普京提出"大欧亚伙伴关系"倡议，指出欧亚经济联盟是一个开放性组织，希望借助欧亚经济联盟，将欧盟、独联体以及东亚、南亚和西亚国家联合起来，加强区域经济一体化建设，以此带动整个欧亚地区的发展。目前，欧亚经济联盟正在通过自贸区模式与独联体以外的国家建立合作关系，其中与欧盟建立自贸区是欧亚经济联盟的终极目标。[1]

欧亚经济联盟高度重视与欧盟的自贸区建设。首先，从地缘经济角度来看，多年来欧盟一直是欧亚经济联盟的最大贸易伙伴。2015~2021 年，欧盟占欧亚经济联盟对外贸易总额的比重一直在 45% 以上，受乌克兰危机影响，2016 年和 2017 年两年比重有所下降，但波动幅度不大，欧盟始终是欧亚经济联盟及各成员国最重要的贸易合作伙伴。[2] 同时，欧盟也是欧亚经济联盟最大的能源及原材料出口市场。2021 年，在欧亚经济联盟对外贸易商品结

---

① 闫亚娟、陈志恒：《欧亚经济联盟对外自贸区建设的进展与方向》，《俄罗斯东欧中亚研究》2021 年第 2 期，第 33~51、151 页。
② 资料来源：欧亚经济委员会官网。

构中，矿物燃料、矿物油及其蒸馏产品、沥青物质、矿物蜡的出口总额为3012 亿美元，占联盟出口总额的 65.1%，其中，对欧盟出口达 1536.8 亿美元，占联盟该产品出口总额的 51.0%，欧盟是欧亚经济联盟最大的能源产品销售市场。另外，欧盟也是欧亚经济联盟最大的投资方。2015~2021 年，欧盟对欧亚经济联盟主要成员国的累计直接投资总额分别占到该国吸引除联盟以外国家直接投资总额的一半以上，在乌克兰危机导致美欧对俄罗斯实施经济制裁后的两年间，欧盟对欧亚经济联盟成员国的投资仍有小幅增加。其次，从地缘政治角度看，欧盟是世界重要一极，与俄罗斯存在较强的地缘政治矛盾，俄罗斯欲借助欧亚经济联盟与欧盟深化经济合作，希望"以经促政"，为欧亚经济联盟成员国营造更趋稳定的周边环境。最后，从意识形态角度看，欧洲文明被认为是当今世界较为强势的文明，欧亚经济联盟成员国多具有浓重的欧洲情结，一直认为自己是欧洲文明的一支，希望通过加强与欧盟的经济合作，融入欧洲社会。但由于俄罗斯与欧盟在地缘政治上的巨大分歧，欧盟一直不愿与俄罗斯建立深层次经济合作。特别是乌克兰危机爆发以来，俄欧之间的经济、政治及文化关系全面恶化，短期内很难恢复，现阶段双方启动自贸区谈判的可能性较小。

五 继续推进与小型贸易伙伴的自贸区建设

欧亚经济联盟对外自贸区建设的诉求之一是为联盟注入新的经济增长动力。欧亚经济联盟希望通过新经济体的加入扩大对外贸易规模，促进经济持续增长。欧亚经济联盟虽有五个成员国，但这五个成员国均脱胎于苏联，经济模式趋同，除俄罗斯外，其他四个成员国均为经济小国，市场体量有限，这使得欧亚经济联盟内部经济发展动力匮乏。加之近年来联盟主导国俄罗斯受西方经济制裁，因此希望通过对外自贸区建设，扩大出口，提振经济。

欧亚经济联盟自身对区域经济一体化建设的矛盾心理给联盟对外自贸区建设带来了阻力。联盟一方面积极参与世界市场，另一方面又希望通过一定的贸易保护推动内部再工业化，联盟对外自贸区建设的复杂心理使联盟对自贸伙伴国的选择较为谨慎。现阶段，联盟在对外自贸伙伴国的选取上遵循两个标准，一是自贸伙伴国应为联盟对外贸易小国，联盟与之建立自贸区后，关税以及非关税壁垒的降低或取消带来的进出口商品的增加，不会对联盟内部产业造成明显冲击；二是自贸伙伴国还需具备一定的经济体量或外向型的经济结构，联盟与之建立自贸区后能够为联盟经济发展提供一定的经济动能。基于以上分析可推断，未来一段时间联盟依然会把小型贸易伙伴作为自贸区建设的首选对象，如东北亚的蒙古国、东南亚的柬埔寨，以及南美洲的智利、秘鲁等国家。

欧亚经济联盟成员国经济篇

　　欧亚经济联盟是俄罗斯整合"后苏联空间"、保持世界大国地位的重要战略举措。随着一体化进程的加深，欧亚经济联盟也取得了不错的成效：对内在关税同盟的基础上逐步实现共同市场，对外合作范围也越来越大。然而，尽管欧亚经济联盟自成立以来取得了不错的成效，但是欧亚经济联盟各个成员国经济体量差异较大，经济体制转型缓慢，在发展的过程中存在许多共同的问题。同时，由于俄罗斯经济发展模式以及中亚地缘政治的影响，欧亚经济联盟在国际上面临着巨大的压力。多重压力下的欧亚经济联盟未来将如何发展，各个成员国之间将如何在不同利益诉求下实现有效合作，是联盟和成员国都要解决的问题。基于此，本篇对欧亚经济联盟成员国的经济进行了详细的研究，并在此基础上针对各个成员国国内突出问题以及发展趋势进行重点分析，从而厘清各成员国的未来发展方向以及利益需求。

第五章　俄罗斯经济

俄罗斯是欧亚经济联盟主导国。作为联盟中国土面积、人口、经济总量和影响力均居第一位的国家，在联盟成立和发展中俄罗斯都发挥着不可替代的作用。俄罗斯的国家战略和国际战略直接影响到欧亚经济联盟的未来发展。

第一节　俄罗斯概况

一　简介

俄罗斯横跨欧亚大陆，东西最长为 9000 公里，陆地东起白令海峡的杰日尼奥夫角，西至加里宁格勒州的波罗的海沙嘴；南北最宽为 4000 公里，跨越 4 个气候带。俄罗斯西北面有挪威、芬兰，西面有爱沙尼亚、拉脱维亚、立陶宛、波兰、白俄罗斯，西南面是乌克兰，南面有格鲁吉亚、阿塞拜疆、哈萨克斯坦，东南面有中国、蒙古国和朝鲜等邻国。东面与日本和美国隔海相望。2016 年 7 月 28 日，俄罗斯总统普京签署命令，将南部联邦区和克里米亚联邦区合并为新的南部联邦区，俄罗斯由 85 个联邦主体构成，包括 3 个联邦直辖市、4 个自治区、22 个共和国、46 个州、9 个边疆区和 1 个自治州。①

1993 年 12 月 12 日，经过全民投票通过的俄罗斯独立后的第一部宪法，规定国家名称为"俄罗斯联邦"。2001 年 6 月 15 日，俄罗斯与中国等五国共

---

① 《俄罗斯国家概况》，中华人民共和国外交部，2022 年 6 月，http：//new. fmprc. gov. cn/web/gjhdq_ 676201/gj_ 676203/oz_ 678770/1206_ 679110/1206x0_ 679112/。

同成立上海合作组织。2012 年 8 月，俄罗斯正式加入世贸组织，成为世贸组织第 156 个成员。2015 年 3 月 28 日，俄罗斯加入亚洲基础设施投资银行。

二　人口发展

（一）人口规模呈缩减趋势，空间分布极不均衡

截至 2021 年，俄罗斯总人口为 1.43 亿人。俄罗斯是世界上人口减少速度最快的国家之一。2010 年以来的人口增长得益于俄罗斯政府采取了鼓励生育、帮扶多子女家庭、改善医疗、鼓励海外侨胞回迁和国际移民本土化等人口政策。2010~2017 年，俄罗斯人口稳定增长。然而，导致俄罗斯人口下降的经济、社会因素并未得到根本改变，加之 2014 年乌克兰危机爆发后俄罗斯面临的外部环境日益紧张，2018 年起人口总量再次下降。值得关注的是，受新冠疫情影响，2020 年俄罗斯总人口数减少了约 51 万人。据联合国预测，未来 30 年内俄罗斯将面临人口规模的持续缩减，2050 年的人口数量将缩减至 1.36 亿人（见图 5-1）。

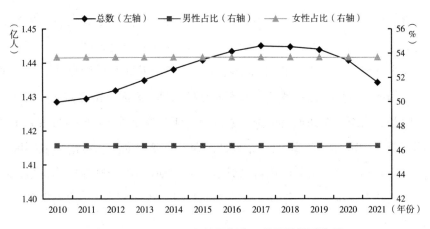

图 5-1　2010~2021 年俄罗斯人口总数及性别比例

资料来源：世界银行数据库。

此外，俄罗斯虽然有着辽阔的疆域，但是人口分布极不均衡，约有 69.3% 的人口集中在占国土面积 20.8% 的欧洲部分区域内，在莫斯科与圣彼得

堡两个城市生活的居民，占据了全国人口总数的 12%，北部和远东地区的人口外流现象严重。一些偏远地区如西伯利亚与高加索等，气候原因造成的自然减员和居民大量外迁等因素，导致了大量的村庄荒芜，很多村镇在逐渐消失。①

（二）人口整体负增长，总和生育率持续低于更替水平

2010~2020 年，俄罗斯人口自然增长率先小幅度上升，而后在 2016 年后持续下降。2013 年，俄罗斯实现人口出生率大于人口死亡率，且自此保持了 3 年的人口自然正增长。2016~2020 年，俄罗斯人口出生率再度低于人口死亡率，2020 年的人口自然增长率为-0.48%。从人口死亡率看，尽管 2010~2019 年俄罗斯人口死亡率有所下降，但仍处于较高水平，这与俄罗斯恶劣的气候条件、居民不健康的行为和生活方式（抽烟、酗酒、缺乏体育锻炼等）密切相关。② 人口死亡率转变（高死亡率）滞后于出生率转变（低出生率）是俄罗斯人口转变历程的显著特征。此外，由于育龄女性数量的阶段性回升和政府推行的鼓励生育措施，俄罗斯总和生育率从 2010 年开始缓慢回升，2016 年再次呈现出下降趋势，近年来基本维持在 1.5 左右（见图 5-2）。

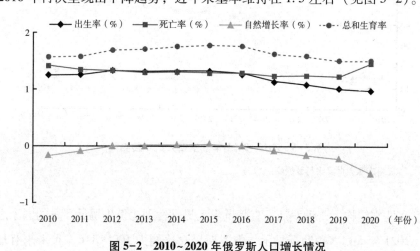

图 5-2　2010~2020 年俄罗斯人口增长情况

资料来源：世界银行数据库。

① 焦黎：《当今俄罗斯国内主要的社会问题》，《俄语学习》2018 年第 6 期，第 46~52 页。
② 和红、王攀：《俄罗斯人口与发展现状及挑战》，《人口与健康》2022 年第 4 期，第 41~44 页。

（三）老龄化进程加快，性别比例失衡

俄罗斯人口年龄结构由过去的"纺锤形"逐渐演变为"倒金字塔形"，人口再生产呈不断缩减趋势。俄罗斯 0～14 岁少儿人口占比自 2010 年后呈稳定上升趋势，至 2021 年为 18.49%。相反，2010 年以来，15～64 岁劳动年龄人口占比稳中略降，由 2010 年的 72.0% 下降为 2021 年的 65.5%。2020年，65 岁及以上老年人口占比为 16.0%，表明俄罗斯目前已进入深度老龄化社会，且老龄化进程不断加快。

从人口抚养比来看，俄罗斯总抚养比自 2010 年开始上升，2010 年为最低值 38.9%，随后一直上升至 2021 年的 52.6%，预测将在 2045 年超过60%，这说明俄罗斯人口红利正逐渐消失（见图 5-3）。

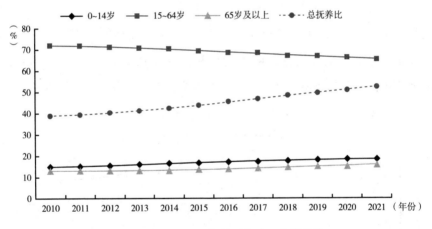

图 5-3　2010～2021 年俄罗斯人口年龄结构

资料来源：世界银行数据库。

在性别结构上，俄罗斯一直是世界上男女性别比例失调最严重的国家之一。2021 年人口普查数据显示，俄罗斯男女比例为 100：116，且未来有加大的趋势。俄罗斯人的平均寿命为 71 岁，其中男性平均寿命为 66 岁，显著低于女性平均寿命的 76 岁。2021 年俄罗斯各年龄段男女比例见图 5-4。

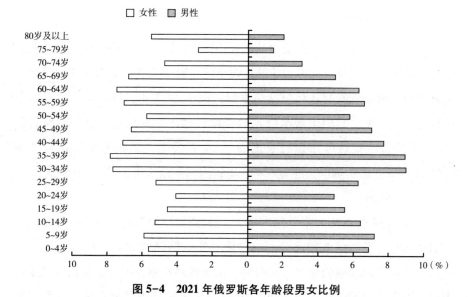

图 5-4　2021 年俄罗斯各年龄段男女比例

资料来源：世界银行数据库。

三　自然资源

俄罗斯国土面积居世界第一位，自然资源十分丰富，种类多，储量大，自给程度高；森林覆盖面积为 1126 万平方公里，占国土面积的 65.8%，居世界第一位；木材蓄积量居世界第一位。俄罗斯地质构造复杂，矿产资源极其丰富，已开采的矿物囊括了门捷列夫元素周期表上所列的全部元素。俄罗斯拥有全世界 37% 的矿产资源，是世界上为数不多的资源能够自给自足的国家之一。[①] 此外，俄罗斯的非金属矿藏也十分丰富，石棉、石墨、云母、菱镁矿、刚玉、冰洲石、宝石、金刚石的储量及产量都非常大。俄罗斯只有钨、汞等金属资源储量较少，不能自给。开采量较小的矿藏主要是铬、重晶石、锆，以及高品位高岭土和膨润土等。

----

① 《2017 年俄罗斯国家概况》，载董伟俊主编《中国-东北亚国家年鉴（2017）》，社会科学文献出版社，2020，第 8~18 页。

四　基础设施

俄罗斯国土辽阔，各类交通基础设施齐全，陆路、水路、航空和管道运输均比较发达。俄罗斯交通运输基础设施建设较为完善，形成了相对发达的交通网络。根据俄罗斯联邦统计局数据，截至2021年，俄罗斯全境铁路总长达8.7万公里，其中实现电气化的铁路长达4.5万公里；公共道路长达156.6万公里；有轨电车运行长度为0.24万公里，无轨电车线路长度为0.44万公里，地铁轨道长度为634公里；内河航道长度为10.2万公里。

（一）铁路

俄罗斯85个联邦主体中有80个已通铁路，路网布局主要集中分布在人口稠密和经济发达的欧洲部分，约占俄罗斯铁路网的80%，形成了以莫斯科为中心向四周辐射的蛛网形铁路网。由于铁路在俄罗斯经济生活中的重要作用，俄铁公司的改革问题在2012年普京再度出任俄罗斯总统后，引起了他的高度重视，他也积极为俄罗斯铁路的改革和发展出谋划策。在此背景下，从2012年开始，俄罗斯铁路密度开始呈现上升趋势。

（二）公路

公路是现代运输的重要方式，主要适用于中距离货物运输。截至2021年，俄罗斯公路网总里程为156.6万公里，其中硬面公路110.7万公里，公路网密度为60.8公里/公里^2。俄罗斯欧洲部分国土公路密度最高，特别是莫斯科和圣彼得堡等大城市之间，在20世纪80年代就已建成比较好的城间公路。近几年来，莫斯科等大城市周围建成了环城高速公路。公路密度向北、向东逐渐下降，西伯利亚和远东地区公路密度最低。同时，长期投入不足及俄罗斯所处的纬度较高、冬季漫长、雨雪覆盖等多方面因素，影响着国内公路的发展。在农区、极北地区、萨哈共和国、马加丹州、楚科奇民族自治区，公路网发展水平仍然很低。因缺少硬面公路，有10%的居民（1500万人口）在春、秋季节无法与运输网络联通。[①]

---

① 李训、黄森等：《中欧班列沿线国家研究报告（2019）》，社会科学文献出版社，2020，第160~236页。

（三）航空货运量

航空运输作为俄罗斯新兴的运输部门，其地位仅次于铁路和公路运输，运量在所有运输方式中居第三位。俄罗斯全国共有 351 个机场，民用航空线总长将近 100 万公里，近年来发展比较迅速。俄罗斯国际航线长达 20 多万公里，可以直飞中国、美国及部分欧洲国家等 90 多个国家和地区。俄罗斯最大的航空运输枢纽是莫斯科，主要机场有谢列梅捷沃机场、多莫杰多沃机场和伏努科沃机场，承担全国 1/5 以上的航空客运量，年客运量达 2 千万人次。[①]

近年来，俄罗斯对国内的航空进行了大规模改造，通过这些现代化改造，俄罗斯航空运输效率有所提高。主要对机场设施、航站楼进行更新重建，对站内设备进行更新换代，配备必要的通信系统和安全导航系统。为解决很多偏远地区没有航空设施的情况，俄罗斯政府在这些地区建设了小型机场，这一方面为当地居民带来便利，另一方面可以通过这些机场转运货物，这在一定程度上可以降低大型航空枢纽的运输压力。[②]

（四）港口质量

俄罗斯拥有广阔的海岸线，周围被巴伦支海、白海、黑海、白令海、鄂霍次克海等环绕，海运条件极为便利。俄罗斯的主要港口有：新罗西斯克港、罗斯托夫港（黑海），摩尔曼斯克港（北极地区），圣彼得堡港（波罗的海沿岸），符拉迪沃斯托克港、纳霍德卡港、东方港（日本海）等。由于俄罗斯所处的地理位置，这些港口大部分都有结冰期，而新罗西斯克、摩尔曼斯克等为终年不冻港。这对于俄罗斯国民经济和对外经济发展、边远地区的开发，都起着重要作用。

俄罗斯共有 67 个港口，码头停泊范围达 60.5 万公里。大型港口有圣彼

---

① Студопедия：" Современное состояние воздушного транспорта России"，1 Июля 2014，https：//studopedia.ru/5_141725_sovremennoe-sostoyanie-vozdushnogo-transporta-rossii-i-perspektivi-ego-razvitiya.html.

② 波波夫·安德烈：《俄罗斯基础设施建设发展及其对华合作研究》，黑龙江大学硕士学位论文，2015。

得堡港、摩尔曼斯克港、阿尔汉格尔斯克港、阿斯特拉罕港、新罗西斯克港、图阿普谢港、纳霍德卡港、符拉迪沃斯托克港、瓦尼诺港等。为满足北极地区和远东地区的自然资源开发，杜丁卡港、伊加尔卡港、提克西港、佩维克港起到了很大作用，有全年前往诺里尔斯克、亚马尔、诺瓦亚·泽姆利亚地区的船只。[①] 由于港口深度不足，俄罗斯 60% 的港口无法容纳大型船只。港口的生产能力仅能满足货物装卸需求的 54%，其余进出口货物在波罗的海国家以及乌克兰、格鲁吉亚、阿塞拜疆装运。

（五）管道

俄罗斯管道运输已有百年以上历史。1878 年，俄罗斯开发建成第一条输油管道，长度为 10 公里。进入 21 世纪，随着国际能源市场格局的变化，俄罗斯实施了能源出口多元化政策，管道建设开始进入新的扩张期。为使油气运输管道基础设施能够满足油气产量增长和油气出口扩大的需要，俄罗斯石油管道运输公司投资改善和扩建国内及跨国管道网络。蓝流天然气管道、波罗的海管道系统、东西伯利亚—太平洋石油管道的建成是俄罗斯石油部门和整个俄罗斯经济的"真正突破"。[②] 截至 2021 年，俄罗斯天然气管道长度为 18.5 万公里，原油管道 5.4 万公里，成品油管道 1.7 万公里。俄罗斯管道以大口径（1220 毫米和 1420 毫米）为主，且多为东西走向。

（六）电力供应

俄罗斯拥有欧洲最大、世界第四大的电力系统，电源主要是火电、水电和核电。其电网由国内 77 个地区电网组成，其中 68 个地区电网形成 7 个联合电网，即西北电网、中部电网、北高加索电网、中伏尔加电网、乌拉尔电网、西伯利亚电网和远东电网。除远东电网外，其余 6 个电网已经形成互联同步电网。[③]

---

① морские узлы："Морской транспорт в России"，4 марта 2012，http：//www.muzel.ru/article/morflot/morckoi_ trancport_ v_ roccii.htm.

② 安琪：《俄罗斯交通运输业发展研究》，黑龙江大学硕士学位论文，2020。

③ 李建民：《上海合作组织基础设施互联互通及法律保障研究：以中国与俄罗斯及中亚国家合作为视角》，社会科学文献出版社，2019，第 53~112 页。

第二节 俄罗斯的经济现状

2020 年，受新冠疫情以及国际油气价格在 2~4 月的断崖式下跌和 5~12 月虽有反弹但整体仍处于低位的影响，俄罗斯的经济下跌 3%。2021 年，得益于国际能源价格高涨和国内需求快速复苏，俄罗斯名义 GDP 约为 130.8 万亿卢布，折合 1.77 万亿美元，比上年增长 4.7%。由于俄罗斯采取了一系列反制裁措施，经济发展呈现出较强韧性，其经济形势总体好于预期，GDP 降幅为 2.1%。[①]

一 总体经济形势

俄罗斯经济在经历 2020 年的下滑后，2021 年显著复苏并恢复至疫情前水平，展现了其应对疫情冲击的能力。由于高度依赖能源行业，俄罗斯的出口贸易收入、财政收入以及经济增长与国际油气价格密切相关。2020 年新冠疫情发生初期，严格的社会隔离政策和国际油价的下跌，使俄罗斯的工业生产和油气出口遭受重创，具体表现为 2020 年第二季度俄罗斯 GDP 大幅度下降。随着疫情防控政策的逐步放松、国际大宗商品价格的上涨，尤其是油气价格的强势反弹，俄罗斯 GDP 下降的幅度逐渐变小，到 2021 年第一季度结束了长达一年的经济下行期。2021 年第二季度俄罗斯 GDP 同比增长 10.50%，经济恢复至 2019 年水平（见图 5-5）。

（一）2020~2021 年俄罗斯的消费、投资和净出口的特点

1. 消费对经济增长的引擎作用逐步增强

新冠疫情期间，受限于严格的疫情防控措施，居民的消费大幅度下降，其中 2020 年第二季度的降幅达到了 20.15%。随着防控措施的逐步放松，以及政府积极出台补贴政策，居民的就业机会及收入有所改善，居民消费的降

---

① 蒋菁：《西方制裁对欧亚经济联盟的影响：发展趋势与"一带一盟"对接》，《俄罗斯东欧中亚研究》2023 年第 3 期，第 142~156、161~162 页。

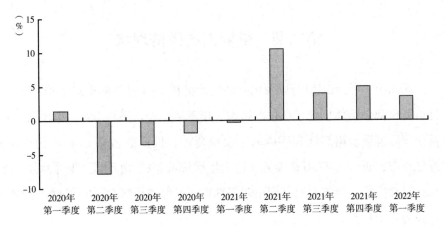

图5-5 2020年至2022年第一季度俄罗斯GDP同比增长率

资料来源：俄罗斯联邦统计局。

幅也逐步缩小。居民消费在2021年第二季度迎来强势反弹，同比增长率达
到27.38%，成为拉动俄罗斯经济的主要引擎。新冠疫情期间，居民消费普
遍低迷时，政府消费对经济稳定运行起到了保驾护航的作用。2021年，随
着居民消费的逐渐复苏，政府消费的作用也有所减弱。

2. 投资对经济增长的拉动作用先降低后增强

为应对新冠疫情的冲击，俄罗斯政府出台了一系列投资鼓励政策，尤其
是对中小企业、战略和重点行业的特定企业进行补助，取得了很好的效果。
具体表现为资本形成总额在2020年第二季度开始回升，2021年第二季度、
第四季度同比增长了16.35%、10.41%。同时，在疫情发生初期，企业固定
资本和居民消费的下降直接导致了存货占比的上升；2021年第二季度随着
固定资本占比的大幅度提升，存货占比转而下降，此时固定资本投资对经济
增长的拉动作用明显。

3. 净出口对经济增长的影响显著

新冠疫情期间，俄罗斯国内消费和投资都受到较大的冲击。在这种情形
下，净出口规模也受到了影响，但仍旧能维持贸易盈余的状态，这为避免经
济出现更深度的衰退发挥了至关重要的作用。2020年第二、第三季度，进

口规模大幅度缩小，俄罗斯净出口规模为 18880 亿卢布、9287 亿卢布，分别同比增长 1.7 倍、2.9 倍（见表 5-1）。随着疫情的缓解和进口规模的逐步扩大，净出口规模随后逐步缩减。其中，燃料和能源产品是俄罗斯的主要出口商品。受到疫情的冲击，国际能源价格大幅下跌，2020 年俄罗斯原油、天然气和煤炭出口额仅分别为 723.7 亿美元、252.5 亿美元和 123.9 亿美元，比上年分别下降 40.4%、39.3% 和 22.5%。而在疫情防控情形缓和后迎来能源价格的强劲反弹，导致 2021 年前 8 个月的能源出口价值就超过了 2020 年全年。

表 5-1　2020 年、2021 年俄罗斯 GDP 及组成

单位：10 亿卢布

指标	2020 年				2021 年			
	第一季度	第二季度	第三季度	第四季度	第一季度	第二季度	第三季度	第四季度
GDP	20696	20281	23018	25162	20625	22404	23936	26426
最终消费	16578	14203	16496	17293	16384	16936	17685	18246
居民消费	12264	9793	12111	12876	11999	12474	13266	13796
政府消费	4242	4281	4287	4324	4294	4394	4341	4370
资本形成总额	2516	4117	5898	7801	2667	4790	6077	8613
固定资本	3305	4028	4535	7137	3364	4519	4905	7511
净出口	1245	1888	929	283	1209	497	514	-314

注：按支出法 2016 年不变价 GDP 计算。

资料来源：俄罗斯联邦统计局。

（二）通货膨胀

由于新冠疫情和国际形势的影响，俄罗斯国内经济波动较大，同时还面临着居民消费价格指数（CPI）持续上涨和通货膨胀居高不下的问题。2020 年，国际油价大幅下跌引发卢布贬值，俄罗斯输入型通货膨胀压力显著上升。俄罗斯的通货膨胀呈现出以下特点。

1. 通货膨胀压力显著增大，食品类 CPI 领涨

在国际能源和粮食价格上涨、全球供应链成本上升和消费需求上升等供

需两端因素的共同作用下，俄罗斯通货膨胀压力持续增大，总体 CPI 上涨率由 2020 年 2 月的 2.40%一路升至 2021 年 12 月的 8.89%，2021 年全年通货膨胀率为 7.50%，2022 年俄罗斯央行设定了将通货膨胀率维持在 4%的目标，但目前远超预期。俄罗斯与乌克兰冲突升级，国际形势变得愈加紧张，同时俄罗斯也被欧美国家制裁，这导致俄罗斯货币卢布波动剧烈，从而推高了物价，具体表现为 2022 年第一季度总体 CPI 直线上升，一度上涨了 20.50%。

自 2021 年 1 月以来，俄罗斯通胀水平居高不下，俄央行也多次上调利率应对，但物价依旧不断上升。除了 2022 年战争因素以外，导致通货膨胀上升的因素还有三点。一是供需矛盾。严格的新冠疫情防控措施阻碍了经济的发展，居民消费急剧下降导致投资减少，许多行业前期投资不足。二是供应危机。疫情的冲击导致供应链运转不畅，企业的运营成本增加，而且由于生活和工作方式的变化，某些行业的供需暂时无法有效匹配，导致价格快速上升。三是大规模的全球能源转型计划。俄大型金融服务公司 Finam 宏观经济分析部负责人奥尔加·别林卡娅指出，这一计划的实施在一定程度上加剧了世界金属价格上涨和能源资源暂时短缺。国际能源、粮食价格大幅上涨的传导效应导致国内消费品价格上涨。

从分类商品看，食品类指数处于领涨地位。食品类 CPI 自 2020 年 4 月开始超越总体 CPI 和核心 CPI 以来一直的领涨地位。2021 年 12 月，食品类 CPI 上涨率高达 10.63%。服务类 CPI 自 2020 年 4 月起低于总体 CPI 和核心 CPI，并持续走软，2021 年服务类 CPI 仍高于 2020 年同期水平，但低于 2019 年同期水平。2022 年俄乌冲突爆发以后，各类 CPI 都直线上升（见图 5-6）。

2. 生产者价格指数（PPI）居高不下，失业率重回低点

新冠疫情期间，受大宗商品价格上涨影响，PPI 持续走高，加之复工复产加快，使得失业率重回低点。具体来说，PPI 先在 2020 年 5 月同比下降了 15.40%，随后涨幅持续攀升，在 2021 年 5 月大幅上涨了 35.30%，而后涨幅回落至 28.5%。随着疫情防控措施的放松和需求的增加，劳动力市场逐步复苏，失业率开始逐步下降，重回低点。失业率从 2020 年 8 月的峰值 6.40%降至 2021 年 12 月的 4.30%（见图 5-7）。

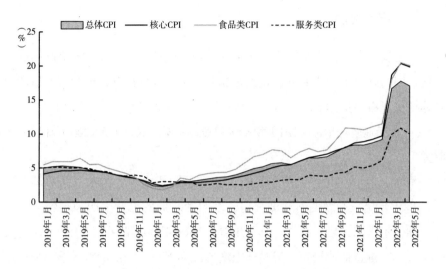

图 5-6　2019~2022 年 5 月俄罗斯各类 CPI 指数变动情况

资料来源：俄罗斯联邦统计局。

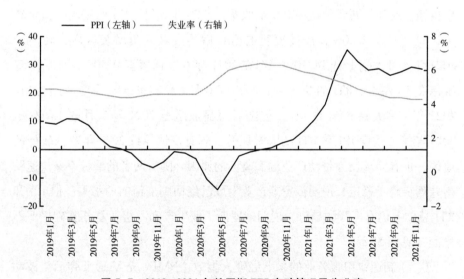

图 5-7　2019~2021 年俄罗斯 PPI 变动情况及失业率

资料来源：俄罗斯联邦统计局。

二 产业发展

新冠疫情期间，俄罗斯产业发展受到很大的冲击。随着防疫措施的逐步放松，国内外需求逐步复苏，特别是能源需求大幅度提升，这为俄罗斯产业复苏提供了有力支撑。

（一）工业生产指数（IPI）和零售营业额指数（RTI）先大幅下降后震荡反弹

整体上来看，由于疫情的冲击，IPI 和 RTI 均表现为大幅下降后震荡反弹，2021 年第三季度期间逐渐稳定，表明俄罗斯的工业生产和零售业复苏的基础仍不牢固，较为脆弱。具体来看，2019 年，俄罗斯的 IPI 和 RTI 比较稳定，一直维持低速增长。但整体上增速波动下行，经济活力低迷不振。随着疫情的暴发，严格的社交隔离措施导致 IPI 和 RTI 急剧下降，在 2020 年 4 月分别下降了 11.60%、19.30%。随着疫情防控措施逐步放松，国际能源价格也稳步反弹，两者的跌幅有明显收窄。2020 年 5 月，IPI 的变动率由负转正，同比上升 2.20%，经过短暂的增长后再度跌入负增长区域，转而于 2021 年 4 月大幅上升 14.70%，但在 2021 年 6 月回落至 0.50%，而后一直维持在 3% 左右。RTI 的变动率于 2020 年 6 月由负转正，随后波动上涨且在 2021 年 4 月大幅上涨 45.4%，但随后明显放缓至 2021 年 7 月的 13.90%。2021 年第二季度 IPI 和 RTI 的大幅回升，既有疫情导致 2020 年基数较低的原因，也有需求反弹带动产业温和复苏的原因。随后两者的增长率又快速跌落并逐步趋于稳定，说明俄罗斯产业发展已经回到疫情前的水平。但 IPI 和 RTI 总体上仍有下降的趋势，说明俄罗斯工业生产和零售业复苏基础仍旧不稳固（见图 5-8）。

（二）制造业和服务业的采购经理人指数（PMI）先 V 形反弹后呈波动状态

根据 IHS Markit 编制的 PMI 数据，新冠疫情导致俄罗斯 2020 年 3~5 月采购经理人指数急剧下跌，综合 PMI、服务业 PMI 和制造业 PMI 于 2020 年 4 月断崖式跌至最低，分别为 13.90、12.20 和 36.20，此后快速反弹，并先

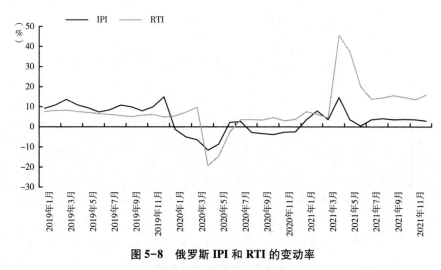

图 5-8　俄罗斯 IPI 和 RTI 的变动率

资料来源：俄罗斯联邦统计局。

后于 2020 年 7 月、8 月重新回到荣枯线（50）上方。但由于 2020 年冬季疫情逐渐加重尤其是德尔塔病毒的蔓延，2020 年第四季度三者再度跌至 50 以下。2021 年前 5 个月，制造业 PMI 均在荣枯线的上方，但在 2021 年 6~9 月又跌至荣枯线的下方，而后在 50 左右波动，这说明俄罗斯制造业复苏的基础脆弱，制造业发展缓慢。2021 年，俄罗斯服务业复苏程度明显优于制造业，在前 7 个月服务业 PMI 显著高于 50，但此后也跌至 50 以下。总体而言，综合 PMI 以及分行业 PMI 的低位波动，说明疫情的冲击对俄罗斯产业发展造成巨大影响，各行业复苏仍旧面临较大问题（见图 5-9）。

（三）各行业的投资和增加值呈现止跌上涨态势

新冠疫情对俄罗斯的产业链造成巨大的冲击，各个行业的需求也发生巨大变化，企业根据需求的新特点重新调整投资计划。例如，对旅游业的影响，疫情前俄罗斯民众境外游花销约占 GDP 的 2%，现转为境内旅游，旅游业相关企业将此视为增长点并扩大相应的投资。疫情对全球供应链造成严重冲击，加之运输成本和集装箱费用暴涨，企业被迫提高仓储需求。居家办公和线上教育促进 IT 行业基础设施迅速发展，带动相关金融领域快速增长。

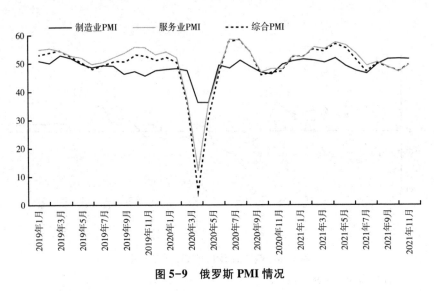

图 5-9　俄罗斯 PMI 情况

资料来源：IMF 和 Markit Economics。

具体来看，俄罗斯联邦统计局数据显示，2020 年固定资产投资总额增速有所放缓，然而 2021 年全年投资额达到 22.9 万亿卢布，同比增长13.0%。从投资增速看，继 2020 年下降后，2021 年多数行业都有回暖。其中，批发和零售业增长 38.0%，领跑全行业，其次是行政和志愿服务活动（36.4%），金融和保险业（26.8%），艺术、娱乐及休闲业（23.0%），专业科学和技术活动（21.5%），运输及仓储业（20.3%）。但是，电力、燃气和蒸汽供应行业仍面临资本困境，降幅为 1.6%。从细分子行业来看，邮政和快递业增长速度最快，同比增长 2.18 倍，水路运输增长 95.3%，法律和会计服务增长 98.8%，纺织品生产增长 90.9%，同时医疗材料生产、旅游经营和服装等行业面临投资困境，降幅分别为24.2%、23.7%、21.7%。从投资规模看，运输及仓储业投资额 3.8 万亿卢布，增长 20.3%，占全行业投资总额的 16.4%；采矿业投资额 3.5 万亿卢布，增长 6.5%；制造业投资额 3.4 万亿卢布，增长 15.2%，占全行业投资总额的 14.9%（见表 5-2）。疫情的冲击使运输成本和仓储费用急剧上升，企业对仓储的需求加大，因此运输业尤其是水路运输，以及仓储业的投资也随之增加。采矿业的投资增加是因为资源型企业的高利润加速了投资增长。总体而言，从行业看，2021年以来，住宿和餐饮业，批发和零售业，金融和保险业，艺术、娱乐及休闲业等行业的固定资产投资都显示出积极态势。同时，为了应对疫情、保障粮食安全和发展高新技术产业，俄罗斯的医疗保健、大农业、科学技术领域的投资也明显提升（见表5-3）。

表 5-2　2018~2021 年俄罗斯主要行业固定投资

单位：10亿卢布，%

行业	2018 年	2019 年	2020 年	2021 年	2021 年同比增速
全部	17782.00	19329.00	20302.90	22945.40	13.0
农业、林业、渔业	781.50	844.20	861.40	964.20	11.9
采矿业	3225.80	3280.50	3283.60	3495.90	6.5
制造业	2513.20	2707.60	2971.00	3423.70	15.2
电力、燃气和蒸汽供应	1013.00	1033.40	1144.50	1125.70	-1.6
建造业	638.40	682.30	742.50	869.40	17.1
批发和零售业	784.10	723.90	679.90	938.60	38.0
运输及仓储业	3083.00	3315.90	3124.70	3759.40	20.3
住宿和餐饮业	124.00	101.90	111.40	122.40	9.9
信息通信	626.60	769.70	868.50	976.80	12.5
金融和保险业	379.80	442.10	591.20	749.50	26.8
房地产活动	2714.30	2854.00	2853.30	3035.50	6.4
专业科学和技术活动	555.30	853.80	912.10	1108.00	21.5
研究与开发	176.70	198.50	226.20	248.40	9.8
行政和志愿服务活动	177.70	281.80	252.80	344.80	36.4
公共管理、国防、社会保障	270.90	300.00	377.10	385.30	2.2
教育	268.80	383.20	454.90	479.70	5.5
医疗保健和社会活动	232.30	330.80	571.60	585.40	2.4
艺术、娱乐及休闲业	218.20	212.90	228.90	281.60	23.0

资料来源：俄罗斯联邦统计局。

表 5-3　2020~2021 年俄罗斯主要行业增加值

单位：10 亿卢布

行 业	2020 年				2021 年			
	第一季度	第二季度	第三季度	第四季度	第一季度	第二季度	第三季度	第四季度
农业、林业、渔业	446	632	1483	956	442	628	1399	1002
采矿业	1992	1789	1721	1895	1845	1919	1862	2078
制造业	2465	2551	2915	3308	2468	2812	3006	3459
电力、燃气和蒸汽供应	619	73	445	651	666	503	477	675
建造业	706	970	1170	1891	725	1070	1209	2005
批发和零售业	2696	2410	2947	3277	2742	2922	3113	3464
运输及仓储业	1351	1193	1372	1340	1319	1432	1485	1426
住宿和餐饮业	167	87	173	166	152	182	211	191
信息通信	452	553	579	737	461	605	631	815
金融和保险业	1112	1087	1174	1171	1189	1225	1263	1233
房地产活动	2113	2072	2110	2140	2106	2124	2126	2153
专业科学和技术活动	784	866	970	1185	774	923	1023	1271
行政和志愿服务活动	414	379	450	500	382	417	474	507
公共管理、国防、社会保障	1634	1644	1653	1671	1642	1652	1670	1712
医疗保健和社会活动	572	629	643	676	568	660	645	679
艺术、娱乐及休闲业	195	147	186	186	187	197	188	201

注：数据用 2016 年不变价格计算。
资料来源：俄罗斯联邦统计局。

（四）油气价格上涨推动石油和天然气产量逐步恢复

2020 年第二季度，随着疫情逐渐得到控制，国际油气价格大幅上涨，俄罗斯油气行业的投资和产量也随之增加。随着 OPEC+逐渐增产，俄罗斯的石油产量小幅增加，在 2021 年才迎来大幅度增产。俄罗斯的天然气产量在 2020 年第二季度跌至谷底，而后随着天然气价格的反弹出现较为稳定的回升，并在 2021 年第一季度恢复到疫情前的产量（见图 5-10）。

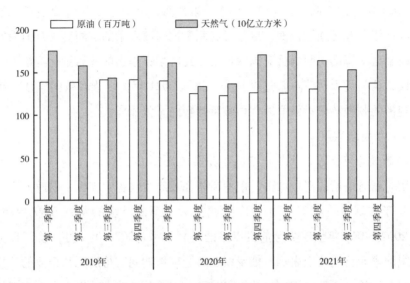

图 5-10　2019~2021 年俄罗斯原油和天然气产量

资料来源：CEIC 数据库。

三　财政与货币政策

2020 年新冠疫情期间，为缓解危机，俄罗斯主动增加财政支出，推出了经济救助和刺激政策，但总体规模不大。与美、欧、日等量化宽松和直接派发现金的空前刺激力度相比，俄罗斯的财政支持政策较为保守，除有针对性的定向扶持外，相当一部分是通过监管豁免方式给企业松绑。与其他国家一样，俄罗斯政府通过许多互补渠道对经济支持进行分配，包括对企业的金融税收优惠以及对居民的经济救济。2021 年 12 月 7 日，俄罗斯劳动部部长在议会作证时也指出，在新冠疫情大流行期间，俄罗斯政府把对民众社会支持的重点放到了儿童身上，其中包括数百万名生活在贫困家庭中的儿童。过去两年，俄罗斯政府一次性支付 1.1 万亿卢布用于支持有孩子的家庭，俄罗斯 1/4 的儿童获得了额外的国家援助。2020 年政府向有孩家庭（共养育 2800 万名儿童）拨款超过了 8500 亿卢布，2021 年近 2100 万名学龄儿童的父母获得了 2100 亿卢布的一次性援助。[①] 俄罗斯政府通过的预算方案也要求从 2021 年开始降低预算支出。货币政策方面，由于过去 30 年俄罗斯长期处于高通胀以及高通胀预期，尽管实施刺激性财政政策的空间尚可，但俄罗斯财政金融主管部门明确反对国内自由派经济学家提出的开启量化宽松模式的建议，认为货币政策不宜过度扩张。进入 2021 年，尽管多数国家依旧维持大规模的刺激政策，俄罗斯货币政策却转向了紧缩模式。

（一）财政政策

1. 财政赤字大幅扩大后逐步减小并实现盈余

面对新冠疫情的严重冲击，俄罗斯联邦政府主动扩大支出，财政赤字由 2020 年第二季度的 0.82 万亿卢布大幅扩大至第四季度的 4.10 万亿卢布，这是 2007~2008 年全球金融危机以来的最高水平。2021 年 9 月，普京在上合组织国家元首会议上表示，俄罗斯在新冠疫情期间支持居民和企业的一揽子措施总计约合 3 万亿卢布，约占 GDP 的 4.5%，总体上政府支出在实际收缩四年后增长了 20.9%。俄罗斯审计署发布的数据显示，2020 年国债增加了 40%，达 18.99 万亿卢布，占 GDP 的 17.8%。财政部 2020 年借债 5.18 万亿卢布，达到 2019 年的 2.5 倍，为近 15 年来最高值。俄罗斯联邦政府通过发行国债抗击疫情，虽然国债大幅增加，但并没有超过国际标准安全线，而且超过 3/4 的债务是以卢布计价的。

2020 年俄罗斯财政收入为 18.72 万亿卢布，支出 22.82 万亿卢布，赤字为 4.10 万亿卢布，占 GDP 的 3.8%。22.82 万亿卢布的支出超出俄罗斯原本计划的 16%，甚至比 2019 年的财政支出多出 25%。造成如此宽松财政政策的主要原因是政府在疫情背景下划拨大笔资金用于纾困，且基本持续全年。俄罗斯财政部部长西卢阿诺夫在盖达尔论坛上表示，俄财政政策将在

[①] Анатолий Комраков: "Антикризисная поддержка обогатила миллиардеров и разогнала инфляцию", 7 декабря 2021, https://www.ng.ru/economics/2021-12-07/4_8320_inflation.html.

2022 年前回归正常。2021 年财政收入为 25.29 万亿卢布，财政支出为 24.76 万亿卢布，盈余为 0.53 万亿卢布，占 GDP 的 0.4%。随着紧急支持措施的退出，主要财政支出占 GDP 的比重下降了 2.3 个百分点，而经济反弹和油气价格上涨则提高了石油、天然气的行业税与增值税收入。

2. 财政收入主要来自自然资源税以及国内产品、进口产品增值税收入

尽管俄联邦政府试图摆脱经济发展对国内自然资源的依赖，但自然资源税收入依旧是财政收入的最大来源。此外，国内产品增值税和进口产品增值税收入也是财政收入的重要来源。2021 年，上述三个税种收入分别占联邦政府总收入的 32.82%、21.67%、14.76%。与上年相比，2021 年，进口产品增值税、进口商品消费税、自然资源税、国际贸易税收入明显提升。这是因为大宗商品价格上涨，自然资源开采产生的税收收入上升。同时，在企业全面复工复产后，公司利润税收入也大幅提升。

3. 财政支出主要用于社会文化活动、国民经济、国防、国家安全和公共秩序

从支出规模来看，2021 年，社会文化活动、国民经济、国防、国家安全和公共秩序支出分别占联邦政府总支出的 38.5%、17.6%、14.4% 和 9.4%。从增速来看，与 2020 年相比，增幅最大的是交通运输支出与住房和公用事业支出，分别增长了 60.3%、59.8%。2020 年，俄联邦政府支出同比增长达到创纪录的 25%，原因就是政府为应对疫情将预算增加了 3 万亿卢布。

（二）货币政策

1. 政策利率先降后升，货币政策先松后紧

为应对疫情的负面冲击，2020 年，俄央行先后四次下调利率，共计 200 个基点，2020 年 7 月跌至历史最低点 4.25%，这意味着实际政策利率自 2020 年 11 月以来一直处于负值。在持续的供应瓶颈、大宗商品价格普遍上涨和国内需求反弹的综合作用下，8 月通胀率升至 6.7%，为五年高点。为抑制物价快速上涨，2021 年 2 月 12 日，俄央行宣布降息周期（2020 年俄央行四次降息）结束，并表示将上调基准利率。2021 年 3 月 19 日，俄央行将

其政策利率上调 0.25 个百分点至 4.5%。这是俄央行自 2018 年底以来首次加息。到 2021 年 12 月 17 日，俄央行连续第七次提高基准利率，将其上调至 8.5%，达到了 2017 年秋季以来的最高点。[①] 一些行业需求的快速复苏超过了产出能力的扩张，通胀率上升，经济风险由衰退转向通货膨胀。

2. 存款和贷款利率对政策利率变化的调整速度慢于预期

存款和贷款利率不断调整。货币市场利率先由 2020 年第一季度的 5.92% 降至第四季度的 4.13%，后升至 2021 年第四季度的 7.25%。存款利率先由 2020 年第一季度的 4.30% 降至 2021 年第一季度的 3.25%，后升至 2021 年第三季度的 3.87%。贷款利率先由 2020 年第一季度的 7.59% 降至 2021 年第一季度的 6.05%，后升至 2021 年第三季度的 7.73%（见表 5-4）。

表 5-4　2020~2021 年俄罗斯利率变动

单位：%

项　目	2020 年				2021 年			
	第一季度	第二季度	第三季度	第四季度	第一季度	第二季度	第三季度	第四季度
中央银行政策利率	6.00	4.50	4.25	4.25	4.50	5.50	6.75	8.50
货币市场利率	5.92	5.48	4.19	4.13	4.20	4.80	6.21	7.25
存款利率	4.30	4.21	3.29	3.28	3.25	3.34	3.87	——
贷款利率	7.59	7.29	6.15	6.07	6.05	6.42	7.73	——

资料来源：国际货币基金组织和俄罗斯央行。

出于遏制通货膨胀率上升趋势的目的，俄央行在 2021 年七次上调了基准利率。俄央行行长纳比乌琳娜在 2021 年 11 月 18 日的议会演讲中表示，提高利率就是为了控制通胀，"现在的挑战是从复苏转向可持续增长。为此，有必要抑制疫情流行造成的负面影响，首先是应对通货膨胀的飙升。这

---

① Президент России，"Большая Пресс-Конференция Владимира Путина"，23 декабря 2021，http://kremlin.ru/events/president/news/67438.

就是我们现在政策的目标，这也是我们提高利率的原因"。[①]

学界对于俄央行此举观点不一。部分学者认为，低利率的风险已经超过宽松货币政策的好处。俄罗斯战略研究中心副主任卡普林斯卡娅则指出，发达国家的低利率之所以能够促进投资，是因为存在制度性因素（高水平的投资者权利保护、保证法律框架和税收政策的不变性等）的支持，因此，即使不谈论风险，软货币政策本身也不能解决经济问题。"投资需求增长的驱动力与其说是经济中的利率水平，不如说是透明和可预测的制度环境，以及市场参与者对未来商业环境稳定性的信心。"[②]

与此同时，也有部分支持增长优先的学者质疑俄央行加息和过早退出刺激政策的做法。一些学者表示与众多通过财政刺激复苏的发达经济体相比，俄罗斯在往后几年都将面对财政政策紧缩的情形，这样加息将会抑制经济增长。[③] 俄罗斯财政部金融研究所、经济专家组负责人古尔维奇认为，俄罗斯的目标不仅限于摆脱危机并稳定经济，更为关键的是确保经济可持续的高质量增长。在现行规则框架内，俄罗斯的经济增速可能维持在2%左右，中期来看，俄罗斯经济增速将落后于全球。为使俄罗斯经济能够实现比发达国家更高的增长率，必须实施国家项目，而这些项目和目标的落实需要得到政府资金的支持。[④]

3. 长期国债收益率持续上升，通胀压力持续加大

在需求复苏和通胀上升的作用下，俄罗斯长期国债收益率在2020年4

① Александр Лосев，"Монетарная политика или фискальная рефляция"，30 ноября 2021，https：//www.kommersant.ru/doc/5097906.

② Екатерина Шохина，"Денежно-кредитная политика будет мягкой. Пока экономика не восстановится，процентные ставки останутся низкими，обещает Банк России"，26 ноября 2020，https：//www.vedomosti.ru/finance/articles/2020/11/25/848292-denezhno-kreditnaya-politika-budet-myagkoi.

③ Orlova Natalia，"Монетарная политика РФ-Ориентируясь на прошлое，упуская будущее？"，19 февраля 2021，https：//www.finam.ru/publications/item/monetarnaya-politika-rf-orientiruyas-na-proshloe-upuskaya-budushee-20210219-180600.

④ Шохин А.Н，Акиндинова Н.В，Астров В.Ю и др，"Макроэкономические эффекты пандемии и перспективы восстановления экономики"，*Вопросы экономики*，2021，pp.5-30.

月降至 5.70% 的低点后，稳定攀升至 2021 年 12 月的 8.44%，而后在 2022 年 2 月快速上涨至 12.52%，此后缓慢下降（见图 5-11）。长期国债收益率反映了货币市场的松紧，当国债利率持续走高，说明购买国债的人变少了，短期内一方面反映出当前投资者热衷于其他金融产品，表明俄罗斯的通货膨胀压力持续加大；另一方面，进入 2022 年后，俄乌局势紧张，俄罗斯还面临着来自欧美国家的制裁，国内股债汇三杀、缺乏美元流动性、境内银行挤兑、央行被迫加息并实施部分资本管制、俄罗斯融资成本抬升、主权债务违约风险加大等因素导致俄罗斯境内的货币流动性大幅下降。

一般来说，一个国家主权债务收益率超过 10%，就可能引发偿债风险，也就是债务危机。债务方面，截至 2021 年第四季度，俄罗斯外债规模达 4892 亿美元。主要债权国是欧洲各国和美国，意大利、法国、奥地利、美国位居前四，分别占 20.8%、20.7%、14.4%、12.1%。按债务货币种类划分，综合来看，俄罗斯对外负债或是外币负债占本国的经济规模并不高（截至 2021 年 11 月，外债 4954 亿美元、外币债 4131 亿美元，占 GDP 的 24%，且多为非金融机构而非政府），同时短期到期债务规模不大（小于 1 年到期外债仅 777 亿美元，且小于 1 年到期的外币计价的外债仅 483 亿美元），因此短期偿付压力并没有那么大。受制裁影响，俄罗斯可动用的外储规模（约 2396 亿美元）能够覆盖短期到期的外币债务（483 亿美元）。若西方制裁进一步升级，将导致俄罗斯经常账户和外汇收入减少，财政压力持续加大，俄罗斯仍旧面临压力。

4. 货币供应量增速呈 "M" 形走势

为应对新冠疫情冲击，俄罗斯广义货币（M2）供应量先快速攀升，由 2020 年 2 月的 10.7% 升至 10 月的 16.2% 的峰值，后随着通货膨胀压力逐步上升，M2 的增速持续下降，跌至 2021 年 8 月的 8.2%。然而自 2021 年 9 月，M2 增速再度上升，通货膨胀率也随之上升。虽然在 2022 年 2 月后 M2 增速有下降的趋势，但是通货膨胀压力仍旧很大（见图 5-12）。

四 对外贸易与国际收支

新冠疫情的冲击对俄罗斯对外贸易与国际收支产生了巨大影响，随着疫

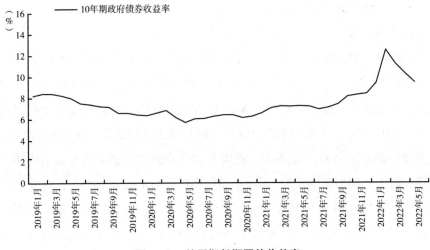

图 5-11 俄罗斯长期国债收益率

资料来源：俄罗斯央行。

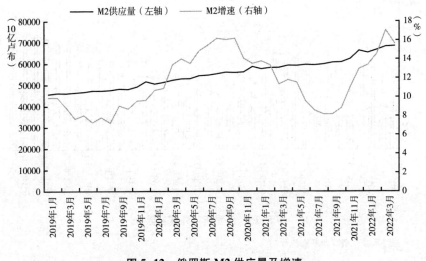

图 5-12 俄罗斯 M2 供应量及增速

资料来源：俄罗斯央行。

情形势得到缓解，国内外需求为俄罗斯对外贸易复苏提供了有力支撑，国际
收支情况大幅改善。

（一）对外贸易

1. 基本情形

2021年，俄罗斯对外贸易总额为7850亿美元，比2020年增长38.0%，比2019年增长17.4%。其中，出口额为4915.8亿美元，进口额为2934.2亿美元。进出口规模回升较快，2021年后三个季度进出口规模大于疫情前水平。2021年第三季度和第四季度外贸顺差同比分别增长1.6倍和1.5倍，全年贸易顺差达1981.6亿美元。能源和初级商品出口额未能恢复到疫情前水平，较上年同期下降9.8%，而非油气出口大幅增长40.8%。值得指出的是，此前俄罗斯月度外贸顺差历史上仅有三次超过200亿美元，分别为2011年12月、2012年1月和2月。2021年9~12月，俄罗斯商品进口额克服了疫情带来的下滑，单月贸易顺差均超过200亿美元（见图5-13）。

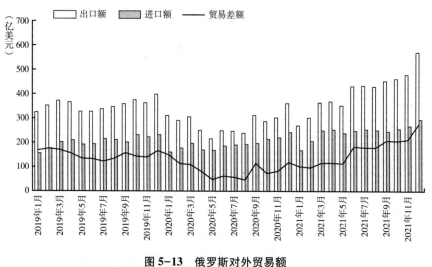

图5-13 俄罗斯对外贸易额

资料来源：俄罗斯联邦统计局。

2. 国别结构

（1）新兴和发展中经济体贸易额较大，欧盟仍是重要贸易伙伴

2021年四个季度，俄罗斯对发达经济体出口额分别为454.10亿美元、586.00亿美元、647.00亿美元和741.60亿美元，而同期俄罗斯对新兴和发

展中经济体出口额分别为 482. 10 亿美元、563. 30 亿美元、669. 90 亿美元和
770. 60 亿美元。其中，俄罗斯对欧盟出口占其对发达经济体出口的比重为
74%~81%，俄罗斯从欧盟进口占其从发达经济体进口的比重为 66%~69%，
欧盟仍旧是俄罗斯最大出口组织。

2013 年乌克兰危机后，欧美等西方国家和地区持续对俄罗斯实施经济
制裁。为降低制裁对经济的负面影响，俄罗斯加紧实施"向东看"战略，
加强与亚太国家或地区的经贸合作。俄罗斯与欧洲国家贸易额在其对外贸易
总额中的比重逐年下降，从 2013 年的 49.6%下降至 2020 年的 38.5%，2021
年再度下降到 35.9%。德国、荷兰和意大利是俄罗斯在欧洲的主要贸易伙
伴，2018~2021 年，三国与俄罗斯的贸易额占俄罗斯对外贸易总额的比重在
逐年下降。2021 年俄罗斯与上述三国的贸易额分别为 570. 00 亿美元、
464. 40 亿美元、313. 50 亿美元。

值得注意的是，2013~2018 年，俄罗斯与英国的贸易额呈下降趋势。俄
英贸易在俄罗斯外贸总额中的占比从 2.9%降至 2.0%，但从 2019 年起两国
贸易快速增长，2019 年俄英贸易额同比增长 25.6%，2020 年达到 265.2 亿
美元，同比增长 53.6%，2021 年增幅较小，贸易额达到 267.3 亿美元。其
中，2020 年俄罗斯对英国出口额为 231.6 亿美元，同比增长 74.9%，这主
要是由于俄罗斯对英国黄金出口大幅增长。2020 年 8 月，伦敦现货黄金价
格一度突破 2000 美元/盎司，俄罗斯借机抛售黄金储备，而英国是俄罗斯黄
金的主要购买者。

（2）加紧实施"向东看"战略，中俄贸易持续增长

2021 年，亚太经合组织已经是俄罗斯最大进口组织，也是第二大出口
组织。近年来，中俄贸易往来紧密，自 2010 年开始中国一直是俄罗斯最大
的贸易伙伴，中俄贸易在俄罗斯对外贸易中比重逐年提高，从 2018 年的
10.5%上升到 2020 年的 18.3%，2021 年下降至 17.9%。中俄贸易总额 2021
年达到 140.7 亿美元，比 2020 年增长 35.2%，比 2019 年增长 26.2%。其
中，俄罗斯对华出口额为 680.3 亿美元，进口额为 726.8 亿美元。中俄双方
制定了贸易增长路线图，取消了一些贸易限制，贸易便利化程度有所提高。

俄罗斯与越南的贸易也呈快速增长态势。俄越贸易在俄外贸总额中的占比从 2013 年的 0.5% 提高到 2021 年的 0.9%，2020 年在新冠疫情下俄越贸易逆势增长 15.2%，2021 年俄越贸易总额再度上升至 71.3 亿美元，比 2020 年增长 25.9%。其中，俄罗斯对越出口增长 38.3%，俄自越进口增长 20.9%。

俄罗斯与印度、韩国、土耳其等亚洲国家的贸易联系也更加密切。虽然在疫情冲击下俄罗斯与这三国贸易出现不同程度的下降，其中，俄印贸易额下降 17.6%、俄韩贸易额下降 19.5%、俄土贸易额下降 20.2%，但在 2021 年疫情得到控制后，三者均迎来强势反弹，印度、韩国和土耳其对俄的贸易额分别为 135.6 亿美元、298.8 亿美元和 330.2 亿美元，比 2020 年增长了 46.5%、35.5% 和 66.4%，比 2019 年增长了 20.7%、3.3% 和 25.3%。

（3）与独联体国家、欧亚经济联盟联系紧密，贸易总额稳步增长

从 2018 年开始，除了 2020 年受到新冠疫情冲击，俄罗斯与独联体国家的贸易总额一直稳步增长。2021 年，俄与独联体国家的贸易总额为 959.2 亿美元，比 2020 年增长 30.4%，比 2019 年增长 17.8%。其中，出口额为 645.8 亿美元，进口额为 313.4 亿美元。在独联体国家中，白俄罗斯和哈萨克斯坦是俄罗斯的主要贸易伙伴，两者与俄罗斯的贸易额在俄对外贸易总额中的占比较为平稳，分别维持在 5.0% 和 3.2% 左右。

3. 产品结构

（1）农产品出口快速增长，出口额创历史新高

俄罗斯土地资源极为丰富，农产品特别是谷物的生产和出口具有巨大的潜力，但其农业发展不平衡，果蔬、畜产品和饮品大量依赖进口。近年来，俄罗斯农业发展较为迅速，对外农产品出口快速增长。进口替代战略在农业领域取得的成效最为显著，食品和农业原料出口在俄罗斯出口总额中所占比重从 2013 年的 3.1% 提高到 2020 年的 8.8%，农产品成为俄罗斯又一重要出口收入来源。根据俄 Agroexport 中心数据，2021 年，俄农产品出口额 377 亿美元，同比增长 23.6%，出口量 7710 万吨。其中，粮食作物出口额 114 亿美元，同比增长 12%；油脂作物出口额增幅最大，同比增长 48%，达 72.8

亿美元；水产品 72.9 亿美元，同比增长 37%；肉类和乳制品 15.8 亿美元，同比增长 31%；食品和加工产品 51.9 亿美元，同比增长 15%；其余农产品 49.5 亿美元，同比增长 12%。从出口目的地看，俄农产品最大出口目的地为欧盟，对欧出口 47.2 亿美元，同比增长 41%；第二为土耳其，对土出口 43.3 亿美元，同比增长 38%；第三为中国，对华出口 35.5 亿美元，同比减少 12%。[①]

（2）矿物产品是主要出口商品

2013 年之前，矿物产品（主要是燃料能源产品）出口收入在俄罗斯出口总额中占 71%。此后，俄政府大力推行进口替代战略和投资促进计划等一系列结构性改革措施，力图降低国民经济对能源出口的依赖，也取得了一定成效，2019 年矿物产品出口收入在俄罗斯出口总额中占比下降至 63%，但仍不足以撼动能源行业在俄罗斯经济中的主导地位。2020 年，新冠疫情导致全球能源需求大幅下降，在原油价格暴跌的情况下，俄罗斯矿物产品出口占比降至 51.2%，2021 年进一步下降到 36.0%，其中燃料能源产品占 34.9%。进口替代战略在农业领域取得的成效最为显著，农产品成为俄罗斯又一重要出口收入来源。此外，2019 年化工产品和橡胶在出口总额中占 4.0%，2021 年该比重提高到 5.0%。金属及其制品在出口结构中也占相当比重，2019 年占比 5.6%，2021 年上升到 7.3%。机器设备和运输工具出口占比也从 2019 年的 4.1%，继续提高到 2021 年的 4.3%。2019 年，宝石、贵金属及其制品出口占比为 2.2%，2020 年在黄金价格大幅上涨的推动下，此类商品在出口总额中的占比提高到 6.1%。

（3）进口商品结构变化不大

从进口商品结构看，俄罗斯进口最多的是机器设备和运输工具。2013 年此类商品在俄进口总额中占 48.6%，2019 年降至 46.1%，2021 年该比重又提高到 48.3%。进口的第二大类商品为化工产品和橡胶，2013 年此类产

---

① 《2021 年俄农产品出口额达 377 亿美元》，中华人民共和国商务部，2022 年 2 月，http://ru.mofcom.gov.cn/article/jmxw/202202/20220203281925.shtml。

品在俄进口总额中占 15.8%，2019 年提高到 19.6%，2021 年该比重为
18.2%。第三大类进口商品为农产品，2013 年在俄罗斯进口总额中占
13.6%，2019 年其比重降至 12.2%，2020 年提高到 12.8%，2021 年又下降
到 11.4%，整体上变化不大。此外，金属及其制品与纺织品和鞋类这两大
类在进口商品中也占有一定比重，2013 年金属及其制品占 6.9%，2020 年占
6.9%，基本保持不变；2013 年纺织品和鞋类在进口总额中占 5.9%，2019
年提高到 6.2%，2021 年又下降到 5.7%，总体上变化不大（见图 5-14）。

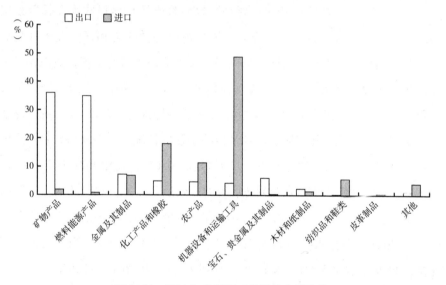

图 5-14　2021 年俄罗斯对外贸易产品结构

资料来源：俄罗斯联邦统计局。

（二）国际收支

1. 经常账户盈余先大幅下降后逐步恢复

俄罗斯经常账户盈余变动较大。2020 年第三、第四季度，俄罗斯经常
账户盈余仅分别为 39.5 亿美元和 65.5 亿美元。主要驱动力是贸易顺差由
773.2 亿美元增至 1703.0 亿美元，增长 1.2 倍。同时，服务贸易逆差有逐
渐加大的趋势，其中货运服务和旅游业贸易逆差增幅最大，建筑业和金融服
务逆差有所收窄。初次收入为负值，显然，能源等大宗商品价格上涨改善了

俄罗斯经常账户情况。

2. 资本账户体量小，金融账户流动性高

在俄罗斯的国际收支表中，资本账户体量非常小，且在2020~2021年基本处于逆差当中。俄罗斯金融账户的资金流动一直具有高波动性且有盈余。2021年俄罗斯投资组合盈余增加，外国直接投资持续流入。外国直接投资在2020年第二季度至第四季度持续为负，2021年第一季度开始由负转正，表明外国直接投资者对俄罗斯经济的信心逐步恢复。储备资产在2020年第二季度降至-128.8亿美元低点，随后恢复至2021年第三季度的296.2亿美元，表明国际资本整体上由流出转为流入（见表5-5）。

表5-5　俄罗斯国际收支结构

单位：亿美元

项　目	2020年				2021年			
	第一季度	第二季度	第三季度	第四季度	第一季度	第二季度	第三季度	第四季度
经常账户	240.5	14.8	39.5	65.5	224.9	174.9	355.0	465.6
货物和服务	277.1	148.1	152.8	195.2	257.6	349.5	473.6	622.3
货物	333.3	166.7	187.8	249.5	286.5	388.5	539.8	683.4
服务	-56.3	-18.6	-35.0	-54.3	-28.9	-39.1	-66.2	-61.1
初次收入	-23.3	-117.8	-95.5	-113.4	-14.4	-168.4	-104.0	-145.6
二次收入	-13.2	-15.6	-17.8	-16.3	-18.3	-6.2	-14.3	-11.1
资本账户	-0.1	-2.1	-0.9	-2.2	1.9	-2.1	-0.8	-2.0
资本转移	0.1	-2.0	-0.6	-1.9	2.4	-2.0	-0.6	-1.7
金融账户	243.9	16.8	63.4	69.2	226.8	182.9	334.3	484.2
外国直接投资	43.8	-16.2	-54.1	-9.8	31.8	32.9	42.2	146.7
投资组合	70.3	158.7	39.7	-15.8	112.5	52.8	6.4	149.1
金融衍生品	-3.6	-5.6	13.1	15.5	3.3	1.5	-7.2	-4.5
其他投资	83.1	8.6	87.4	115.6	42.1	10.5	-3.3	-24.0
储备资产	50.2	-128.8	-22.6	-36.5	37.1	85.1	296.2	216.8
误差和遗漏净值	3.5	4.1	24.8	5.8	0.1	10.1	-20.0	20.5

资料来源：俄罗斯联邦统计局、CEIC数据库。

3. 卢布兑美元、欧元和人民币的汇率基本呈现先降后升的态势

国际油价大跌和俄罗斯出口盈余下降导致卢布明显贬值，其兑美元、欧元和人民币的汇率分别由 2020 年 3 月的 77.7 卢布/美元、85.7 卢布/欧元、10.9 卢布/人民币变为 2020 年 12 月的 73.9 卢布/美元、90.7 卢布/欧元、11.3 卢布/人民币（见图 5-15）。2021 年 10 月，卢布兑美元、欧元和人民币汇率较上期分别升值了 11.93%、11.40%、7.26%。货币紧缩政策和卢布走强将有助于减轻价格压力，同时有助于增加国际资本对俄罗斯的投资。

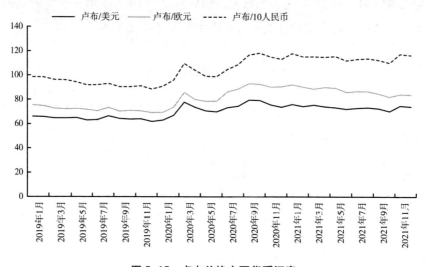

图 5-15　卢布兑换主要货币汇率

资料来源：俄罗斯央行、CEIC 数据库。

五　经济走势分析

（一）经济形势

关于俄罗斯未来经济走势，国际货币基金组织（IMF）、世界银行等国际机构以及俄罗斯央行均作了展望。国际能源价格大幅上涨将带动俄罗斯出口和财政收入上升，进而推动经济增长。IMF 在 2022 年 4 月发布的《世界经济展望》中预测俄罗斯 2022 年经济增长率为 -8.5%，2023 年增长率为 -2.3%，2024 年增长率为 1.5%。世界银行认为，内需较快恢复和能源价格

上涨导致俄罗斯的经济复苏强于预期，但美国制裁、疫苗接种率较低和货币政策收紧会对经济增长构成不利影响。根据世界银行2022年6月发布的《全球经济展望报告》，俄罗斯2022年和2023年的经济增长率预期值分别为-8.9%和-2.0%。俄罗斯经济发展部预测值与IMF、世界银行较为接近，在2022年、2023年和2024年分别下降7.8%、下降0.7%、增长3.2%。而俄罗斯央行认为俄罗斯经济2022年将下降8%~10%，2023年将下降0~3%，2024年将增长2.6%。之所以有这样的预测，主要原因是俄乌冲突的爆发，俄罗斯受到欧美等国家的经济制裁，拖累了经济的增长。

同时，根据OECD发布的综合领先指标数据，2020~2021年俄罗斯的综合领先指标整体走势呈V字形，表明俄罗斯经济在2020~2021年新冠疫情的冲击中经历了衰退、复苏阶段之后，达到顶峰阶段（见图5-16）。

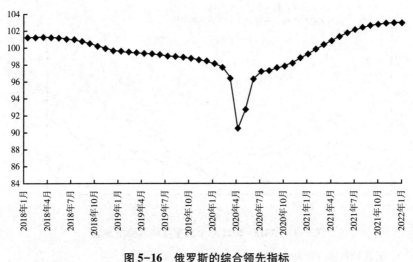

图5-16　俄罗斯的综合领先指标

资料来源：OECD数据库。

（二）机遇

2021~2022年，俄罗斯经济复苏既面临机遇也存在挑战。作为一个能源资源禀赋非常丰富的国家，特别是油气生产和出口大国，俄罗斯经济复苏高度受益于国际大宗商品价格上涨，理由有三点：一是受制于前期投资不足和美元流动性泛滥，国际原油价格将可能在未来较长一个时间段内处于高位，俄罗斯的出口和财政收入将明显受益；二是在碳中和运动背景下，天然气作为清洁能源，价格将在中长期处于高位，这会显著提升俄罗斯在天然气领域的议价权，其天然气出口和财政收入将会大幅增加；三是低碳转型和资本流失很可能导致煤炭的产能不足和价格上涨，作为煤炭的资源和生产大国，煤炭出口很有可能成为俄罗斯外汇收入的一个重要来源。另外，俄罗斯地大物博，农业发展条件得天独厚，在当前全球粮食的供应风险上升和价格上涨的背景下，农产品非常有希望成为俄罗斯出口创汇的一个新增长点。当然，出口收入的增加将导致俄罗斯的外汇储备规模上升，其国际债务违约风险将下降（见图 5-17）。

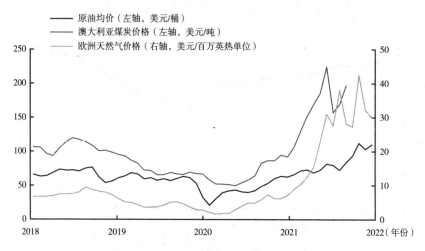

图 5-17　2018~2022 年全球主要能源价格走势

资料来源：美国能源信息署。

（三）风险

俄罗斯经济复苏也面临着诸多风险因素。一是疫情相关的社交限制措施。尽管疫情防控措施对经济增长的潜在负面影响远小于疫情发生初期，但仍不可忽视。二是通货膨胀率上升将迫使俄罗斯央行实施加息等收缩性货币政策，可能导致企业的借贷成本增加和银行信贷规模下降，这显然不利于俄罗斯经济复苏。三是较保守的财政政策将难以为经济复苏提供额外的需求刺激，根据俄罗斯2022～2024年财政预算草案，财政支出将有所收紧，财政预算更趋于平衡，油价的下行风险也将使收入下降。四是地缘政治因素，俄乌冲突的爆发加大了俄罗斯经济复苏的不确定性。目前，欧洲国家逐渐摆脱对俄罗斯化石能源的依赖，经济制裁对俄罗斯的能源收入将造成显著影响。美国乔治敦大学教授塔那·古斯塔夫森指出，经济制裁使俄罗斯的石油行业面临"消化不良"的问题，制裁虽没有影响原油生产环节，但影响其下游也就是负责消化并将原油产品销往欧洲的炼油厂。因此，俄罗斯能否找到替代市场以及加速相关基础设施的建设，将成为后续经济制裁能否奏效的关键因素。此外，经济制裁引发金融的动荡会挑起民众对普京的不满情绪，进而引发国内政治动荡。

　　未来几年俄罗斯的主要目标是维持经济的稳定运行，减轻公民和企业的通胀压力，实现中长期通胀率4%的目标。为了应对经济制裁，俄罗斯政府发布多项法案，主要包括：一是确保企业生产的不间断运行；二是支持高新科技产业；三是在金融领域，俄罗斯央行通过设立偿还外债的特别程序控制资本外流，并通过控制企业出售外汇收入、提高卢布汇率、免征购买黄金增值税等措施吸引资本回流；四是通过进口替代战略的实施和能源基础设施建设，缓解俄罗斯能源出口压力。

第三节　国际能源安全体系下俄罗斯国际能源合作现状与趋势

一　俄罗斯能源政策的基本观点与一般原则

（一）俄罗斯对待本国能源安全问题的立场

　　俄罗斯能源产业在国家生活中占有举足轻重的特殊地位。俄罗斯官方曾多次强调，全球能源安全不仅指供应的充足性与过境安全，而且指以长期合同和非歧视性地进入分销网络和零售市场为前提的有保障的稳定需求。1997

年 5 月，俄罗斯首次提出国家安全构想，确定了俄罗斯在各个领域的安全政策，其中就包括能源安全。2015 年 12 月 31 日出台的《俄罗斯联邦国家安全战略》第一次从法律上明确了能源安全的概念、内容及其保障条件。

在俄罗斯学术界，关于能源安全的概念及其实现手段和方法最具权威性的是俄罗斯能源战略研究所针对能源安全状况进行的持续跟踪研判和分析。2012 年 11 月 29 日，由俄能源战略研究所会同其他能源政策研究部门的专家集体拟定的《俄罗斯能源安全学说》（每五年修订一次）草案经俄安全会议和俄联邦政府审议之后，由总统普京签署批准。根据《俄罗斯能源安全学说》，广义的国家能源安全由五个方面构成：资源的充足性、经济的可承受性、环境的可接受性、技术的可实现性以及平衡的能源供给与需求。[1] 2019 年新版的《俄罗斯能源安全学说》主要反映了可再生能源和天然气市场的发展以及未来对液化天然气需求的增加，同时还强调要促进与欧亚经济联盟和独联体国家的一体化发展，深化与金砖国家、上合组织等国际组织的合作关系。[2] 时任俄罗斯能源部部长亚历山大·诺瓦克指出，能源安全包括稳定供应国内需求，保有能源储备并保持在国际市场的领先地位。[3] 俄罗斯确立的能源安全学说旨在减少或消除可能出现的安全威胁，同时提高能源供应系统的安全性和可靠性，降低其面对各种威胁和挑战的脆弱性与敏感性。由此可见，能源安全是俄罗斯国家安全战略部署的重要内容。

2020 年 6 月 9 日，俄罗斯总理米舒斯京批准能源部提交的《俄罗斯 2035 年前能源战略》。新版能源战略指出，能源工业的主要任务是促进俄社会经济发展，满足国内需求，扩大出口，巩固和保持俄罗斯在世界能源市场上的地

---

[1] Российской Федерации, "Доктрина энергетической безопасности Российской Федерации", 13 мая 2019, http://static. kremlin. ru/media/events/files/ru/rsskwUHzl25X6IijBy20Doj88fa OQLN4. pdf.

[2] Российской Федерации, "Доктрина энергетической безопасности Российской Федерации", 13 мая 2019, http://static. kremlin. ru/media/events/files/ru/rsskwUHzl25X6IijBy20Doj88fa OQLN4. pdf.

[3]《普京批准新版俄罗斯国家能源安全学说》，人民网-俄罗斯频道，2019 年 5 月，http://ru. people. com. cn/n1/2019/0515/c408039-31086869. html.

位。在实施方面，要通过实现能源基础设施现代化、实现技术独立化、完善出口多元化及向数字化转型，确保俄能源安全。2021 年 11 月 1 日，俄罗斯总理批准了《俄罗斯到 2050 年前实现温室气体低排放的社会经济发展战略》。该战略计划到 2060 年之前实现碳中和。与《俄罗斯 2035 年前能源战略》相比，该战略补充了俄罗斯在能源战略上对能源转型的具体规划。

综上，俄罗斯确定最新的能源战略发展目标：一是最大程度上支持国家的社会经济发展，加强和维护俄罗斯在世界能源领域的地位；二是在全球能源转型条件下保障俄罗斯的竞争优势和可持续发展，加强清洁能源的发展。俄罗斯能源产业的稳定发展和能源安全已经不仅仅是单纯的行业问题，同时也是国家安全和公共安全的关键要素，即能源发展的风险和不稳定性将对俄罗斯国家安全构成现实威胁。

（二）俄罗斯对全球能源安全问题的基本看法

在过去十年中，全球能源供需格局发生巨变，其中一个标志性的事件是美国崛起成为全球石油和天然气生产与出口大国，并由此在世界范围内产生了深刻而长远的地缘政治、经济和安全影响。在这样的背景之下，俄罗斯形成了关于全球能源安全问题的基本观点。

1. 巩固能源大国地位，维护能源价格安全

早在《2020 年前俄罗斯能源战略》当中，俄罗斯官方就明确了对于全球能源安全问题的看法，即当代的能源问题具有全球性，而且日益政治化。《俄罗斯 2035 年前能源战略》再次强调，俄罗斯能源工业要注重巩固和保持俄罗斯在世界能源市场上的地位。2021 年 10 月 13~15 日，"2021 俄罗斯能源周"国际论坛在莫斯科召开。普京表示，俄致力于保障欧洲大陆能源安全，充分履行对能源合作伙伴的合同义务，并与合作伙伴建设"土耳其溪"、"北溪 1 号"和"北溪 2 号"等项目，确保未来几年欧洲国家天然气供应的稳定性和可预测性。[①]

---

① 《普京：俄罗斯反对政治操弄能源与气候变化问题》，中国经济网，2021 年 10 月，http：//intl. ce. cn/specials/zxgjzh/202110/20/t20211020_ 37009085. shtml。

此外，俄罗斯能源战略从保障能源供应的角度揭示了国际能源安全的内涵，同时指出，作为欧洲乃至整个国际社会重要的和可信赖的能源供应国，俄罗斯将为保障国际能源安全做出自己的贡献。①

2. 促进能源设施现代化，发展清洁能源

在应对气候变化方面，俄罗斯制定了《俄罗斯到 2050 年前实现温室气体低排放的社会经济发展战略》，强调必须在全球能源转型条件下保障俄罗斯的竞争优势和可持续发展。普京在"2021 俄罗斯能源周"国际论坛中表示，气候保护是全人类的共同任务，不应成为个别国家谋取经济和政治利益的工具，应在全球气候监管方面制定共同的、公平透明的规则。俄设定的实现碳中和目标时间为不迟于 2060 年。

在发展清洁能源方面，俄罗斯主要开发利用的新能源种类为水能、风能、太阳能，以及历史较为久远的核能和未来发展潜力巨大的氢能。俄罗斯专家认为，国际社会继续共同致力于研究如何使碳氢化合物资源变得更加高效、节能和环保，才是明智的选择。② 同时，应重视在新工艺的基础上发展可替代和可再生能源。目前，俄罗斯有超过 1/3 的发电来自核电、水电和其他可再生能源，大约　半来自天然气。

3. 关注全球能源贫困，加强能源利益平衡合作

俄罗斯领导人表示世界能源贫困问题是影响全球能源安全的最主要因素。按照《跟踪可持续发展目标 7：能源进展报告（2022 年版）》，目前全球仍有 7.33 亿人用不上电，24 亿人仍在使用有害健康和环境的燃料做饭。《俄罗斯 2035 年前能源战略》指出，加强对确保全球能源可持续发展的国际努力的参与，包括联合国批准的目标——确保人人普遍获得负担得起的、可靠的、可持续的和现代的能源，同时积极参与能源问题的国际谈判，包括作为气候政策讨论的一部分，加强能源合作的法律框架，在国际合作实践中

———————

① Ю. А. Ершов, "Энергетическая стратегия России на период до 2020 года: плюсы и минусы новой энергетической политики Российской Федерации", Москва: Внешнеэкономический бюллетень, № 3, 4 2004.

② 陈小沁主编《国际能源安全体系中的俄罗斯》，社会科学文献出版社，2012，第 20~35 页。

加强同能源出口国、进口国和过境国的利益平衡。

俄罗斯正在利用得天独厚的能源大国优势，广泛参与世界能源市场的治理，使自己在现行国际能源秩序中处于更加有利的地位，力求在国际油气市场上拥有更大的话语权。在世界油气供求关系不断变动以及全球减排目标的总体形势下，俄罗斯通过提升能源设施现代化水平，积极参与全球能源治理体系的设计与运行，以期逐步提升自己在能源领域的国际威望。

（三）俄罗斯对外能源政策

目前与俄罗斯能源政策相关的政府文件主要包括，新版的《俄罗斯能源安全大纲》、新版的《俄罗斯2035年前能源战略》以及一系列关于减排的低碳发展战略。

1. 新版《俄罗斯能源安全大纲》主要内容

新版《俄罗斯能源安全大纲》主要关注俄罗斯能源安全面临的威胁，包括针对俄罗斯的经济制裁可能带来的负面影响，还考虑了包括中国在内的外国能源政策的最新变化。该大纲特别强调俄罗斯能源安全面临的外部挑战、威胁和风险。俄罗斯能源安全面临的外部挑战有以下几点。①经济增长可能转向亚太地区，俄罗斯仍倾向于欧洲市场。[①] ②全球能源需求结构发生变化。③全球市场呈现向绿色经济发展模式转型的趋势，可再生能源在全球燃料和能源平衡表中所占的份额持续上升。④全球碳氢化合物储量增加，全球市场的液化天然气产量持续增加。需要指出的是，该大纲列出了俄罗斯对外贸易面临的外部威胁：俄罗斯的传统能源出口市场缩减，新能源市场推广困难。

许多分析俄罗斯能源安全相关政策的外国专家主要关注俄罗斯受经济制裁所面临的危险和后果。他们认为这些制约和限制确实存在，并且打击了俄罗斯能源行业。但就国际合作而言，完全可以确定的是，制裁鼓励俄罗斯更积极地与亚太国家合作，这种合作与制裁俄罗斯的本意相左，而且对俄罗斯

① Lee, Rensselaer, "The Russian Far East: Opportunities and Challenges for Russia's Window on the Pacific", *Orbis* 57 (2013), pp. 314-324.

的制裁作用非常有限。

2. 新版《俄罗斯 2035 年前能源战略》主要内容

根据新版的《俄罗斯 2035 年前能源战略》，俄罗斯政府非常重视亚太市场，与亚太国家展开合作。在能源领域，扩大与上海合作组织、金砖国家、东南亚国家联盟、东亚共同体、亚太经济合作组织、联合国亚洲及太平洋经济社会委员会（ESCAP）成员的合作范围；启动能源对话，确保与俄罗斯能源的亚洲进口国建立平等互利的合作体系；在能源结构具有亲近性、已解决的问题具有共性的基础上，加强与金砖国家的技术合作；完善俄罗斯监测外国燃料和能源市场变化的机制，为俄罗斯的出口多元化创造有利条件；参与国际能源技术开发项目；在全球交易大厅推广俄罗斯石油；在北极地区加强国际合作，确保北极地区海上石油和天然气资源开发在经济上有利和在环境上友好；开发北海航道，将其在北极地区开采的能源输送到国际市场。

3. 一系列低碳发展战略主要内容

随着全球应对气候变化和能源转型的加速，俄罗斯也积极参与国际会议以及制定相关发展战略。2016 年 4 月，俄罗斯签署并于 2019 年 9 月批准了《巴黎协定》。新冠疫情期间，俄罗斯经济发展部于 2020 年 3 月制定了 2050 年前长期发展战略，提出了俄罗斯低碳发展目标。2021 年 7 月，俄首部气候领域的专门法律《2050 年前限制温室气体排放法》确立了俄罗斯的主要减排目标。2021 年 10 月 29 日，俄联邦政府正式批准了经济发展部牵头制定的《俄罗斯到 2050 年前实现温室气体低排放的社会经济发展战略》，文件提出要确保俄罗斯经济的全球竞争力和可持续增长，确保将国际气候减排目标与国家向低碳技术转型的经济机遇以及国家社会经济发展的利益紧密结合起来。

二　俄罗斯能源产业发展现状及前景

根据俄财政部的初步统计，2021 年俄联邦政府财政收入为 25.3 万亿卢布，比上年增长 35.1%，其中，油气领域的收入贡献为 9.1 万亿卢布，较上年大幅增加 73.0%，占俄政府财政收入的比重从 2020 年的 28.0% 上升到 35.9%。能源产业在俄罗斯国家生活中占据举足轻重的地位，对于分析俄罗斯国内能源产业的发展现状以及面临的挑战至关重要。

（一）俄罗斯的石油产业

1. 产量增长趋势逐渐放缓

据英国石油公司 BP 统计，截至 2020 年底，俄罗斯石油探明储量达到 1078 亿桶，占世界石油探明储量的 6.2%，排名世界第六位，储产比达到 27.6。2020 年俄罗斯原油（含凝析油）产量达到 1019.2 万桶/日，占世界总产量的 13.3%，仅次于美国，排名世界第二位。根据俄罗斯能源部的统计数据，2021 年俄罗斯原油（含凝析油）产量为 5.24 亿吨，比 2020 年增长 2.2%，较 2019 年下降了 6.5%（见图 5-18）。

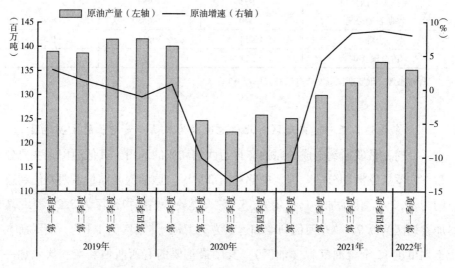

图 5-18　2019 年至 2022 年第一季度俄罗斯原油产量及增速

资料来源：俄罗斯联邦统计局。

俄罗斯石油开采主要集中在 8 家最大的石油公司，分别是俄罗斯石油公司、卢克石油公司、苏尔古特石油公司、俄罗斯天然气工业石油公司、鞑靼石油公司、巴什石油公司、斯拉夫石油公司、鲁斯石油公司。2021 年，8 家

公司石油产量达到 39861 万吨,占全国的 76.1%。其中,产量最大的公司是
俄罗斯石油公司,开采量为 17073 万吨,同比减少 5.1%。排名第二位的是
卢克石油公司,开采量为 7573 万吨,同比增长 3.1%(见表5-6)。

表 5-6　2020~2021 年俄罗斯 8 大石油公司原油产量及增速

单位:万吨,%

公司名称	2020 年	2021 年	增速
俄罗斯石油公司	17996	17073	-5.1
卢克石油公司	7343	7573	3.1
苏尔古特石油公司	5475	5545	1.3
俄罗斯天然气工业石油公司	3892	3857	-0.9
鞑靼石油公司	2601	2783	7.0
巴什石油公司	1293	1377	6.5
斯拉夫石油公司	971	985	1.4
鲁斯石油公司	640	668	4.4
合计	40211	39861	-0.9
占全国比重	78.4	76.1	—

资料来源:俄罗斯国际文传电讯社(Interfax)。

2. 东西伯利亚、远东地区及北极地区成为原油产量增长的主要地区

目前,俄罗斯约七成的原油产自西西伯利亚的油田,其他油田则主要分
布在俄罗斯欧洲部分的北部、中部和南部地区。原油探明储量在西西伯利亚
约为 72.2%、伏尔加—乌拉尔为 15.6%、提曼—伯朝拉地区为 7.2%、北高
加索地区为 0.9%、东西伯利亚和远东为 3.1%、陆架区为 1.0%。俄罗斯本
土划出了 12 个含油气省(油区)。其中最重要的有西西伯利亚、伏尔加—
乌拉尔、提曼—伯朝拉地区。在 65 个大型和超大型油气田中,这 3 个油区
占了 63 个。从中短期看,萨哈林和东西伯利亚即将步入重要产油区的行列;
而从长远看,堪察加半岛和北部海域也将成为重要的采油区。

近年来,东西伯利亚、远东地区和北极地区成为原油产量的主要增长
地。2035 年的能源战略优先考虑增加能源出口收入与天然气基础设施的扩
张,特别是东西伯利亚和远东地区,以确保俄罗斯能源系统的弹性。与东西

伯利亚和远东地区相对应的是西西伯利亚的原油产量近年来逐渐下降，西西伯利亚是俄罗斯原油的主要生产地区。

在过去的几年里，俄罗斯的一些新建项目正在北极地区实施。当项目投产并达到最高产量水平时，将在短期内提升俄罗斯的原油产量。

3. 原油加工比例稳步上升，成品油以柴油为主

俄罗斯的原油加工能力稳居世界第四位，近15年俄罗斯的原油加工能力稳步增长，得益于炼油厂建设和改造项目的实施。近年来，俄罗斯的原油加工产能占世界总产能的比重稳定在6.6%左右。俄罗斯联邦统计局数据表明，2021年俄罗斯的炼油厂共加工原油2.85亿吨，较上年增长5.6%（见图5-19）。

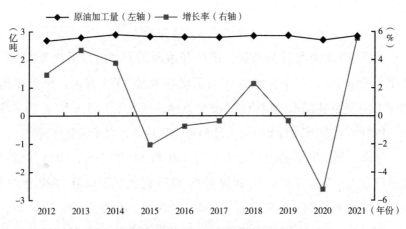

图5-19　2012~2021年俄罗斯原油加工量及增长率

资料来源：俄罗斯联邦统计局。

2021年俄罗斯包括汽油、柴油、燃料油在内的成品油产量为1.62亿吨，其中汽油和柴油分别比上年增长6.1%和2.9%，燃料油产量基本持平（见图5-20）。近年来，生态等级为5级的发动机燃油产量呈明显上升趋势，这是因为自2017年起开始禁止交易生态等级为4级的发动机燃油。俄罗斯使用更加清洁的生态能源的日期一拖再拖，原因有很多，俄罗斯炼油厂准备不足就是其中之一。

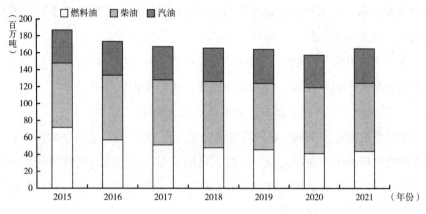

图 5-20　2015~2021 年俄罗斯成品油产量

资料来源：俄罗斯联邦统计局。

4. 原油出口量下降，出口外汇收入逐年下降

根据俄罗斯联邦统计局数据，2021 年俄罗斯原油出口量为 2.32 亿吨，比上年下降 2.9%；其中向独联体国家出口原油 1570 万吨，比上年增长 6.1%；向非独联体国家出口原油 21590 万吨，比上年下降 3.5%。值得注意的是，俄罗斯对中国原油出口呈上升趋势，且总量远大于独联体国家。

近年来，俄罗斯原油出口收入下降。由于疫情的冲击，2020 年俄罗斯原油出口收入大幅度下跌，从 2019 年的 1222 亿美元下降到 2020 年的 726 亿美元。2021 年，俄乌拉尔原油（Urals）全年平均价格为 479 美元/吨，比上年大幅上升 58.0%；俄向独联体国家和非独联体国家出口原油的平均价格分别为 429 美元/吨和 483 美元/吨，分别比上年大幅上升 77.4% 和 57.1%。由于国际能源需求的增长，油价逐渐恢复，2021 年俄罗斯原油出口外汇收入达到 1084 亿美元，较上年大幅增长 49.3%，但仍未恢复至疫情前水平（见图 5-21）。

5. 石油产业面临的风险及主要发展任务

根据新版的《俄罗斯 2035 年前能源战略》，俄罗斯石油行业的发展面临着一系列的挑战和威胁。主要包括：①难以开采的储量在已开发储量中占比较大，以及"成熟"油田的高度枯竭，导致生产成本增加，使其难以维

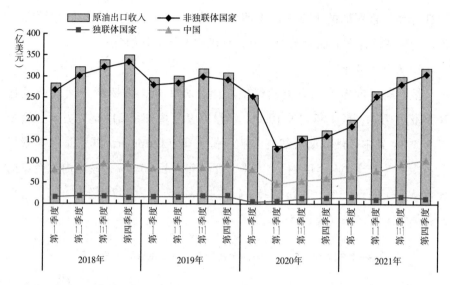

图 5-21　2018~2021 年俄罗斯原油出口收入及地区分布

资料来源：俄罗斯联邦统计局。

持已达到的石油产量水平；②产出油的物理和化学特性恶化，包括密度和硫含量增加，这需要引进新的技术解决方案和投资，并增加炼油成本；③石油行业征税的长效机制尚不完善，炼油和石化投资缺乏激励；④国内石油产品价格难以稳定，需要通过税收政策限制汽车燃料零售价格在通胀范围内的增长；⑤国内市场对石化产品、石油化工行业对基础设备材料均存在进口依赖。

为了应对上述所面临的挑战，需要开展以下四个方面工作。一是确保在有利条件下实现石油产量稳定增长，其中要保证油气凝析油的产量。二是提高满足国内石油产品需求的效率、可用性和质量。三是依托新技术建设石油及其产品输送管网，确保输油管道主干系统所需的油品质量。四是提高石油产品出口的多样性。

（二）俄罗斯的天然气产业

1. 天然气产业概况

天然气在俄罗斯能源燃料体系中占据着核心地位，天然气行业的发展很大程度上决定着俄罗斯的能源安全。根据 BP 公司发布的年度报告，截至

2021 年底，俄罗斯的天然气已探明储量约 37.4 万亿立方米，居世界第一位，占全球已探明总储量的 19.9%，且该比重呈上升趋势。

2. 天然气开采

俄罗斯是世界第二大天然气生产国。2021 年，俄罗斯天然气产量达 7623 亿立方米，较上年增长 10.0%，比 2019 年增加了 247 亿立方米、增长了 3.3%。其中，俄罗斯天然气工业股份公司（Gazprom，以下简称"俄气公司"）生产天然气 5148 亿立方米，比上年增长 13.7%，占国内总产量的比重从上年的 65.3% 上升到 67.5%。其他公司产量为 2475 亿立方米，近年来整体呈上升趋势（见图 5-22）。

图 5-22　2012～2021 年俄罗斯天然气产量

资料来源：俄罗斯联邦统计局。

3. 天然气出口

自 2000 年以来，俄罗斯天然气（含液化天然气）出口的目标地区结构没有明显变化。半数以上的俄罗斯出口天然气销往德国、土耳其、意大利和白俄罗斯四国。根据俄罗斯联邦统计局的数据，2021 年俄罗斯出口天然气 2044 亿立方米，比 2020 年增加 2.6%，比 2019 年减少 7.0%（见图 5-23）。预计未来对欧洲市场的天然气出口将维持在现有水平到增加 30% 的区间，对亚洲市场天然气出口将增长 4~8 倍。

图5-23　2012~2021年俄罗斯天然气出口情况

资料来源：俄罗斯联邦统计局。

4. 天然气管道与 LNG 项目建设①

俄罗斯充分利用了得天独厚的天然气资源优势，修建了世界上最庞大的天然气管线系统——UGSS。UGSS不仅保证了俄罗斯国内天然气供应，而且还将天然气出口到欧洲。UGSS干线输气管线长16万公里，支线输气管线长约6000公里；有压缩机站250座，总功率达到40GW，配气管线长约38万公里，大口径输气管线（1220毫米和1420毫米）占50%以上。

据统计，欧洲国家天然气约有1/3都要从俄罗斯进口。俄罗斯修建了多条通往欧洲的天然气管线，包括"兄弟"管线、"北极之光"管线、"联盟"管线、"亚马尔—欧洲"管线、"蓝流"管线、"北溪"管线、"土耳其溪"管线、"北溪2号"管线。

由于历史和地理原因，俄罗斯向欧洲出口的天然气中，有70%需要通过乌克兰和白俄罗斯中转，俄罗斯每年借道出口油气需支付巨额过境费，且各种纠纷不断。为了实现天然气出口多元化，俄罗斯逐渐将目光投向了亚洲市场，规划了若干条天然气出口管线。其中包括"中俄西线"管线、俄罗

---

① 《俄罗斯天然气出口管线现状与前景》，全国能源信息平台，2021年9月，https://www. 163.com/dy/article/GKL591HJ05509P99.html。

斯到韩国的天然气管线、俄罗斯到日本的天然气管线、俄罗斯到印度的天然气管线等。

LNG 是全球天然气运输的两大方式之一。俄罗斯是全球最大的天然气出口国,但出口方式严重依赖管道,LNG 出口量仅占总体的不到 7%。在全球市场上,俄罗斯的管道气出口份额接近 26%,而 LNG 仅为 4%。近年来的发展趋势显示,全球天然气贸易中 LNG 的比重在不断上升。LNG 相比管道气具有极高的灵活性,不受固定线路的束缚,且不像管道气要受到与过境国的政治关系的影响。2017 年 12 月 8 日,亚马尔液化天然气项目举行了启动仪式。该项目是俄罗斯首个由本土企业全程担任作业者的 LNG 项目,也是俄罗斯当前最大的 LNG 项目。

5. 天然气行业主要任务

为了应对天然气行业发展所面临的挑战,俄罗斯明确了中长期发展的主要任务。①完善国内天然气市场,有效满足国内用气需求。解决天然气行业的问题需要在 2024 年之前将天然气产量保持在 795 亿~820 亿立方米,到 2035 年保持在 860 亿~1000 亿立方米。另外,非管制价格销售气占供应总量的比重到 2024 年为 35%、到 2035 年为 40%。②灵活应对全球天然气市场的动态。俄罗斯需要在全球天然气出口中维持领先地位,到 2024 年、2035 年依旧能维持在第一名或第二名。③发展液化天然气的生产和消费,俄罗斯联邦在 2025 年进入液化天然气生产和出口的世界领先国家行列。液化天然气的生产量到 2024 年为 46 百万~65 百万吨,到 2035 年为 80 百万~140 百万吨。④发展生产,增加燃气发动机燃料(包括液化天然气)的消费量。

(三)俄罗斯的煤炭产业

1. 煤炭资源及分布

截至 2019 年底,俄罗斯的煤炭探明储量占全球储量的 15.2%,位居第二,仅次于美国。在已探明的煤炭储量中,褐煤占 53%、硬煤占 44%、无烟煤仅占 3%。大约 40% 的硬煤适合炼焦,俄罗斯炼焦煤不仅储量大,而且品种齐全。

俄罗斯境内共有采矿区 22 处,独立煤田 130 处。但是煤炭储量的地理分布并不均匀，超过 2/3 的储量集中在两大采矿区——坎斯克—阿钦斯克采矿区（克拉斯诺亚尔斯克边疆区和克麦罗沃州）和库兹涅茨克采矿区（克麦罗沃州），排在之后的是伊尔库茨克采矿区（占总储量的 4%）、伯朝拉采矿区（4%）、顿涅茨克采矿区（3%）、南雅库茨克采矿区（3%）和米努辛斯克采矿区（2%）。煤炭开采量最大的是库兹涅茨克采矿区（接近总开采量的 60%），之后是坎斯克—阿钦斯克采矿区、伯朝拉采矿区和顿涅茨克采矿区。近年来，库兹涅茨克采矿区的开采量呈明显上升趋势，其他采矿区的开采量或趋于平稳或稍有下降。值得一提的还有，超过 70% 的煤炭为露天开采，近 30% 的为地下开采。开采方法不同导致煤炭价格差别较大，更为经济的露天开采矿产量增加较多。①

2. 煤炭生产

2021 年，俄罗斯煤炭总产量为 4.32 亿吨，比上年增长 8.5%，较 2019 年下降 1.6%。其中，烟煤产量为 3.57 亿吨，较上年增长 9.8%，与 2019 年产量相当；褐煤的产量为 0.75 亿吨，近五年产量变化不大（见图 5-24）。

随着新建大型煤炭企业的技术改造和现代化矿井的建成投产，煤炭生产效率不断提高，煤炭产量持续增长。煤炭增加的产量主要由露天开采方式获得，井下开采和露天开采的产量比从 1∶1.2 变为 1∶3.0。截至 2019 年，原煤生产效率达到 316.6 吨/（人·月），比 21 世纪初几乎提高了 2 倍。

俄罗斯煤炭行业由十几家大型煤炭和冶金控股公司主导。其中，西伯利亚能源股份公司是俄罗斯最大的煤炭生产商，世界排名第十位，2019 年其煤炭总产量为 1.062 亿吨。俄罗斯煤炭产量排名前五位的公司贡献了俄罗斯国内 50% 以上的产量。②

3. 煤炭消费与进出口

从煤炭消费结构来看，俄罗斯的煤炭主要用于发电和炼焦。用于发电的

---

① 徐鑫：《近 30 年来俄罗斯煤炭工业发展及未来趋势》，《中国煤炭》2021 年第 2 期，第 102~109 页。
② 徐鑫：《近 30 年来俄罗斯煤炭工业发展及未来趋势》，《中国煤炭》2021 年第 2 期，第 102~109 页。

图5-24　2016~2021年俄罗斯各类煤炭产量

资料来源：俄罗斯联邦统计局。

煤炭消费占比在50%以上，炼焦煤占比约为18%。其中，民用、其他行业和炼焦所用煤几乎全部由俄罗斯国内市场供应，发电用煤需要少量进口，俄罗斯国内供应量约占使用量的80%。进入21世纪以来，燃煤发电的占比呈现下降的趋势，煤炭需求量和焦化工企业数量都在减少。煤炭需求量的40%~55%用于发电、20%用于炼焦、10%做民用。煤炭的其他消费领域包括冶金、水泥生产、铁路建设等。

截至2021年，俄罗斯共出口煤炭210576万吨，位居世界第三。出口前三位的国家分别为中国（5699万吨）、韩国（2195万吨）、日本（1974万吨）。① 俄罗斯煤炭出口的地区结构相对稳定，约45%的煤炭出口至几个最大的伙伴国——韩国、日本和中国。此外还向土耳其、英国、乌克兰、荷兰出口煤炭。出口煤炭中石炭占98%、褐煤占2%。同时，俄罗斯还从哈萨克斯坦进口能源用煤。由于之前的经济合作关系，俄罗斯也从乌克兰进口煤炭。

① 《2021年俄罗斯煤炭出口创历史新高　煤炭产量居历史次高》，中国煤炭经济研究会，2022年1月，http：//ccera. com. cn/45/202201/10940. html。

4. 煤炭行业发展存在的问题

全球气候变化和环境保护造成煤炭消耗减少、可再生能源和天然气在能源平衡中的份额增加，是包括俄罗斯在内的世界煤炭工业都面临的系统性问题。除此之外，俄罗斯的煤炭工业存在如下几个较为突出的问题：煤炭行业高素质科技人才匮乏；煤机装备和配件高度依赖进口；煤炭行业投资减少；煤炭运输成本高；基础设施较为落后；煤矿区环境恶化；部分煤炭产区过度依赖出口供应。①

从俄罗斯 2035 年的能源战略规划来看，未来煤炭对于经济的贡献将进一步减小，但其总体产值和财政纳税额将持续增加。总体来说，未来煤炭在俄罗斯能源系统中的地位依然重要。

三 俄罗斯国际能源合作发展困境及未来趋势

（一）俄罗斯能源合作面临的挑战

由于全球能源价格剧烈波动以及地缘政治的影响，俄罗斯在国际能源合作中面临着许多挑战，主要包括以下四个方面。

1. 能源政治化倾向导致俄罗斯与欧盟的关系渐行渐远

欧洲市场是俄罗斯油气能源的重要出口地区。尽管俄欧能源关系的相互依存度较高，但双方在能源发展方向和地缘战略目标方面存在重大分歧。欧盟坚持能源市场自由化，主张在能源领域引入竞争原则以确保公平的市场环境，而俄罗斯则是出于国家安全的考量，将能源产业视为其外交战略资源，采取了限制外资进入的一系列措施。乌克兰危机后，俄欧能源关系的过度政治化倾向促使双方各自寻求构筑多元化的能源合作空间并加快拓展新的能源市场，能源贸易不再是俄欧关系的纽带，反而沦为双方地缘政治博弈的工具。

2. 国际油气价格剧烈波动影响俄罗斯能源出口

俄罗斯的社会发展和经济运行高度依赖能源原材料贸易，能源价格的稳

---

① 徐鑫:《近 30 年来俄罗斯煤炭工业发展及未来趋势》,《中国煤炭》2021 年第 2 期, 第 102～109 页。

定是俄罗斯经济稳定发展的基础因素。在新冠疫情的冲击下，国际能源价格急速下降，俄罗斯 2020 年油气收入锐减。2021 年，由于国际能源需求的恢复、油气价格的上升，俄罗斯能源出口收入才得以恢复。可见，俄罗斯经济增长的持续性、动力来源以及经济金融安全高度依赖国际能源市场行情的稳定。

3. 地缘政治影响俄罗斯能源产业的发展

乌克兰危机后，欧美等国家和地区对俄罗斯在信贷融资、技术设备进口等方面实施制裁，对俄罗斯金融、能源和军事领域造成了很大的影响。欧美制裁主要是通过限制俄罗斯在国际资本市场上的融资和禁止其在国际市场上获得先进专利技术，直接打击俄罗斯战略性发展的油气勘探开发项目，阻碍俄罗斯油气工业的中长期发展。

4. 能源技术创新重塑全球能源格局，国际能源竞争加剧

近年来，美国引领的"页岩气革命"促使全球能源供应格局呈"多中心化"趋势。2018 年，美国页岩油产量激增并首次超过俄罗斯和沙特阿拉伯成为全球最大的产油国。能源技术取得的突破性进展、国际社会应对气候变化的"低碳化"能源转型目标以及新能源技术的广泛应用，令传统产油国难以承压。在这样的背景下，俄罗斯现有的能源出口模式已无法复现它在 21 世纪初期曾经创造的约 7% 的经济增长。面对日趋激烈的国际竞争环境以及西方国家对俄生存空间的不断挤压，俄罗斯逐渐意识到需要在经济和能源一体化框架内，借助中亚地区的地缘战略影响力，重新崛起为国际经济格局中的重要力量，完成其成为欧亚强国的历史使命。

（二）俄罗斯国际能源合作发展的趋势

2019 年发布的《俄罗斯能源安全大纲》和 2020 年发布的《俄罗斯 2035 年前能源战略》，明确了俄罗斯未来能源行业发展趋势和俄罗斯未来国际能源合作发展趋势。一是加强与欧亚经济联盟、亚太地区、印度和非洲的能源合作；二是在全球能源转型的背景下保持俄罗斯竞争优势，大力发展可持续的清洁能源。具体而言，主要包括五个方面的内容。

1. 加强与欧亚经济联盟、亚太地区能源合作，带动能源出口多元化

俄罗斯的目标是将能源市场从欧洲转向更多元化的市场，并将俄罗斯定位为亚洲重要的经济和政治参与者。俄有关专家认为，把已经运行了多年的欧亚经济联盟的有益经验推广到其他中亚国家是合理可行的。[①] 目前，俄罗斯与中亚国家能源合作的重点工作：一是提高俄罗斯公司在中亚地区油气田开发的参与度；二是组建新的、现代化的碳氢化合物加工企业以提升产品的竞争力；三是完善现有的石油和天然气过境运输网络。俄专家认为，合理利用产品分成协议、特许权、租赁协定、项目融资、跨国企业联盟，以及在中亚建立特别经济区等，是实现上述目标的有效手段。[②] 当然，这需要来自俄罗斯和中亚各国政府的支持。

近年来亚太地区能源需求日益旺盛。"西伯利亚力量"、"北溪2号"和"土耳其溪"项目的实施在一定程度上实现了俄能源出口多元化，可基本保障能源战略安全。在亚太方向，除已经投入运转的"西伯利亚力量"外，俄正在考虑推出"东方石油"项目。

在亚洲，中国与俄罗斯的能源合作将更加紧密。"丝绸之路经济带"和欧亚经济联盟的诸多项目在中亚有交叉，"一带一盟"存在共同经济空间，并在其间相互协调，以能源合作为引擎推动地区一体化，与中亚国家共建合作共赢的地区能源新秩序。

2. 加强与印度的能源合作，重点发展核电供应领域

近年来，俄罗斯与印度都有意进一步加深和拓宽双方在能源领域的合作。目前，双方探讨了联合开发俄罗斯北冰洋、伯朝拉海和鄂霍次克海地区海上油气项目的可能性，并考虑在俄罗斯远东液化天然气、北极LNG－2、亚马尔LNG等项目上加强合作。同时，两国还讨论了未来修建一条从俄罗斯到印度的天然气直输管道问题。

---

① Лихачев В. Л, *Энергетическая безопасность и направления ее обеспечения в ЕАЭС*, Энергетическая политика，1（2017），pp. 47-55.

② Телегина Е. А and Халова Г. О，"Энергетическая безопасность и энергетическая интеграция в Центральной Азии"，*Энергетическая политика*，1（2017），pp. 45.

核合作是俄罗斯与印度有共同利益的潜在领域。鉴于印度在发展海外项目方面缺乏经验,以及其与俄罗斯进行核合作的悠久历史,俄罗斯很可能会希望参与第三国的联合项目。2020年,第22届俄印领导人峰会期间,两国还签署了一项扩大民用核能伙伴关系的行动计划。根据该计划,两国将在印度新建6座核反应堆,全部采用俄罗斯设计,并将提高印度公司在该项目中的参与度以及本地化水平。

3. 大力发展液化天然气

液化天然气是俄优先发展的战略项目。根据《俄罗斯2035年前能源战略》规划,俄计划在2024年前将液化天然气的产量提高至4600万~6500万吨,2035年达到7200万~8200万吨。亚马尔LNG项目的成功及北极LNG-2项目建设充分说明,俄依托LNG项目开发北极资源的战略正在逐步实施。

4. 战略性部署氢能发展

氢能发展日益受到各国重视,俄罗斯也将氢能发展提上日程,并以氢能出口为目标。2021年8月,俄政府发布《俄罗斯氢能发展概要》,明确了氢能发展的阶段部署。第一阶段为2021~2024年,研究出台政府支持政策,启动一批先导示范项目,预计2024年前氢能出口规模达到20万吨/年。第二阶段为2025~2035年,氢能出口规模达到200万吨/年,同时推动氢能在国内石油化工、电力、冶金、交通等领域的应用,实现设备国产化。第三阶段为2036~2050年,氢能出口规模预计达到1500万吨/年,届时俄罗斯将成为全球最大的氢能出口国之一。

5. 加大对中东、非洲和亚太地区的煤炭供应

煤炭工业是俄能源的关键领域之一。煤炭是廉价能源之一,非洲、中东和亚太地区的煤炭消费可能会增加。过去十年,煤炭出口占俄煤炭产量的比重大幅增加,主要是因为俄罗斯扩大了对中国、印度、日本、韩国和越南的出口。比较而言,非洲煤炭市场对俄来说仍需要扩展。俄煤炭在非洲最大的买家是摩洛哥。根据2018年数据,摩洛哥占俄出口非洲煤炭的91%,达到5亿美元,而同期韩国进口俄煤炭总额为26亿美元。非洲其他进口俄煤炭的国家包括塞内加尔、埃及、贝宁、南非和吉布提等。

第六章 哈萨克斯坦经济

哈萨克斯坦是欧亚经济联盟最早的倡议国。作为联盟中国土面积、人口规模和经济总量均为第二位的国家，在联盟成立和发展中哈萨克斯坦都发挥着不可替代作用。哈萨克斯坦稳定的政治制度带来安定的社会秩序，为国家经济持续发展提供了重要保障。区域经济一体化是欧亚经济联盟发展的最终目标。①

第一节 哈萨克斯坦概况

一 哈萨克斯坦地理特征、人口与民族

哈萨克斯坦是世界上面积最大的内陆国，面积为 272.49 万平方公里，领土横跨亚欧两洲。国境线总长度超过 1.05 万千米。哈萨克斯坦通过里海可以到达阿塞拜疆和伊朗，通过伏尔加河—顿河运河可以到达亚速海和黑海。国土面积排名世界第九位。东南连接中国新疆，北邻俄罗斯，南与乌兹

---

① "区域经济一体化"一词，一般认为可以追溯到 1921 年，当时比利时与卢森堡结成经济同盟，后来荷兰加入，组成比荷卢经济同盟。1932 年，英国与英联邦成员国组成英帝国特惠区，成员国之间相互减让关税，形成一种特惠关税区。第二次世界大战之后，区域经济一体化得到发展，20 世纪 80 年代中期以来，经济发展推动区域经济联合，区域经济一体化的趋势明显加强。1985 年通过欧共体关于建立统一市场白皮书，明确统一大市场建设的内容与进度。欧共体的突破发展，产生了极大的示范效应，推动了其他地区经济一体化建设。根据世界银行统计，全球只有 12 个岛国和公国没有参与任何区域贸易协议，174 个国家和地区至少参与了 1 个（最多达 29 个）区域贸易协议，平均每个国家或地区参加了 5 个。目前新一轮全球范围内的区域经济一体化浪潮的兴起和发展与世界经济和政治格局多极化趋势具有一致性。参阅梁双陆、程小军：《国际区域经济一体化理论综述》，《经济问题探索》2007 年第 1 期，第 40~46 页；张彬等：《国际区域经济一体化比较研究》，人民出版社，2010，第 20~25 页。

别克斯坦、土库曼斯坦和吉尔吉斯斯坦接壤。哈萨克斯坦地形复杂，境内多为平原和低地。特点是东南高、西北低，大部分领土为平原和低地。西部和西南部地势最低。哈萨克斯坦的东部和东南部是有着崇山峻岭和山间盆地的山地，这里矗立着阿尔泰山、准噶尔阿拉套山、外伊犁阿拉套山、天山等崇山峻岭。哈萨克斯坦共有大小河流8.5万多条，国内湖泊众多，多达4.8万多个，拥有冰川2700余座，主要的水体包括巴尔喀什湖、斋桑泊等，与乌兹别克斯坦共分咸海，西临里海，多数湖泊为咸水湖。境内的河流多数为内流河，主要有锡尔河、乌拉尔河、楚河等。

截至2023年，哈萨克斯坦常住人口为1980.84万人；其中哈萨克族占70.6%，俄罗斯族占15.1%，乌兹别克斯坦族占3.2%，乌克兰族占1.9%，维吾尔族占1.5%，鞑靼族占1.1%，日耳曼族占1.1%，其他民族占5.5%。

二 哈萨克斯坦经济状况

哈萨克斯坦是中亚最大的经济体，煤炭、石油、天然气、矿产和金属等自然资源储藏量丰富。主要产业包括工业、农业畜牧业、建筑业、运输业、通信业和旅游业。国家经济以石油、采矿、煤炭和农牧业为主，加工工业、机器制造业和轻工业相对落后。大部分日用消费品依靠进口。独立后实施全面、稳妥的经济改革，分阶段推行市场经济和私有化。近年来，政府采取了加强宏观调控、努力稳定生产和财政、积极引进外资、大力发展本国中小企业、实行自由浮动汇率和进口替代等一系列措施，宏观经济形势趋向好转。

1991年独立后，由于原统一的经济和货币空间被打破，哈萨克斯坦经济陷入了危机。为恢复国内经济，哈政府推行了使用本国货币坚戈、经济私有化、放开对外贸易等一系列旨在由过去的计划经济向市场经济过渡的经济改革。客观上讲，经过30多年的发展，哈萨克斯坦的经济取得巨大成就。哈萨克斯坦经济结构受苏联时期的影响很大，重工业较为发达，轻工业较为落后。自然资源十分丰富，大部分耕地种植以春小麦为主的粮食作物，也种植棉花、甜菜和烟草等经济作物。哈萨克斯坦积极采取措施，促进这些传统行业发展。① 哈萨克斯坦由五大经济区组成。这五大经济区分别是北哈萨克斯坦经济区、东哈萨克斯坦经济区、西哈萨克斯坦经济区、中哈萨克斯坦经济区、南哈萨克斯坦经济区（见表6-1）。2011~2021 年，除 2020 年国家经济增长为负数之外，其余年份经济增长均为正数，在 2011 年曾达到 7.4%（见表6-2）。

表 6-1　哈萨克斯坦五大经济区的主要产业

项目	北哈萨克斯坦经济区	东哈萨克斯坦经济区	西哈萨克斯坦经济区	中哈萨克斯坦经济区	南哈萨克斯坦经济区
主要产业	粮食经济、铁矿石和煤炭开采业、机械工程、石油产品和铁合金的生产、能源开采	有色冶金、能源开采、工程装备、林业	石油天然气、机械工程、仪表工程、建筑材料	黑色和有色金属冶金、机械制造、畜牧业	棉花、水稻、羊毛、粮食、水果、蔬菜、烟草、有色金属冶金、仪器仪表、轻工食品、渔业及林业

表 6-2　2011~2021 年哈萨克斯坦经济增长率

单位：%

项目	2011 年	2012 年	2013 年	2014 年	2015 年	2016 年	2017 年	2018 年	2019 年	2020 年	2021 年
增长率	7.4	4.8	6.0	4.2	1.2	1.1	4.1	4.1	4.5	-2.5	4.3

（一）经济以农业为主，具有很大发展潜力

哈萨克斯坦地广人稀，可耕种面积超过 2000 万公顷，每年农作物播种面积在 1600 万~1800 万公顷，粮食产量在 1800 万吨左右。主要粮食作物有小麦、玉米、大麦、燕麦、黑麦等，其中小麦的产量占到粮食作物总产量的 90%。粮食主产区在北部的科斯塔奈州、北哈萨克斯坦州和阿克莫拉州；南部地区是各类林果理想的种植区，是哈萨克斯坦主要林果产区，盛产苹果、梨、桃、杏、葡萄和核桃等，同时也种植水稻、棉花和烟叶等。

---

① 曲春红、张振江：《哈萨克斯坦农业发展概况》，《世界农业》2014 年第 2 期，第 145~148 页。

（二）传统畜牧业发达，近年来有衰落迹象

哈萨克斯坦是传统的畜牧业发达国家。哈萨克斯坦拥有广阔的草原和牧场，草场面积达到 502.3 万公顷，牧场面积为 1.88 亿公顷，非常适合发展畜牧业。近年来，哈萨克斯坦整个畜牧业呈衰退趋势，畜牧存栏数和畜产品产值均出现不同程度的下降，奶牛存栏量下降，给乳制品的生产带来影响。许多农村地区没有对牛奶进行加工的设备和生产线，不能对鲜牛奶进行加工和制作，导致国内奶制品企业大量进口国外的奶粉作为原材料，这也直接导致哈萨克斯坦乳制品业走向衰退。[①]

（三）国家工业基础薄弱，经济以能源产业为主

受到苏联时期工业布局的影响，哈萨克斯坦工业基础一直比较薄弱。在其工业结构中，采掘业"一业独大"，加工工业和轻工业相对落后。在工业制造领域，哈萨克斯坦拥有一个相对较大的机械制造部门，专门从事建筑设备、拖拉机、农业机械和一些军事物资的生产制造。中国江淮汽车公司进入哈萨克斯坦之后，改变了哈国不能生产汽车的历史。哈萨克斯坦拥有丰富的油气资源，其原油产量在中亚五国中居于首位，占到中亚五国产量的 60% 左右。随着国家对外开放政策的扩大，外资企业进入直接推动原油产量大幅度增加。能源产业是哈萨克斯坦工业体系中至关重要的支柱产业，在国民经济中占据较高比重。近年来，哈萨克斯坦希望大力发展基础设施建设，但是与社会经济发展关系密切的建筑和建材产业体系尚不完备，制约了基础设施建设。

（四）以"2030年战略"、"2050年战略"和新经济政策等为引领，实现经济较快发展

发挥政府作用，制定积极经济政策，推动经济不断发展。哈萨克斯坦独立以后社会经济矛盾频发，GDP 约下降 60%，为此政府通过宪法改革和出台反危机措施，使国家逐步稳定，把工作重心转移到经济恢复和发展的轨道上来。[②] 针对 20 世纪 90 年代后期的亚洲金融危机，政府制定和实施"2030

---

① 魏凤等编著《中国与哈萨克斯坦农业比较研究》，中国农业出版社，2018，第 29 页。
② 卢山冰、王静主编《哈萨克斯坦发展报告（2021）》，社会科学文献出版社，2022，第 7 页。

年战略"，开始新首都建设，在中亚国家中率先摆脱危机、实现国家快速发展。积极对接中国"一带一路"倡议，哈萨克斯坦出台"光明之路"新经济政策和"第三次现代化"战略，激发经济发展活力，不仅提前实现了"2030年战略"，同时出台"2050年战略"应对全球经济衰退，在逆境中引导国家经济实现可持续发展。哈国政府在2019年发布的《2020—2022年国家预算案》中，确定2020～2021年的GDP增长率不低于4.5%、财政赤字不大于3%以及年通胀率为4%～6%三大目标。

第二节　哈萨克斯坦经济

哈萨克斯坦实行的是市场调节经济机制，即开放的市场经济。国家支持价格自由化、经济所有制形式多样化，允许多种所有制经济共同发展。在金融领域实行国内货币自由兑换与浮动汇率制，在外贸领域推动交易自由化。

一　总体经济形势

（一）宏观经济情况

哈萨克斯坦是中亚大国，自独立以来经济取得了较好的发展成就。GDP由1993年的114.1亿美元增长至2021年的1970.6亿美元，增长了16.3倍，年均增长率为10.71%；人均GDP由1993年的696.2美元增长至2021年的10369.9美元，增长了13.9倍，年均增长率为10.13%。由于哈萨克斯坦的经济严重依赖油气资源，哈萨克斯坦在一定程度上患上了"荷兰病"。[①]自2000年开始，国际油价高涨，哈萨克斯坦利用自身丰富的油气储藏，大力发展石油、天然气产业，出口剧增，经济呈现一派繁荣景象。2003～2007年，哈萨克斯坦每年保持超25%的名义GDP增速，最高时在2006年达到了41.8%。2008年国际金融危机爆发后，国际能源价格大幅下降，哈萨克斯

---

① "荷兰病"是指一国经济的某一初级产品部门异常繁荣，而导致其他部门衰落的现象。参阅赵伟伟、白永秀：《荷兰病：实证研究及最新进展》，《经济与管理研究》2016年第1期，第3～12页。

坦经济遭受重创，其 2008 年名义 GDP 增速为 27.3%，2009 年名义 GDP 增速为-13.6%，下滑至 2000 年以来的最低水平。哈萨克斯坦经济从 2010 年开始回暖，但受国际油价下跌影响，自 2014 年起再次开始下滑，2016 年名义 GDP 增速跌至谷底，为-25.5%。2015 年哈萨克斯坦为确保经济增长与物价稳定，取消坚戈对美元的汇率波动限制，开始实施自由浮动的汇率制度。由于哈萨克斯坦尚未形成成熟的金融和货币体系，坚戈发生暴跌。2020 年，受新冠疫情带来的一系列影响，哈萨克斯坦经济出现负增长，当年名义 GDP 增速为-5.8%。2021 年，伴随着疫情整体可控，防疫措施逐渐放松，国际油价缓慢回升，哈萨克斯坦名义 GDP 增速达到 15.2%（见表 6-3）。

表 6-3　1993~2021 年哈萨克斯坦 GDP 情况

年份	GDP（亿美元）	人均 GDP（美元）	名义 GDP 增速(%)
1993	114.1	696.2	—
1994	118.8	735.9	4.1
1995	166.4	1052.1	40.1
1996	210.4	1350.4	26.4
1997	221.7	1445.5	5.4
1998	221.4	1468.7	-0.1
1999	168.7	1130.1	-23.8
2000	182.9	1229.0	8.4
2001	221.5	1490.9	21.1
2002	246.4	1658.0	11.2
2003	308.3	2068.1	25.1
2004	431.5	2874.2	40.0
2005	571.2	3771.3	32.4
2006	810.0	5291.6	41.8
2007	1048.5	6771.6	29.4
2008	1334.4	8513.5	27.3
2009	1153.1	7165.1	-13.6
2010	1480.5	9071.0	28.4
2011	1926.3	11634.5	30.1
2012	2080.0	12387.4	8.0
2013	2366.3	13890.8	13.8
2014	2214.2	12806.7	-6.4

年份	GDP （亿美元）	人均 GDP （美元）	名义 GDP 增速(%)
2015	1843.9	10509.9	-16.7
2016	1372.8	7714.8	-25.5
2017	1668.1	9247.6	21.5
2018	1793.4	9812.5	7.5
2019	1816.7	9812.5	1.3
2020	1710.8	9121.7	-5.8
2021	1970.6	10369.9	15.2

资料来源：哈萨克斯坦共和国战略规划改革署统计局官网。

（二）对外贸易规模

哈萨克斯坦自独立以来经济呈现向好发展，全面开放对外经济贸易活动，走上了资源出口型经济发展道路。哈萨克斯坦对外贸易发展具体可以分为三个阶段。

第一阶段为 1992~2001 年，哈萨克斯坦对外贸易从持续萎靡转变为缓慢增长。对外贸易额由 1992 年的 19.581 亿美元下降至 1994 年的 3.777 亿美元。随着国内经济状况的好转，1995 年哈萨克斯坦对外贸易额开始上升，但 1997 年受亚洲金融危机的影响，哈萨克斯坦的对外贸易额由 1997 年的 107.978 亿美元下降至 1999 年的 95.267 亿美元。这次负增长十分短暂，1999 年以后随着世界油价的上涨，哈萨克斯坦外贸便摆脱危机影响，2001 年对外贸易额达到 150.851 亿美元。

第二阶段为 2002~2012 年，哈萨克斯坦对外贸易进入快速增长期。2002 年以来，随着世界石油价格上涨，哈萨克斯坦对外贸易额大幅上升，对外贸易出现高速增长局面。2008 年金融危机导致国际能源和原材料需求大幅减少，由于哈萨克斯坦对国际市场的依赖性较强，2009 年哈萨克斯坦外贸规模出现了大幅下降的情况，对外贸易额比 2008 年下降近 34%。2010 年以后，随着世界油价上涨，哈萨克斯坦对外贸易规模继续保持快速增长，2012 年对外贸易额达到历史最大值 1368.072 亿美元。

第三阶段为 2013~2021 年，哈萨克斯坦对外贸易呈现波动下降趋势。美国页岩油气技术的突破，使世界油气供应量大幅增加，伴随国际贸易市场需求疲软，油气供求关系发生逆转，导致 2014 年后世界油价暴跌且持续低位，为哈萨克斯坦外贸发展蒙上了一层阴影。为应对此次价格危机，哈萨克斯坦利用本币贬值和削减油气领域投资项目等方式来保持本国产品的竞争力，但效果甚微，哈萨克斯坦对外贸易额持续下降，2016 年下降至近 10 年的最低水平。2017 年以来，随着外部经济环境的改善，世界油价开始缓慢回升，为哈萨克斯坦对外贸易增长注入了动力，2019 年对外贸易额增加至 977.749 亿美元。2020 年，全球新冠疫情持续蔓延打压了原油需求的复苏，绝大多数经济体贸易需求大幅萎缩，哈萨克斯坦对外贸易受到严重冲击，对外贸易额降至 864.699 亿美元。2021 年，伴随着疫情整体可控，防疫措施逐渐放松，国际油价缓慢回升，哈萨克斯坦对外贸易额为 1017.364 亿美元（见表 6-4）。

表 6-4 1992~2021 年哈萨克斯坦对外贸易情况

单位：亿美元，%

年份	对外贸易额	对外贸易额增长率	年份	对外贸易额	对外贸易额增长率
1992	19.581	32	2007	805.117	30
1993	2.468	-87	2008	1090.725	35
1994	3.777	53	2009	716.044	-34
1995	90.569	2298	2010	913.975	28
1996	101.521	12	2011	1212.417	33
1997	107.978	6	2012	1368.072	10
1998	96.480	-11	2013	1335.060	1
1999	95.267	-1	2014	1207.553	-10
2000	138.522	45	2015	765.235	-37
2001	150.851	9	2016	621.136	-19
2002	162.543	8	2017	781.029	26
2003	213.354	31	2018	947.697	21
2004	328.775	54	2019	977.749	3
2005	452.012	37	2020	864.699	-12
2006	619.272	37	2021	1017.364	18

资料来源：哈萨克斯坦共和国战略规划改革署统计局官网。

二 哈萨克斯坦建立起了市场经济体制

所有制改革是哈萨克斯坦由计划经济转向市场经济的必经之路。哈萨克斯坦的加工业和轻工业相对落后，大部分日用消费品都依赖进口。哈萨克斯坦是资源禀赋型国家，主要依靠出口石油、煤炭以及矿产资源来拉动经济增长。在独立之前，哈萨克斯坦在资源配置和生产消费方面受制于苏联的总体布局，是主要原料供应地，经济上完全依附苏联。这直接导致了哈萨克斯坦经济基础的薄弱及产业结构畸形。独立后，尽管哈萨克斯坦分阶段实施了所有制改革，逐步推行了市场经济，但是，传统计划经济的惯性仍然在哈萨克斯坦的经济运行中发挥着一定作用，同时决定了该国的政治体制构建。在独立初期，哈萨克斯坦出现了许多政党组织，但有影响力的政党不多，大多数政党走向消亡的主要原因便是缺少经济基础。而与哈萨克斯坦的资源产业相结合的"祖国之光"党抓住了哈萨克斯坦经济腾飞的关键，利用国内独特的资源优势迅速发展经济，成为该国最大的政党。

所有制度决定了分配制度。独立后的哈萨克斯坦逐渐形成了有产者阶层，尤其是把中产阶级作为扩大社会阶级结构的主要目标。哈萨克斯坦在农村地区首先进行农业改革，将国家所有的土地使用权、财产、股份等分配给个人，其次实行合作化，最后逐步形成股份制农场。但是，国际金融危机和全球新冠疫情使哈萨克斯坦国家财政收支出现困难，尤其是所有制改革给分配制度和社会保障制度改革带来了巨大挑战。此外，失业、两极分化严重也是哈萨克斯坦进行分配制度改革面临的重大问题。

政府积极推动经济发展，重视吸引外资和发展对外贸易。哈萨克斯坦在市场经济体制转型过程中十分重视对外贸易对国家经济发展的重要推动作用。哈萨克斯坦大力引进国外资本、技术和管理经验，推行对外开放和对内市场化改革政策，助推经济发展。但是，哈萨克斯坦对外商投资设置了诸多限制，主要集中在农业、采矿业和服务业。外企必须满足哈萨克斯坦在产品、工人和管理人员所占比重方面的要求，即所谓的"哈萨克斯坦含量"。例如，在银行业，哈萨克斯坦规定外资参股银行的资本份额最高为国内所有银行总资本的1/4，而且70%以上的工作人员必须为哈萨克斯坦公民；在矿产业，企业股权转让以及"哈萨克斯坦含量"也有明确的规定，如果石油、天然气等企业资产在哈萨克斯坦境内，而注册地却不在哈萨克斯坦，需要政府审批，同时政府享有优先购买权。这些要求极大地限制了外企在哈萨克斯坦的投资力度。

目前，哈萨克斯坦所有财政单位只有一个账户，都是通过这个账户与中央银行进行往来。通过对业务往来进行会计核算，中央银行可以提供政府财政管理信息，便于企业进行风险分析。独立以来，哈萨克斯坦财政收入增长迅速，中央财政收入增速超过地方政府，中央政府不断增强调控经济和促进社会协调发展等方面的能力。由于哈萨克斯坦采掘业的发展主要依靠外资，哈萨克斯坦面临着外资减少或国际市场原材料价格动荡的风险，这将直接影响政府财政收入。

三 哈萨克斯坦产业结构和对外贸易

在产业结构和对外贸易方面，哈萨克斯坦的产业结构仍然与苏联时期的工业布局有着极其紧密的联系，即以矿产资源开采和出口作为经济支柱，同时高度依赖工业制成品的进口。苏联时期，哈萨克斯坦被定位为重工业基地，在哈萨克斯坦展开了一系列重工业建设，矿山采掘、金属冶炼等产业蓬勃发展，奠定了油气和矿石原料产业的基础。独立后，哈萨克斯坦依然加强对油气和矿石原料产业的资金投入。石油和天然气出口占其外汇收入的60%~70%，占GDP的30%，矿产品在出口贸易中的比重占到80%；而在进口贸易中，工业制成品的进口占到贸易额的70%~82%。同时，哈萨克斯坦仅仅以出口原料为主，深加工能力不强，石油制成品也严重依赖外国，燃料油市场上的俄罗斯燃料油占总份额的40%。[①]

矿产品、贱金属及制品、植物产品是哈萨克斯坦主要出口产品。2018年，这三类产品出口额分别为433.2亿美元、64.9亿美元和20.9亿美元，

---

① 刘廷兰、张欣蕾：《哈萨克斯坦单一经济结构特征分析》，《河西学院学报》2016年第4期，第104~111、128页。

矿产品和植物产品分别增长了 38.2% 和 31.0%，贱金属及制品下降了
6.5%，三类商品合计占哈萨克斯坦出口总额的 94.3%。2019 年，这三类产
品出口额分别为 395.5 亿美元、61.2 亿美元和 21.2 亿美元，植物产品增长
了 1.4%，矿产品、贱金属及制品分别下降了 8.7% 和 5.7%，三类产品合计
占哈萨克斯坦出口总额的 93.0%（见图 6-1）。

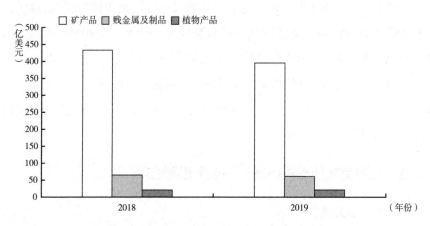

图 6-1 2018~2019 年哈萨克斯坦主要产品出口额

总体来看，因为哈萨克斯坦拥有丰富的自然资源，出口产品结构相对单
一，以资源型产品为主。

从对外贸易主要伙伴上看，意大利、中国、荷兰和瑞士为哈萨克斯坦前
四大出口国，中国、德国、美国、意大利和乌兹别克斯坦为哈萨克斯坦前五
大进口国。哈萨克斯坦主要进口商品有机电产品、运输设备、贱金属及制
品、矿产品、化工产品、食品、饮料、烟草、塑料、橡胶、光学、钟表、医
疗设备、家具、玩具、杂项制品、陶瓷、玻璃、纤维素浆、纸张、植物产
品、活动物、动物产品、纺织品及原料、木及制品等。近年来，受新冠疫情
影响，哈萨克斯坦进出口贸易受损严重。2020 年，哈出口下降主要来自石
油部门（在哈出口中占比超过 50%）。2019 年，哈出口原油 7000 万吨，实
现出口额 335 亿美元。2020 年，哈出口等量原油的金额仅为 237 亿美元，
较 2019 年减少 29.5%，占全球石油出口总额的 3.6%，在全球主要出口国中

列第九位。2020 年，哈原油主要出口目的国为意大利（占比 27.5%）、荷兰（10.7%）、印度（7.7%）和法国（6.7%），对韩国、瑞士和西班牙原油出口均出现大幅下降。天然气出口规模由 2019 年的 256 亿立方米降至 198 亿立方米，出口额下降 25%。[①]

2020 年，受新冠疫情影响，哈对外贸易总额为 865 亿美元，同比下降 12%。其中，出口额下降 18%，进口额下降 2%。与此同时，疫情为电子商务发展带来新的机遇，呈现取代传统贸易模式的势头。2020 年，哈电子商务（包括批发、零售和服务贸易）交易额达 9608 亿坚戈，同比增长 1.2 倍。2021 年以来，哈对外贸易呈现积极发展态势。1~8 月，出口额增长 16%，进口额增长 2.2%。国内贸易规模同步增长，其中，零售贸易额增长 6%，批发贸易额增长 11%。[②]

四 哈萨克斯坦支柱经济——能源资源经济

（一）石油天然气

哈萨克斯坦陆上石油探明储量为 48 亿~59 亿吨，天然气 3.5 万亿立方米。哈属里海地区石油探明储量 80 亿吨，其中最大的卡沙甘油田石油可采储量达 10 亿吨，天然气可采储量超过 1 万亿立方米。石油储量排在独联体国家第二位，仅次于俄罗斯。哈陆上石油可连续开采 50 年，天然气可连续开采 75 年。哈属里海地区，是哈萨克斯坦石油开采量增长潜力最大的地区。濒里海盆地是当今世界油气储量最丰富的地区之一。据专家估算，该地区石油总储量可达 900 亿~2000 亿桶，天然气储量约为 458.8 万亿立方米，分别占世界石油和天然气总量的 17.2% 和 7.5%，因而里海被称为"第二个中东"。里海周边共有五个国家，即哈萨克斯坦、阿塞拜疆、土库曼斯坦、俄罗斯和伊朗。若五国能就里海权益划分问题达成协议，哈属里海水域将达到

---

① 《2020 年哈萨克斯坦外贸出口大幅下滑》，中华人民共和国商务部，2021 年 3 月，http://www.mofcom.gov.cn/article/i/jyjl/e/202103/20210303041834.shtml。

② 《哈萨克斯坦对外贸易保持积极增长走势》，中华人民共和国驻哈萨克斯坦共和国大使馆经济商务处，2021 年 11 月，https://baijiahao.baidu.com/s?id=17174616879328。

30%，为五国中最大，同时石油储量也位居榜首。根据美国能源部能源信息署公布的材料，哈属里海的石油储量为1010亿~1096亿桶，约占整个里海地区储量的一半，天然气储量为153.3万亿立方米，约占里海地区储量的1/3。2022年7月15日，哈萨克斯坦能源部部长阿克硕拉科夫表示，截至2030年，哈萨克斯坦天然气年产量将增至67亿立方米。[①]

（二）煤炭

哈萨克斯坦全国煤炭资源储量1767亿吨，排在中国、美国、俄罗斯、澳大利亚、印度、南非和乌克兰之后，位列全球第八，占世界总储量的4%。全国已探明和开采的煤田100个，其中大部分煤田分布在哈萨克斯坦中部（卡拉干达、埃基巴斯图兹和舒巴尔科里煤田）、北部（图尔盖煤田）和东哈州。苏联解体之前，哈萨克斯坦煤炭产量接近1.5亿吨，相当于苏联国内总产量的1/5，煤炭出口量在5000吨以上，主要供应苏联加盟共和国和东欧一些国家。2008年以来，哈萨克斯坦煤炭产量一直稳定在1亿吨以上，出口量在3000万吨左右，煤炭出口主要市场为俄罗斯、乌兹别克斯坦、吉尔吉斯斯坦、白俄罗斯、乌克兰、芬兰和英国等。2020年，尽管受新冠疫情影响，哈萨克斯坦煤炭产量仍然达到1.13亿吨，比上年减少1.6%，煤炭出口2290万吨，同比下降8.4%（见图6-2）。[②] 据哈萨克斯坦阿塔梅肯网消息，2022年1~6月，全哈开采煤炭5749万吨，同比增长5.9%。煤炭出口的前三位国家分别是俄罗斯、吉尔吉斯斯坦和白俄罗斯，其中向俄罗斯出口量为840万吨，同比增长15.3%。[③]

（三）铀

铀矿是一种稀缺矿产资源。从铀矿中提取的铀元素，是用于核电站和核武器的基础材料。哈萨克斯坦铀的储量非常丰富，已探明储量150万吨左

---

① 《哈萨克斯坦天然气年产量将增至67亿立方米》，财联社，2022年7月，https://www.163.com/dy/article/HCBIEEMD05198CJN.html. coal。

② 刘一鸣：《哈萨克斯坦也成为了国际海运煤炭出口国》，2021年10月，http://www.coalchina.org.cn/index.php? m=cc。

③ 《哈萨克斯坦煤炭出口大幅度增长，工基部建议民众提前买煤》，国际煤炭网，2022年7月，https：//coal. in-en.com/html/coal-2617445.shtml。

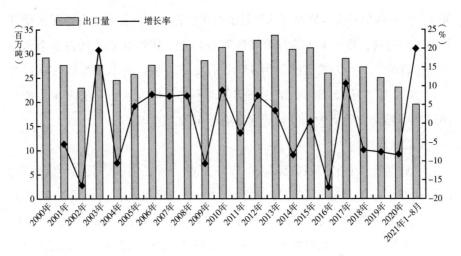

图 6-2　2000 至 2021 年 8 月哈萨克斯坦煤炭出口走势

资料来源：国际能源署（IEA）。

右，总储量占全球储量的 19%，居世界第二位。哈萨克斯坦铀矿主要集中在南部楚河—萨雷苏河铀矿区、锡尔河铀矿区（超过哈总储量的 70%）和北部铀矿区（占总储量的 17% 左右），已探明铀矿超过 55 个。哈萨克斯坦铀矿的水文地质条件非常好，开采成本低。目前正在开采的铀矿 90% 以上采用地下浸出的低成本方法开采。铀出口贸易是哈萨克斯坦重要的国际外贸之一，所出口的主要国家包括美国、俄罗斯、中国等。

据 Mining Weekly 报道，2019 年美国民用核反应堆所有者和经营者从国外进口 4800 万磅（约 2.18 万吨）铀，其中大多数来自哈萨克斯坦、俄罗斯、乌兹别克斯坦三国，进口量占到美国民用核反应堆进口量的 42%。其中，22% 以现货形式交易，加权均价为 27.80 美元/磅，剩余的 78% 以长期供货合同形式购买，均价为 37.73 美元/磅。①

（四）黄金

哈萨克斯坦黄金已探明储量约 1900 吨，居世界第八位，占全球黄金储

---

① 《美国主要从哈萨克斯坦等三国进口铀》，中华人民共和国自然资源部，2020 年 5 月，http：//geoglobal. mnr. gov. cn/zx/kysc/gxxs/202005/t20200528_ 7465739. htm。

量的 3%~4%。哈萨克斯坦有 20 个金矿区，主要分布在北部、东部和东南部地区。从金矿的种类上看，单一金矿占总储量的 68% 左右，其余为共生矿，但目前全国黄金产量的 2/3 来自共生矿。哈萨克斯坦金矿中，有 37 家只从事开采，有 53 家兼营开采勘探，另有 12 家只从事勘探。

（五）铜

哈萨克斯坦铜矿已探明储量为 3450 万吨，占世界储量的 5.5%，列智利、印尼和美国之后，排名第四位。哈萨克斯坦已勘探出 93 座铜矿，一半以上处于开采阶段。全国共有大型铜业开采公司 11 家，其中两家为外国公司。排名靠前的两家公司为哈萨克斯坦铜业公司和哈萨克斯坦铝业公司。

第三节　哈萨克斯坦改革目标：建立"倾听型国家"

2019 年，哈萨克斯坦总统托卡耶夫上任后，面临的第一次考验是街头大规模游行示威活动。通过对游行活动形势的判断，托卡耶夫拒绝强势镇压此次示威活动，他表示："不一样的政见，统一的民族。"很快他成立了国家社会信任委员会，用以促进政府官员和民众的交流对话，同时设立了总统"虚拟接待室"，民众可以通过"虚拟接待室"直接与总统沟通交流。

一　建立"倾听型国家"，促进国家民主化和政治现代化

托卡耶夫认为，国家优先发展事项是建立"倾听型国家"。现代社会公民积极地参与国家社会生活和政治决策的愿望正在加强，建立"倾听型国家"是国家新时期发展的需要，也是对哈萨克斯坦历史上优秀传统文化的延续和发展。他明确"官员的首要任务，是为人民服务"。哈萨克斯坦建立"倾听型国家"，旨在推动国家民主化和政治现代化。哈萨克斯坦的政治改革已经提到议事日程，政府要感受到对人民的责任。国家的政治改革从农村基层开始，推进农村村长选举，这将加强基层地方自治制度建立。之后，国家将推动地区领导人选举，以至于继续推动更高级别的负责人选举。在哈萨克斯坦国家现代化进程中，要以充分尊重人权为基础，反对强制性政治现代

化和各种民粹主义，同时与无政府主义和无原则宽容做坚决斗争。哈萨克斯坦政治制度符合现代西方社会发展趋势，将要举行的议会选举是向多党议会迈出的重要一步。国家存在多种意识形态政党，有保守派和自由派、爱国主义和社会主义等，这在哈萨克斯坦都是正常现象。托卡耶夫认为"政治多元化能够加强和促进国家发展"，在共同的价值观——"国家独立"精神指引下，实现国家各个民族团结和共同发展。哈萨克斯坦的发展目标是成为经济强国，要实现这一宏伟目标就要以爱国主义精神和为国家利益奉献的精神教育下一代。

托卡耶夫指出，在哈萨克斯坦，应该是"不同意见，一个国家"，在政治现代化和经济改革关系上"没有社会政治生活的现代化，就不可能成功完成经济改革"，因此，必须构建"强有力的总统—有影响力的议会—负责任的政府"的国家体制。为了适应新时代发展，在政治生活中引入新的机制。因此，在出现突发性事件时，政府没有封锁网络，没有驱散示威者，允许民众举行合法集会。托卡耶夫本人对于国内发生的实时事件给予个人评价，公开发表个人意见，向公民直接发出信号，表达对于公众关心问题的关切。建立"倾听型国家"政治模式，最大限度地避免官僚主义和行政不作为，公民可以直接向政府机构提出问题，并能够得到有关部门的及时回复。"倾听型国家"理念，已经成为哈萨克斯坦国家治理体系的思想指导和原则。托卡耶夫在总统网上开设了国家元首"虚拟接待室"，并且在总统办公厅设立了一个由总统助理领导的负责受理公众诉求的部门。各级部门领导者都进入社交网络，国家机构的开放性和可及性指数得到显著提高。他明确的"官员的首要任务，是为人民服务"理念深入人心。[1]

二 以国家社会信任委员会促进"倾听型国家"建设

从托卡耶夫就任总统第一天起，就非常重视改革公共行政系统，希

---

[1]《托卡耶夫赞扬他作为总统所做的工作》，哈萨克斯坦国家门户网，2020 年 5 月，https：//mail. kz/ru/news/kz-news/tokaev-ocenil-svoyu-rabotu-na-postu-prezidenta#hcq=kaFKXks。

望通过社会互动模式来创建一个现代化的高效率国家。成立总统直接领导的国家社会信任委员会是政治民主化议程之一。该委员会主要任务是在与公众代表广泛讨论的基础上，就公共政策的热点问题形成提案和建议，确保公众、政党、非政府部门和国家机构代表之间进行建设性对话。国家社会信任委员会成员包括著名政治家、公众人物、经济学家和公共知识分子。

国家社会信任委员会建立了严格的规则和程序。①该机构由总统本人直接负责。托卡耶夫亲自参加所有会议，并定期与委员会其他成员就该机构的各种问题举行会议。②委员会成员具有广泛代表性。国家社会信任委员会第一届会议成员包括总统、政府代表、人权组织代表、儿童代表和企业家代表，以及来自政党、非政府组织、媒体和专家团体的代表。这些代表在国内都具有较大的影响力。③国家社会信任委员会采用轮换程序。为了确保对国家事务十分热心的成员参加进来，2020 年 3 月至 2021 年 1 月委员会进行了三次轮换。在不同时期，达尼亚尔·阿西姆巴耶夫、赛达赫梅特·库特卡达姆、阿鲁占·赛因、穆赫塔尔·塔伊占、埃尔梅克·图尔苏诺夫、阿尔曼·舒拉耶夫等知名公众人物、专家和媒体界代表都是国家社会信任委员会的成员，为委员会作出了重要贡献。新代表的加入扩大了委员会议题，完善了议程，丰富了公众关注领域和内容，推动委员会在建设中不断完善。④形成了明确的运行程序和机制。国家社会信任委员会每年至少举行三次会议，可以是一般性的全体会议或主题性质的会议。会议期间由委员会的工作组落实具体活动。⑤国家社会信任委员会的活动是多元化的。主要有以下形式：总统主持的委员会议，国家社会信任委员会工作会议，总统与委员会个别成员讨论专题问题会议，委员会成员与政府工作人员的会议，委员会成员参加总统府、政府、议会下议院和参议院工作组的会议，以及各部委和机构讨论法律草案及某些问题的活动。委员会对外传播的媒体为官方网站、Facebook 和 Instagram 官方账户以及 Telegram 频道。

三 国家社会信任委员会有序开展工作

2019 年 8 月 28 日举行的国家社会发展战略组织会议成立了三个工作组，即政治、经济和社会文化现代化工作组。后来将社会文化现代化又分成两组，一组是社会现代化组，另一组是精神和文化现代化组。国家社会信任委员会第一次全体会议于 2019 年 9 月 6 日举行，此次会议主要审议国家政策的热点问题以及工作组提出的关于政治、经济和社会文化现代化的主要建议。托卡耶夫建议，在工作组框架内制定他在《国情咨文》中提出的有关建议内容。在 2019 年 12 月 20 日举行的国家社会信任委员会第二次会议上，托卡耶夫总结了该机构工作成果，指出 "这项工作将促进民主和增加公众对当局的信心。我们的做法受到国际组织的高度赞扬，被公认为是负责任和建设性对话的典范。……我们正在通过建设性对话建立一种新的政治文化"。① 2020 年 5 月 22 日，以视频形式举行了国家社会信任委员会第三次会议，会议主题是国家人力资本发展，同时还讨论了改善教育部门和医疗保健系统的对策和措施。2020 年 10 月 22 日，国家社会信任委员会在线举行第四次会议。托卡耶夫提出包括改革公共行政体制、解决社会和环境问题、保护儿童权利、打击人口贩卖等议题。委员会工作组代表还就政治、经济、社会、文化和现代化等议题提出建议。此外，在 2019~2020 年托卡耶夫与多名委员会委员举行了单独会议，讨论了诸多议题。

国家社会信任委员会关于政治自由化的讨论、政府与社会之间信任对话及与民间达成的共识，都成为托卡耶夫成功实施政治和社会经济现代化的重要基础。国家社会信任委员会的成立表明了政府与社会之间的信任并拉近了彼此距离。托卡耶夫发起的多边对话，既推动了国家现代化和健全民主制度的进程，也为渐进式社会和经济改革提供了基础。

---

① "Выступление Главы государства Касым-Жомарта Токаева на втором заседании Национального совета общественного доверия"，https：//www. akorda. kz/ru/speeches/internal_ political _ affairs/in _ speeches _ and _ addresses/vystuplenie – glavy – gosudarstva – k – tokaeva-na-vtorom-zasedanii-nacionalnogo-soveta-obshchestvennogo-doveriya.

有关政治观察家深入研究托卡耶夫知识背景、经历等综合因素之后提出，就托卡耶夫本人来讲，"他本质上是社会主义者和民主主义者。他受的精英教育、通晓多国语言知识、丰富的外交经验和在联合国工作的背景，表明他非常了解发达市场经济体的运作方式以及应该如何建立社会关系，才能使国家向前发展。托卡耶夫热切希望成为国家和社会的改革者，成为新政治权力机构的建筑师"。①

---

① 《托卡耶夫赞扬他作为总统所做的工作》，哈萨克斯坦国家门户网，2020 年 5 月，https：// mail. kz/ru/news/kz-news/tokaev-ocenil-svoyu-rabotu-na-postu-prezidenta#hcq＝kaFKXks。

第七章 白俄罗斯经济

白俄罗斯是欧亚经济联盟创始成员国。白俄罗斯拥有良好的工业基础，加工工业占比很高；工业高度依赖俄罗斯的能源原材料，如石油、天然气等；工业结构比较单一，在高科技和高附加值产业领域，有较大发展空间。

第一节 白俄罗斯概况

一 简介

白俄罗斯位于东欧平原西部，境内地势低平、多湿地，平均海拔160米。东邻俄罗斯，北、西北与拉脱维亚和立陶宛交界，西与波兰毗邻，南与乌克兰接壤。国土面积达207600平方公里，南北相距560公里，东西相距650公里，领土面积居欧洲第13位。白俄罗斯全国划分为明斯克、布列斯特、维捷布斯克、戈梅利、格罗德诺、莫吉廖夫6个州和具有独立行政区地位的首都明斯克市，下辖118个区106个市25个市辖区106个镇1456个村。特殊的地理位置和历史文化使得白俄罗斯成为共建"丝绸之路经济带"的重要国家之一。[1]

二 人口、民族与宗教

（一）人口发展

1. 人口总数呈下降趋势，总体上"女多男少"

截至2021年，白俄罗斯的人口总数为925.5万人，比上年减少1.0%。

---

[1] 《白俄罗斯国家概况》，中华人民共和国外交部，2022年6月，https：//www.fmprc.gov.cn/web/gjhdq_ 676201/gj_ 676203/oz_ 678770/1206_ 678892/1206x0_ 678894/。

从 2016 年开始，白俄罗斯人口总数逐年减少，到 2021 年减少了 2.3%。其中，男女比例呈现"女多男少"的特点，男女比例稳定在 0.88∶1 左右（见图 7-1）。

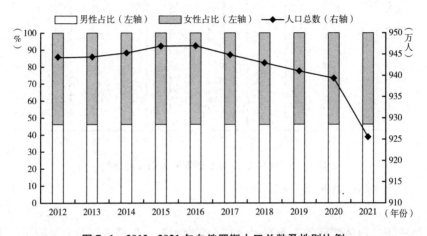

图 7-1　2012～2021 年白俄罗斯人口总数及性别比例

资料来源：白俄罗斯国家统计委员会。

2. 已步入老龄化社会，城镇化率近八成

白俄罗斯已经进入老龄社会。从年龄结构看，2020 年白俄罗斯 0～14 岁人口比重为 16.84%；15～64 岁人口比重为 66.61%；65 岁及以上人口占比为 16.55%。按照国际上 65 岁及以上人口占总人口的比重超过 7% 为老龄社会的标准来看，白俄罗斯已步入老龄化社会（见图 7-2）。

白俄罗斯城镇化水平较高。从城乡结构来看，2020 年，白俄罗斯城镇化率为 79.5%，城镇人口为 747.1 万人，比上年减少了 1.2 万人，相比 2010 年增加了 38.4 万人；农村人口数量为 192.8 万人，占总人口比重为 20.5%。白俄罗斯城镇化率仍然呈上升趋势，且城市化程度相对较高。

3. 劳动力人口有所减少，失业率逐渐下降

白俄罗斯劳动力减少趋势明显，失业率保持在充分就业状态。2020 年，白俄罗斯劳动力数量为 504.46 万人，比上年减少了 3.52 万人。失业率从 2017 年第一季度的 6.34% 下降到 2021 年第四季度的 3.77%。即便是在新冠

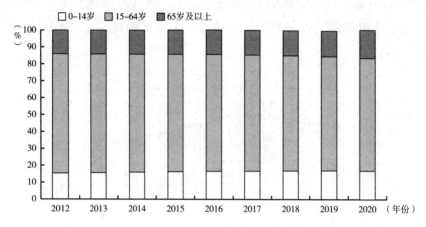

图 7-2　2012～2020 年白俄罗斯人口年龄结构

资料来源：白俄罗斯国家统计委员会。

疫情期间，白俄罗斯的失业率也没有大幅度上升。白俄罗斯政府采取了积极的稳定就业政策，主要有允许疫情期间根据生产需要灵活调整劳资关系、简化国家采购程序、放宽采购期限和对受疫情影响而违约的供货商的处罚等。① 白俄罗斯政府的就业政策有效降低了失业率，为受疫情影响的企业和个人提供了有力保障，缓解了疫情带来的经济创伤，维护了就业市场的稳定。失业率低于 5% 被认为是充分就业的标准，白俄罗斯在 2021 年失业率在 5% 以下，实现了充分就业。

（二）民族与宗教

白俄罗斯是个多民族国家。境内共有约 140 个民族，总人口的 84.9% 为土生土长的白俄罗斯人，俄罗斯族是白俄罗斯国内第二大民族，占总人口的 7.5%，波兰族占 3.1%，乌克兰族占 1.7%。除了上述主要民族外，白俄罗斯还有许多其他少数民族，包括犹太族、立陶宛人、拉脱维亚人、爱沙尼亚人等，这些民族占总人口的 2.8%。

---

① 《白俄罗斯总统批准经济支持措施抗击疫情》，中华人民共和国驻白俄罗斯共和国大使馆经济商务处，2021 年 1 月，http：//www.mofcom.gov.cn/article/i/jyjl/e/202101/20210103032383.shtml。

白俄罗斯也是个多宗教的国家。国内 70%以上的居民信奉东正教,西北部一些地区的居民信奉罗马天主教及东正教与天主教的合并教派。

三　自然资源

(一)矿产资源

白俄罗斯矿产资源的主要特点是非金属矿丰富,黑色金属和有色金属矿稀少,石油和天然气能源矿藏少。白俄罗斯境内有 30 多种矿产分布在 4000 多个矿区。非金属矿产资源中钾盐矿产占重要的地位,国家的工业钾盐储存量世界排名第 3。白俄罗斯盐岩储量超过 220 亿吨,居独联体国家首位。其他矿产资源还有泥炭,易燃板岩,建筑用花岗岩,建筑用石、生产水泥和石灰用的材料,以及制造玻璃用的沙、砾石等。

白俄罗斯最重要的钾盐资源集中在明斯克和戈梅利州的 3 个钾矿。目前只在明斯克的斯达洛宾地区开采,其储量约 54 亿吨。白俄罗斯独家开采钾矿的公司是开放式股份公司白俄罗斯钾肥厂(Belaruskali),这是世界上最大的钾肥生产企业之一。

(二)水资源

白俄罗斯水资源非常丰富。境内共有 2 万多条河流,总长度达 9.1 万千米,其中有 6 条河长度超过 500 千米。拥有 1.1 万个湖泊,总面积为 2000 平方千米。有 130 多个水库、11 个大型养鱼基地,总面积为 173 平方千米。

四　基础设施

(一)铁路

白俄罗斯铁路密集度很高,在五个中欧班列沿线国家中仅次于德国、波兰,排名第 3。白俄罗斯铁路总长 5474.1 公里,其中 1268.5 公里为电气化铁路,铁路网密度为 2.6 公里/百平方公里。2021 年,铁路货运量 1.29 亿吨,同比增长 2.9%,占货运总量的 33.4%;铁路客运量 6120 万人次,同比增长 2%,占客运总量的 3.9%。白俄罗斯铁路担负着与亚太地区国家铁路运输机构的联运工作。布列斯特—明斯克—奥尔沙—俄罗斯边境的双轨电气化铁路全长 612 公里，货车运行速度达 90 公里/小时，客车运行速度达 160 公里/小时。白俄罗斯布列斯特—蒙古国乌兰巴托—中国呼和浩特有定期的集装箱列车"蒙古维克多"号，白俄罗斯铁路总公司 2012 年总投资额超过 7.3 亿美元。①

（二）公路

白俄罗斯的公路密度在五个中欧班列沿线国家中居中等水平，高于哈萨克斯坦和俄罗斯。白俄罗斯地处欧洲东部，是个内陆国家，位于欧洲地理中心，处于东、西欧国家及黑海、波罗的海沿岸国家交通运输的十字路口。白俄罗斯公路网全长 10.24 万公里，其中硬化路面公路为 8.9 万公里，占公路总长度的 87%，硬化路面公路密度为 42 公里/百平方公里。高速公路总长度 1532 公里，占公路总长的 1.5%。2021 年，公路货运量 1.55 亿吨，同比下降 3.1%，占货运总量的 40.2%；公路客运量 9.4 亿人次，同比下降 5.2%，占客运总量的 60.0%。白俄罗斯境内有 5 条 E 级欧洲国际公路，全长 1841 公里。白俄罗斯政府为了优化和提高公路管理效率，于 2013 年成立了公路控股公司。白俄罗斯公路运输公司、公路技术公司、公路建设工业公司、公路建设公司三局等 9 家股份公司的股份转移到国有制企业"白俄罗斯公路"，明斯克中央公路公司等 12 家国有企业也并入该公司。②

（三）航空

白俄罗斯有 7 个国际机场，即明斯克国家机场、明斯克 1 号机场、戈梅利机场、格罗德诺机场、布列斯特机场、莫吉廖夫机场和维捷布斯克机场。这些机场不仅有国内航线，还有飞往各国的国际定期航班以及包机旅客航班。白俄罗斯主要有 3 家航空公司，分别为白俄罗斯航空、戈梅利航空以及

---

① 《对外投资合作国别（地区）指南——白俄罗斯（2022 年版）》，http：//www. mofcom. gov. cn/dl/gbdqzn/upload/baieluosi. pdf.

② 李训、黄森等：《中欧班列沿线国家研究报告（2019）：国别投资合作效率评价与分析》，社会科学文献出版社，2020，第 400~477 页。

航空运输出口公司，其中前两家公司主要从事客运航空运输，第三家在货运航空运输市场上占据主导地位。

（四）水运

白俄罗斯内河运量约 200 万人公里，这保证了长达约 2000 公里的国内水路客、货运输，通过 10 个河港，将旅客和货物运到沿河各居民点和货物加工点。这 10 个河港位于普里皮亚季河、第聂伯河、索日河、别列津纳河、涅曼河、西德维纳河流域。欧洲水系中的水路布格河—第聂伯布格运河—普里皮亚季河—第聂伯河—黑海出海口水系流经白俄罗斯，白俄罗斯沿着这条水路交通干线出口钾肥。戈梅利、博布鲁伊斯克和莫济里的河港都有铁路专用线，并且适合对需要联运的货物进行整理。白俄罗斯为内陆国家，没有出海口，其出口到独联体以外国家的货物主要通过立陶宛的克莱佩达港运输。①

（五）电力

电力工业是白俄罗斯燃料能源工业的核心，也是国民经济主要支柱领域之一。白俄罗斯燃料资源、水资源等严重匮乏，其进口的电力能源中，天然气所占份额高达 90%。为了加强能源安全，减少进口能源需求量和有效利用资源，白俄罗斯开始在电力能源领域进行现代化改造。为此，白俄罗斯政府颁布了一系列优先发展能源产业的国家级纲领性文件，同时确定走燃料能源平衡多样化道路，最大限度地合理利用各类原产地燃料。2021 年，白俄罗斯电力产量 406 亿千瓦时，同比增长 4.9%。现有 68 个规模电站（42 个火电站、25 个水电站和 1 个风力电站），总装机容量为 8947.31 兆瓦，人均不足 1 千瓦，在全球人均净装机容量方面排在第 80 名左右。发达的电力传输网络和基础设施为白俄罗斯发展电力提供了良好条件。②

---

① 《白俄罗斯水路运输》，中国社会科学院俄罗斯东欧中亚研究所，2009 年 1 月，http：//euroasia. cssn. cn/eoybl/eoybl_ gggk/gggk_ bels/201005/t20100523_ 1846869. shtml。

② 《对外投资合作国别（地区）指南——白俄罗斯（2022 年版）》，http：//www. mofcom. gov. cn/dl/gbdqzn/upload/baieluosi. pdf。

第二节　白俄罗斯的经济现状

一　总体经济形势

（一）经济增长概况

由于白俄罗斯经济高度依赖于俄罗斯，因此白俄罗斯 GDP 的变动趋势
也跟俄罗斯 GDP 的变动趋势基本一致。2021 年，白俄罗斯 GDP 为 682.19
亿美元，人均 GDP 为 7303.70 美元（见图 7-3）。

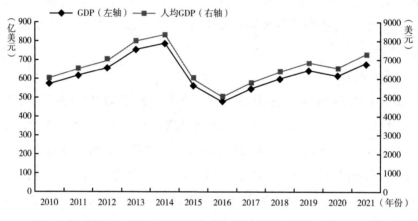

图 7-3　2010~2021 年白俄罗斯 GDP 及人均 GDP

资料来源：World Bank。

白俄罗斯的经济深受主要贸易伙伴经济衰退以及新冠疫情导致的全球金
融动荡影响。2020 年，白俄罗斯全年实际 GDP 为 1232.54 亿白卢布，比上
年下降 0.9%。白俄罗斯在 2020 年 2 月才出现第一例新冠病例，随后 4 月开
始在全国蔓延，2020 年第二季度 GDP 呈下降趋势。随着政府分别在农业、
财税、就业、医疗物资和能源安全等方面发力，经济得到快速恢复。2021
年，全年 GDP 为 1260.56 亿白卢布，比上年增长 2.27%，比 2019 年增长
1.59%，已恢复到疫情前水平。

在资本形成总额方面，白俄罗斯在中欧班列沿线五国中处于偏下的水平，其波动基本与总体经济相吻合。2020年新冠疫情发生以来，白俄罗斯资本形成总额增速急速下降，到2020年第四季度降幅达到14.7%，而后开始回升。

白俄罗斯的经济发展严重依赖于国际市场，疫情加剧了世界市场的不稳定性，这对白俄罗斯的经济产生巨大的影响。2020年第一、二季度，白俄罗斯出口大幅下降。随着政府积极出台对各个行业的政策支持，各产业迅速恢复生产，出口贸易也得到恢复，2021年第二季度出口带动经济发展，GDP同比增长了5.8%，让白俄罗斯快速从疫情的冲击中恢复（见表7-1）。

表7-1　2020~2021年白俄罗斯的GDP及组成部分的变动

单位：百万白卢布，%

指标		2020年				2021年		
		第一季度	第二季度	第三季度	第四季度	第一季度	第二季度	第三季度
GDP	数值	28570	28852.7	33290.5	32541	28898.3	30511.9	33739.5
	同比	0.2	-3.0	0.1	0.1	1.1	5.8	1.3
最终消费	数值	21500.6	20735.8	22598.6	22155	21160.4	22200.6	23258.4
	同比	4.9	-7.1	-1.3	-1.4	-1.6	7.1	2.9
家庭	数值	16499.3	15912.5	17606.2	17014.4	16260.3	17336.9	18320.1
	同比	6.4	-8.1	-1.3	-0.8	-1.4	9.0	4.1
政府	数值	4773.1	4608	4758.1	4847.5	4682.4	4656.1	4712.4
	同比	0.5	-3.5	-1.2	-3.1	-1.9	1.0	-1.0
资本形成总额	数值	7470.4	7763.2	9466.5	9904.6	6457.3	7235.6	9060.6
	同比	3.3	-4.3	-3.3	-14.7	-13.6	-6.8	-4.3
固定资本	数值	7529.1	7328	7588.7	9467.3	6576.7	7148.4	6890.6
	同比	3.3	-4.8	-2.5	-16.1	-12.6	-2.5	-9.2
出口净值		-926.7	145.6	1350.2	1066.4	1016.4	1651.2	1097.1

注：按2018年价格。

资料来源：白俄罗斯国家统计委员会。

（二）通货膨胀

白俄罗斯处于严重的通货膨胀状态。新冠疫情前，白俄罗斯通货膨胀率基本维持在 4%~6%，处于温和的通货膨胀水平，达到了白俄罗斯制定的通胀率不高于 6% 的目标。2020 年新冠疫情发生以来，白俄罗斯通胀率急速上升，最高在 2021 年 11 月达到 10.5%，处于严重的通货膨胀水平，直到 2021 年 12 月才有小幅度下降的趋势，但仍然高于制定的 5% 的通胀率目标。白俄罗斯通胀率上升主要有三个原因，一是白俄罗斯的生活资料主要靠进口，而疫情导致全球供应链运转不畅，企业运营成本、运输和仓储成本上升，导致了供给能力不足。而疫情恢复后，消费需求的上升又导致供需不匹配，从而推高了通胀率。二是国际能源和粮食价格的大幅度上涨的传导效应，导致了国内消费品价格上涨。三是国际油价下跌导致俄罗斯卢布贬值，而白卢布和卢布关联紧密，随后白卢布也紧跟着贬值，同时卢布和白卢布的汇率短期无法恢复，从而引发了输入型通胀效应，也推高了价格。

从分类商品看，食品类 CPI 自新冠疫情发生以来总体呈上涨趋势，在 2021 年 9 月超过了总体 CPI，10 月份高出总体 CPI 1.6 个百分点。疫情期间服务类 CPI 总体上波动幅度不大，主要原因是白俄罗斯在疫情期间并没有采取严格的社会隔离政策和停工措施（见图 7-4）。

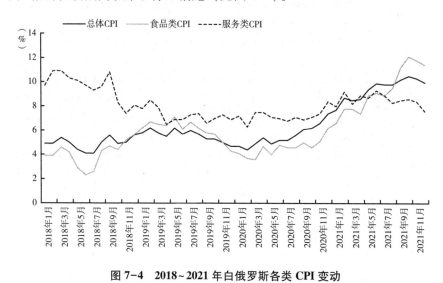

图 7-4　2018~2021 年白俄罗斯各类 CPI 变动

资料来源：白俄罗斯国家统计委员会。

（三）PPI

新冠疫情期间，受到国际大宗商品价格上涨的影响，白俄罗斯 PPI 在
2020 年 7 月就开始上升，在 2022 年 4 月达到了 17.8%，而后有下降的趋
势。整体价格水平的波动一般先出现在生产领域，然后通过产业链向下游产
业扩散，最后波及消费品。因此，PPI 和 CPI 有相同的走势，同时白俄罗斯
仍旧面临较大的通胀压力（见图 7-5）。

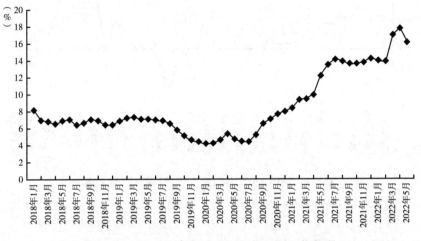

图 7-5 2018 年至 2022 年 5 月白俄罗斯 PPI 变动

资料来源：白俄罗斯国家统计委员会。

二 产业发展

新冠疫情对白俄罗斯产业发展造成了较大的不利影响，但白俄罗斯政府
在众多领域都稳定发力，经济也得到快速恢复。2020~2021 年，白俄罗斯产
业发展呈现出以下特点。

疫情发生伊始，虽然白俄罗斯没有采取严格的社交隔离措施，但是国家
的服务业、交通运输业、旅游业和出口加工业等领域都受到了较大影响。具
体表现为 IPI 和 RTI 变动率在 2020 年 4 月均下降至低点，此后两者皆上升
至 2021 年 4 月的最高点，然后又开始急剧下降，但总体上 IPI 和 RTI 仍旧

处于正增长区间。IPI 和 RTI 的大幅度波动, 有需求反弹带动产业复苏的原因, 但也说明白俄罗斯工业生产和零售业复苏的基础很不牢固, 较为脆弱(见图 7-6)。

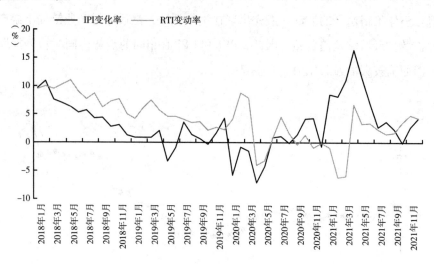

图 7-6　2018~2021 年白俄罗斯 IPI 及 RTI 变动率

资料来源: 白俄罗斯国家统计委员会。

白俄罗斯没有采取严格的社交隔离措施, 这在一定程度上降低了由疫情防控带来的经济损失, 但是 GDP 下降、白卢布汇率下跌、国内通货膨胀加剧和物价上涨还是无法避免。此外, 白俄罗斯的酒店和餐饮业, 交通运输业, 旅游业和艺术、体育及娱乐业等领域受到的影响很大。从调查的数据来看: 旅游和公共活动收入下降 95%~98%, 牙科和其他医疗服务机构收入下降 90%, 餐馆、咖啡馆、赌博俱乐部收入下降 50%~80%, 体育和私立教育机构收入下降 40%~60%, 客运收入下降 20%~50%, 房地产、汽车和其他商品的销售额(食品除外)下降 20%, 但 IT 领域下降幅度很小, 食品的生产和贸易额没有下降, 农业也没有下降。①

疫情期间许多娱乐场所都受到了很大的影响, 体育俱乐部、儿童俱乐

---

① Игорь Смирнов, "Экономические последствия коронавируса", 22 July 2020, https://myfin.by/wiki/term/ekonomicheskie-posledstviya-koronavirusa.

部、球场等都关闭，这些地方工人的生活受到很大影响。2021 年，艺术、体育及娱乐业全年增加值增长了 11.33%。

随着疫情形势缓和，消费和旅游需求的恢复，酒店和餐饮业在 2021 年第二季度强势反弹，单季度同比增长 60.37%。

交通运输业受到的影响也很大。2020 年，全年增加值为 64.79 亿白卢布，比上年下降 8.1%。调查数据显示，49.1% 的铁路运输、49.3% 的其他陆路客运、49.4% 的公路货运、50.1% 的海上运输、50.3% 的内河水路客运、51.21% 的航空货运都受到了疫情的影响。[①] 疫情形势得到缓和后，2021 年第二季度交通运输业同比增长 13.15%，但由于俄罗斯冬季的疫情再次席卷全国，飞往莫斯科、圣彼得堡和加里宁格勒的航班又继续停运，在一定程度上影响了白俄罗斯的交通运输业。

农业拉动经济增长。2020 年 3 月 4 日，白俄罗斯农业和粮食部网站发布《2020 年春耕准备工作计划》，国家投入 19.4 亿白卢布（约合 8.5 亿美元）开展春耕工作，[②] 国内的农业生产在新冠疫情背景下按部就班地开展。在新冠疫情蔓延、全球自然灾害频发、世界粮食安全受到威胁的情况下，白俄罗斯的粮食储备充足，国内蔬菜库存量是往年水平的 3 倍，[③] 2020 年 1~4 月白俄罗斯农业生产同比增长 5.2%，1~2 月农产品出口同比增长 9.7%。在新冠疫情背景下，白俄罗斯的农业生产不仅没有滞后，反而拉动了经济增长。不仅能够满足国内需要，还能向其他国家出口。

信息通信产业对经济贡献较大。作为白俄罗斯新兴的产业部门，信息通信产业 2020 年同比增长 10.0%，2021 年同比增长 9.74%。在疫情期间，信息通信产业对国民经济发展发挥了重要作用（见表 7-2）。

---

① Русская весна, "Как отразится на белорусском туризме эпидемия коронавируса COVID-19", 16 августа 2020, https://rusvesna.su/aboutall/1584365677.

② 《白俄罗斯将投入 19 亿白卢布进行春耕工作》，中华人民共和国驻白俄罗斯共和国大使馆经济商务处，2020 年 3 月，http://by.mofcom.gov.cn/article/jmxw/202004/20200402951587.shtml.

③ 《白俄罗斯国内农业生产未受疫情影响出现中断情况》，中华人民共和国驻白俄罗斯共和国大使馆经济商务处，2020 年 6 月，http://www.mofcom.gov.cn/article/i/jyjl/e/202006/20200602969799.shtml.

表 7-2　2021~2022 年白俄罗斯主要行业增加值

单位：百万卢布

项目	2020 年				2021 年			
	第一季度	第二季度	第三季度	第四季度	第一季度	第二季度	第三季度	第四季度
GDP	28570	28853	33291	32541	28991	30645	33676	32948
增加值总额	24533	24686	28884	27770	24878	26295	29069	28101
农业、林业和渔业	1213	1542	4089	1848	1200	1532	3735	1869
采矿业和采石业	218	218	245	242	214	222	255	259
制造业	5898	6248	6878	7346	6410	6969	7114	7406
电力和燃气供应	1109	816	744	1063	1263	913	792	1241
供水	216	218	224	225	214	228	235	228
建筑业	1402	1721	1737	1878	1185	1559	1504	1626
贸易、机动车、家庭和个人用品维修	2840	2697	3239	3370	2848	2984	3309	3419
交通运输	1573	1491	1609	1806	1472	1687	1675	1809
酒店和餐饮	247	164	252	250	238	263	293	275
信息通信	1984	2038	2060	2062	2144	2271	2252	2270
金融活动	1115	1121	1104	1048	1097	1051	1040	968
房地产、租赁业和商业服务	1474	1511	1587	1592	1465	1517	1587	1583
科学和技术活动	872	867	930	847	871	881	887	816
行政和支援服务	351	323	306	306	318	328	334	339
公共管理	1129	1135	1145	1131	1124	1133	1147	1133
教育	1216	1169	1198	1194	1198	1188	1222	1181
医疗和社会工作	1114	1008	1108	1088	1101	1099	1197	1136
艺术、体育及娱乐	271	203	201	208	234	257	247	245
其他服务	290	199	231	267	282	214	245	297
产品税净值	4037	4166	4407	4771	4113	4350	4607	4847

资料来源：白俄罗斯国家统计委员会、CEIC 数据库。

三　财政和货币政策

（一）财政政策

白俄罗斯政府批准国家财政中期规划。2021 年 4 月 22 日，白俄罗斯部长会议批准了 2021~2023 年国家财政中期规划，确定具体实施目标为：在现有财政收入和对预算赤字融资的范围内确保中央和地方预算的平衡；按时且全额偿还国债；提高地方预算和税收自主权；降低税费对经济发展的负担（水平低于 GDP 的 26%）。同时，政府将坚持社会导向性的预算支出，实现财政风险最小化。根据规划，2021 年，白俄罗斯将抑制白卢布汇率的进一步下跌，并逐步减少财政赤字。① 由于新冠疫情的冲击，白俄罗斯的对外经济活动受到了很大的影响，其税收自然减少。2021 年 4 月，政府采取一揽子经济措施，国内生产和对外贸易开始复苏，财政税收同比增长较快。同时，疫情期间，白俄罗斯灵活调整税收政策，大大缓解了工商业者的压力。具体的措施有：一是允许延期和分期缴纳税款，缩短增值税的退税时间；二是个体户可变更纳税方式，临时经营困难者可申请重新计税；三是实行免租期，暂停涨租；四是授权地方行政和执法机构降低财产税；五是鼓励业主减免租金，准许租户延期缴租；六是 2020 年内允许纳税人变更一次汇兑差额计算方式，变更在整个纳税期内有效；七是可按照 2019 年 12 月 31 日央行公布的汇率对于能源类外币债务进行结算。② 此举大大缓解了工商业者的财务压力，减轻了他们因新冠疫情受到损失。

为了防范不良商家趁着疫情赚取国难财，白俄罗斯政府对国内口罩等医用商品价格进行了合理调控。政府明确要求生产厂家相关商品售价利润额的边际收益率不得超过 10%；进口商相关商品售价包含附加价的最高限额为 10%；相关商品的市场销售价格（包括批发加价在内）不得高于生产厂家（进口商）售价的 15%。口罩和消毒商品的价格由市场实际情况而定，但价

---

① 《白俄罗斯政府批准国家财政中期规划》，中华人民共和国驻白俄罗斯共和国大使馆经济商务处，2021 年 4 月，http://by.mofcom.gov.cn/article/jmxw/202104/20210403055041.shtml。
② 《白俄罗斯总统批准一揽子经济扶持措施应对新冠肺炎疫情影响》，中华人民共和国驻白俄罗斯共和国大使馆经济商务处，2020 年 4 月，http://by.mofcom.gov.cn/article/jmxw/202004/20200402959870.shtml。

格上限不得突破上述文件要求。① 该规定有效防范了不法分子趁机抬高医疗物价，有力保障了白俄罗斯人民的权益。随着白俄罗斯疫情的稳定，医疗物资产能的提高，白俄罗斯逐渐取消医疗用品出口禁令，并向德国和俄罗斯出口口罩。

（二）货币政策

白俄罗斯并没有因为新冠疫情冲击而调整政策利率，整体上保持着相对平稳的趋势。但进入 2021 年第二季度以来，白俄罗斯不断上调政策利率，其目的是遏制通货膨胀。2020 年疫情发生以来，白俄罗斯通货膨胀加剧。加上一些行业需求的快速复苏超过了产出能力的扩张，进一步刺激了通胀率的上升，因此未来经济风险已由衰退转向通货膨胀，那么白俄罗斯仍旧存在继续加息的可能性。

为了应对疫情的冲击，白俄罗斯 M2 供应量在 2020 年第一季度短暂快速上升，但是白俄罗斯国内通胀率急剧上升，为了遏制通胀率的上升趋势，M2 增速急速下降。但为了在疫情后提振经济，白俄罗斯政府 2021 年 7 月再次增发货币，M2 增速也快速攀升。

四 对外贸易和国际收支

（一）对外贸易

2020 年新冠疫情使白俄罗斯的对外贸易受到严重打击。随着疫情逐步得到控制，2021 年白俄罗斯对外贸易总额上升为 817.0 亿美元，比上年增长 31.9%，较 2019 年增长 12.8%。

从贸易的国别结构看，白俄罗斯对外贸易的主要对象是独联体国家，对外贸易额占比为 61.0%，其中与俄罗斯的对外贸易额占比为 49.0%，白俄罗斯的对外贸易高度依赖于俄罗斯。俄罗斯不仅是白俄罗斯最大的出口市场、能源的主要供给者，还是白俄罗斯最大的债权国。特殊的地理位置加上

---

① 《白俄罗斯政府开始调控国内口罩等医用商品价格》，中华人民共和国驻白俄罗斯共和国大使馆经济商务处，2020 年 4 月，http：//www.mofcom.gov.cn/article/i/jyjl/e/202004/20200402954395.shtml。

地缘政治的影响，白俄罗斯与欧盟国家的贸易也来往紧密，贸易成交量占白俄罗斯对外贸易总额的 20.0%。

从增速上看，白俄罗斯对欧盟 21 个国家的出口实现了增长；对俄出口增长 24.6%；对欧亚经济联盟其他国家出口增长 25.9%；对独联体国家（除欧亚经济联盟国家外）和格鲁吉亚出口增长 67.3%，主要原因是扩大了对乌克兰的出口；对远端国家出口增长 21.4%，其中对华出口增长 16.1%。欧盟和远端国家在白俄罗斯出口总额中的占比提升至 35%。

具体来看，货物出口中，农产品和食品是白俄罗斯重要的出口产品，占比达到了 19.6%。另外，化学工业制品和矿物产品出口占比分别为 14.1%、13.4%。值得指出的是，钾肥是白俄罗斯至关重要的出口产品。白俄罗斯钾肥厂控制着全球约 20% 的钾肥供应，主要出口国包括中国、印度、巴西等。2020 年 4 月 30 日，中国企业已与白俄罗斯签订了新的钾肥合同，220 美元/吨的到岸价是世界钾肥市场价格的洼地。①

服务贸易中，交通运输和信息通信行业出口比重最大。由于白俄罗斯是旅游业发达的国家，交通运输行业在白俄罗斯对外贸易中占据至关重要的地位。近年来，白俄罗斯致力于发展信息通信行业，是独联体国家中信息通信行业最发达的国家。白俄罗斯正就发展云计算技术、建立数据中心、实施远程教育等新技术和新方案进行研究，推动信息产业快速向前迈步。

2021 年，白俄罗斯货物和服务进口额为 454.89 亿美元，同比增长 28.9%。其中货物进口额 398.15 亿美元，同比增长 31%，服务进口额 56.74 亿美元，同比增长 15.9%。从进口货物结构看，白俄罗斯主要进口矿物产品、化学工业制品、机械和设备。从进口服务结构看，交通运输服务和电信、计算机和信息服务占据较大比重，其次还有旅游服务和个人硬件投资制造服务（见图 7-7）。

（二）国际收支

2020 年第一季度，白俄罗斯经常账户赤字达到 13.4 亿美元，而后三个

---

① 潘寅茹：《疫情叠加政局动荡重创白俄罗斯经济，或波及全球钾肥市场》，《第一财经》，2020 年 8 月，https://www.yicai.com/news/100741894.html。

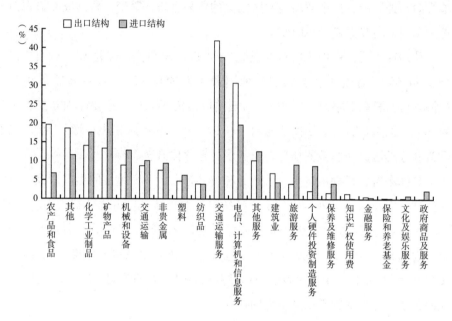

图 7-7　2021 年白俄罗斯进出口结构

资料来源：白俄罗斯国家统计委员会。

季度虽逐步恢复为盈余状态但仍然较低，2020 年第四季度盈余为 1.6 亿美元。2021 年后三个季度有所恢复，这主要得益于对外贸易的恢复，尤其是服务业顺差逐步加大。同时，能源等大宗商品价格的上涨也有利于白俄罗斯经常账户的改善（见表 7-3）。

外国直接投资呈 M 形波动式下行。白俄罗斯国际资本整体上由流入转为流出。中白合作成果突出，中白工业园被誉为"丝绸之路经济带上的明珠"，是中国最大的综合性境外产业园区和白俄罗斯境内首个区域经济特区。中白工业园共有 85 家企业，其中 43 家为中国企业，其投资总额达 12 亿美元。① 其中，70%以上的企业属于生产型，涉及领域包括机械制造、新

① 《2021 年中白工业园入园企业量创历史纪录》，中华人民共和国驻白俄罗斯共和国大使馆经济商务处，2022 年 1 月，http：//by. mofcom. gov. cn/article/jmxw/202201/20220103236875. shtml。

材料、电器、医药、医用品生产等，其余企业主营业务为科研、项目服务等。[①]

表7-3 2020~2021年白俄罗斯国际收支

单位：百万美元

项目	2020 年				2021 年			
	第一季度	第二季度	第三季度	第四季度	第一季度	第二季度	第三季度	第四季度
经常账户	-1343	287	636	160	-951	1083	814	897
主要收入	-1941	-154	-254	-256	-1939	78	-310	-468
货物和服务	397	383	782	335	808	885	931	1147
货物	-631	-490	-159	-714	-211	-288	-224	-68
服务业	1028	874	941	1049	1019	1173	1155	1215
次要收入	201	58	107	81	180	121	194	218
资本账户	3	1	2	1	1	0	1	7
金融账户	-1817	515	474	437	-692	709	510	570
外国直接投资	-1440	152	73	-99	-1340	231	60	-269
投资组合	49	-1422	-60	87	-6	25	-3	71
金融投资	8	-18	11	-26	36	-13	16	-1
其他投资	1315	1053	2173	433	804	131	-506	948
储备资产	-1750	750	-1723	43	-186	334	943	-180
误差与遗漏值	-478	227	-165	276	258	-374	-305	-334

资料来源：白俄罗斯国家统计委员会、CEIC 数据库。

白俄罗斯外债常年高企不下，存在一定风险。截至 2022 年 4 月 1 日，白俄罗斯的外债总额为 405 亿美元，比年初减少 14 亿美元。在外债构成中，长期债务为 305 亿美元，占外债总额的 3/4，其主体部分是政府管理部门债务，为 178 亿美元。从国家债务构成看，80% 为贷款和借款，20% 为证券类债务。白俄罗斯外债中外币债务占比很高，面临较大汇率风险。

[①] Белорусский партизан, "Грозит ли Беларуси дефолт? Эксперты-о влиянии пандемии на экономику страны", 20 августа 2020, https：//belaruspartisan. by/economic/498309.

五 经济展望

关于白俄罗斯经济走势，国际货币基金组织（IMF）、世界银行等国际机构均作了预测研究。根据 IMF 的预测，白俄罗斯 2022 年实际 GDP 增长率为-6.4%、2023 年为 0.4%、2024 年为 2.2%；世界银行的预测 2022 年为-6.5%、2023 年为 1.5%、2024 年为 1.6%。两者其实相差不大，2022 年，白俄罗斯内部受政局动荡的影响，外部受到来自欧美国家的经济制裁，因此预测 GDP 增速会大幅度下降。

然而，2022 年 1 月 18 日，白俄罗斯经济部副部长亚罗舍维奇评价 2021 年经济工作成果时表示，2021 年的成就使白俄罗斯对预测经济发展更有信心，"2021 年白俄罗斯 GDP 增长率为 2.3%，高出预测值 0.5 个百分点。经济超计划增长的背后是企业界和各行业付出的巨大努力，他们为适应艰难的外部环境、利用产品占据释放出的市场份额开展了复杂工作"。亚罗舍维奇指出，经济成就为居民实际收入增长 2% 奠定了可靠基础，该数值同样高出预测。实现居民实际收入增长首先是依靠提高实体经济部门的工资，其次国家对社会弱势群体提供了额外支持。因此，2021 年的成就使白俄罗斯对预测国家未来发展及实施全白俄罗斯人民大会批准的五年计划更有信心。①

2022 年，白俄罗斯经济将会有较大复苏，主要是由于国际能源价格的大幅上涨，且长期内维持在高位。稳定的政局使白俄罗斯积极推进欧亚经济联盟在更多领域实现一体化，更加注重和中国的经济联系，主动开拓广泛的国际化合作。

国际油价波动，白俄罗斯经济增速受阻。当前世界能源格局正在变化，供求关系也在不断变化，OPEC 减产协议能否有效仍需观察，加上俄乌冲突陷入僵局，未来国际能源价格走势不明。另外，由于俄罗斯面临经济制裁，而白俄罗斯对俄罗斯经济的高度依赖性将导致白俄罗斯的加工业及其出口贸

---

① 《2021 年的成就使白俄罗斯对预测经济发展更有信心》，中华人民共和国驻白俄罗斯共和国大使馆经济商务处，2022 年 1 月，http：//by. mofcom. gov. cn /article/jmxw/202201/ 20220103277867. shtml。

易面临增长瓶颈。

地缘政治影响，受到欧美经济制裁。由于自身独特的地理位置，白俄罗斯面临多方势力政治博弈的影响，白俄罗斯是一个出口导向型国家，加上又是内陆国家，港口的使用至关重要。欧洲国家禁止其使用港口，直接让白俄罗斯钾肥和石油产品的出口面临巨大挑战。

外商投资不足，缺乏经济增长的主要驱动力。白俄罗斯目前面临的重要问题是投资严重不足，主要原因有三个方面，一是国内资本供给不足和供给能力有限。近年来，白俄罗斯经济正逐步好转，但资金不足是限制其发展的重要因素。由于白俄罗斯外债过高，未来仍需将国内为数不多的资金用于还债，因此，白俄罗斯将面临国内资本不足的问题。二是企业流动资金匮乏。近些年，白俄罗斯对外贸易形势不佳，产品库存率较高，企业相互拖欠现象严重，加之白俄罗斯央行将继续实行紧缩货币政策，贷款利息较高，白俄罗斯企业的投资需求将降低。三是长期西方经济制裁、市场封闭、行政程序烦琐、赋税过高、投资法律基础不稳定、思想僵化等，对外国直接投资的流入皆具有负面影响。[①]

第三节　白俄罗斯的经济转型路径

白俄罗斯是经济转轨国家，实行市场社会主义体制，经济发展严重依赖外部市场和俄罗斯的能源供应，受国际市场价格波动影响较大。

一　市场社会主义本质

（一）在经济制度上，实行以国有经济为主体和市场与计划双重调节模式

对于市场与计划的关系，白俄罗斯总统卢卡申科明确，"白俄罗斯市场社会主义既不把市场经济看作灵丹妙药，也不把计划经济看得一无是处，在

---

① 韩璐：《白俄罗斯经济发展现状及前景》，《欧亚经济》2018 年第 3 期，第 111~124、126、128 页。

经济过渡阶段保持二者和谐统一更重要。只有合理利用本国社会主义时期积累的遗产,才能使后社会主义经济转型处于并保持连续的、不断上升的经济社会发展进程"。① 推行市场社会主义体制,首要举措就是整顿经济,制止大企业破产和大规模私有化,在农村坚持土地国有。所有经济主体均按照市场规律运行,即以商品交换为组织生产的中介,以资本增值为主要目的进行生产。② 在整个经济中,国企占七成左右,私营经济仅占三成,白俄罗斯的国有经济控制了国防工业、水电等垄断行业,宝石和贵金属行业,农业以及其他战略性行业。

为活跃经济,扩大就业,白俄罗斯也努力发展私有为主的中小企业。政府先后颁布多个与中小企业有关的法令,通过支持各级财政预算、设立基金、提供贷款、创建中小企业孵化器、组织中小企业互助协会、利用培训提供信息和技术支持、完善中小企业法律法规等措施加以扶持。

(二)在政治制度上,主要实行"垂直管理"的高效国家治理模式

独立之初的白俄罗斯没有执政党,国民会议的选举按地区分配名额,政党在议会选举中不起作用。卢卡申科认为政党一般都有明确政治主张,自上而下组织起来,有完整的组织体系,主要活动是开展政治斗争,前期目标多为夺取政权并按其纲领施政,不同政党的差别主要在于对国家发展道路与制度的选择不同。白俄罗斯国家政权已建立,没必要再就这些问题反复讨论,党派争论只会加剧政治分裂,对提高国家机构工作效率、保障社会公平并无益处。③

白俄罗斯建立起一套"垂直管理"体系,总统可随时过问基层工作。卢卡申科还主张,为提高管理水平和执政效率,政府官员必须有基层从政和管理经验,所有领导必须是专业人士。政府不允许公务员、公职人员经商,工作时间必须各司其职,否则就可能强化权力寻租和腐败。

---

① 程恩富、李燕:《白俄罗斯市场社会主义模式与启示》,《经济社会体制比较》2021年第2期,第162~170页。

② 栗丽:《白俄罗斯市场社会主义转型模式分析》,《宏观经济研究》2007年第12期,第55~59页。

③ Александр Лукашенко, *Нет ничего важнее правды*, Москва, Самотека:Осознание, 2014, p52.

（三）在社会保障制度上，实行高水平社会保障和稳定社会的模式

卢卡申科认为，应当延续苏联时期良好的社会保障措施，在医疗、教育、住房以及养老方面都给予国家补贴。白俄罗斯医疗和教育几乎免费，在住房方面也有一定补贴，2016 年，白俄罗斯居民在住房方面开支仅占家庭开支的 7%。

政府从国情出发，实施渐进经济改革，保持并逐步完善国家宏观调控职能，取消不合理的优惠和特权，对贫困阶层实行有针对性的社会保护。"白俄罗斯国家财富不会存到外国银行账户上，不会去购买奢侈品，而是投资于现代化生产和基础设施，用于社会发展。同时，我们遵循这个重要原则：一个资源禀赋不足的国家应充分发挥才智进行创新，制定科学合理规划，用勤奋劳动和积极的对外政策创造财富。"[1] 这与苏联解体后部分独联体国家因社会矛盾而陷入动荡乃至发生民族冲突形成了鲜明对比。

（四）在对外政策上，实行以俄罗斯为重点的全面和平友好模式

在保证主权前提下，侧重维护与俄罗斯的传统关系，并发展与其他国家和组织的友好关系，努力打造良好外部环境。卢卡申科指出，在全球化的当今世界，白俄罗斯需明确自身的国际关系定位再前行。白俄罗斯愿与周边欧洲邻国保持良好关系，并进一步与委内瑞拉、南非、海湾国家、中国、伊朗、马来西亚、越南等发展外交关系，开展经贸合作。基于该理念，白俄罗斯与俄罗斯、中国、欧盟等都保持良好稳定的外交关系。

在这样的体制下，白俄罗斯经济得到恢复和快速发展，居民生活质量也不断提高。这期间，白俄罗斯暂停了私有化进程，有效控制了通胀水平；大力发展工农业生产；扩大出口规模，保证经济增长。

二 市场社会主义体制发展困境

（一）经济发展活力不足

白俄罗斯的市场社会主义体制可以在短期内集中有限的资源，建立相对

---

[1] 程恩富、李燕：《白俄罗斯市场社会主义模式与启示》，《经济社会体制比较》2021 年第 2 期，第 162~170 页。

完善的国民经济体系，这在经济和社会发展初期取得了良好的效果。然而，随着经济社会的不断变化，这种体制在一定程度上阻碍了经济持续快速发展。加之白俄罗斯对能源进口的高度依赖，国家经济对外依存度较高，国家产业整体水平与其他国家相比仍有较大差距。因此，在实践过程中仍然面临着一些问题，具体表现如下。

国有企业竞争性不足，缺乏国际战略。受到政策导向的影响，各个经济体的生产计划都是提前制定的，难以形成有活力的竞争条件。同时由于市场社会主义意识形态的影响，整体经济运行处于自我循环的逻辑当中，与国际经济体系大循环脱节，这也限制了本国企业"走出去"的能力，使其缺乏国际竞争力。

国内市场发展缓慢，轻重工业结构严重失衡。由于白俄罗斯国有企业中重工业和军工业占比较大，生活服务方面相对薄弱，轻工业制造的生活资料远远不足以满足国内市场，因此白俄罗斯每年都需要大量进口轻工业产品，以满足国内人民日常的生活需要。对国内市场开发不足，加上私有经济体的数量本身有限，国家扶持政策偏少，造成了国内市场发展动力不足。①

（二）融入经济全球化举步维艰，贸易结构和国际收支失衡

二战后，发达经济体利用资本、技术和管理经验等构建了影响全球的国际经济秩序，而发展中国家为了抓住发展机遇，不断增加经济依附性，导致发展严重不平衡。就白俄罗斯而言，一方面，经济全球化使其通过进口替代战略维护经济安全的思路陷入困境；另一方面，由于对俄罗斯的依赖日益增强，白俄罗斯在资本积累、市场环境、制度建设、技术构成等方面整体上存在劣势，国内企业缺乏国际竞争力。同时，由于对外依存度较高，对外贸易高度依赖俄罗斯，原材料和生活资料依赖进口，因此白俄罗斯常年存在贸易逆差，导致白俄罗斯外汇储备不断被消耗。外汇储备不足，贸易常年逆差，使白俄罗斯国际收支脆弱，国内货币汇率一直波动。②

---

① 孙铭：《对白俄罗斯基本经济制度的研究》，《欧亚经济》2021年第4期，第62~78页。
② 孙铭：《对白俄罗斯基本经济制度的研究》，《欧亚经济》2021年第4期，第62~78页。

（三）福利保障支出比例过高

白俄罗斯实施较高的福利政策，在经济高速发展时期尚能支持，一旦经济下滑必然出现问题。白俄罗斯的经济，本质上是整个世界经济的一部分，其原材料主要来源于俄罗斯，出口主要面向俄罗斯和欧盟，国际油价的波动、世界经济变化，都将通过俄罗斯传导到白俄罗斯。

三 市场社会主义体制转型之路

（一）政治政策：以政党建设推动现代民主政治发展，提升国家治理水平

白俄罗斯一直实行无政党的垂直管理。这种制度限制不正当竞争，规范国家公职人员的权限，避免腐败滋生，同时民族冲突、区域发展不平衡、贫富差距等矛盾也不突出，社会和谐稳定。但是，这种制度的弊端是将国家权力集中到总统，这就有发生"总统投敌"式"颜色革命"的危机。

这种无政党的管理体制是白俄罗斯特有的，但国家并非全无政党，议会也允许政党存在。白俄罗斯目前共有 15 个政党，各政党正式成员从 1.2 万人到 5 万人不等。各政党最重要的政治活动是提名代表参加白俄罗斯国民议会代表院（下院）、地方议会代表院的选举和总统选举，以及参与各级选举委员会和选举观察团的工作。从数量上看，白俄罗斯现行政党数量不少，但并未得到公众的广泛支持，在国家政治和社会治理中的参与度也有限。[1]

政府着手统计现有政党情况，未来不排除组建如统一白俄罗斯党这样的政党参加竞选的可能，而白俄罗斯社会民主联盟有可能成为最大的反对党。[2]

白俄罗斯各界普遍认为，未来 5~10 年，国家将由无政党的垂直管理转为政党治理模式，总统将由各政党代表选民选出。发展民主政治，发挥公民

---

[1] Президент Республики Беларусь and Беларусь，"Гражданское общество. Политические партии"，12 Февраль 2021，https：//president. gov. by/ ru/belarus/society/politicheskie - partii.

[2] 葛音、李燕：《白俄罗斯国家发展理论与实践的新探索——白俄罗斯第六届全国人民大会推动国家现代化作用分析》，《理论与现代化》2021 年第 3 期，第 107~118 页。

在国家政治生活中的作用，是白俄罗斯未来体制改革的重要方向。

（二）经济体制：以国有经济为主体，发展多种所有制经济

目前，就白俄罗斯国情而言，以国有经济为主体是保证国家经济稳定和社会公平的基本途径。实践证明，白俄罗斯的市场社会主义体制整体是成功的，但任何一种经济制度都必须随社会环境的变化而变化。随着经济全球化的发展，一体化经济联系日益增多、规模不断扩大，白俄罗斯需要将计划和市场有机结合起来，既要发挥市场调节的作用，也要健全指导性计划，使其对宏观和微观经济活动均发挥有效的调节作用。

白俄罗斯经济发展仍将以建设福利国家为目标，以国家项目建设带动传统产业改造，发展高新技术产业，以现代工业、绿色农业、数字经济、过境物流、旅游等行业发展带动国家整体现代化水平的提高。政府力图通过新兴产业，促进国家经济发展。同时，政府也对传统产业进行了大规模现代化改造，努力保持较高水平的投资回报。从政策导向看，白俄罗斯政府有意降低国企占比，力图通过经济成分多元化、发展高新技术产业、推动民生产业发展带动产业格局的科学化、合理化，把发展经济与保护环境、实现绿色发展结合起来，快速提高居民收入水平，最大限度地保证就业。这是白俄罗斯探索适合自身条件的独立发展道路的新尝试。[①]

（三）经济政策：以民生大计为基础，加速国家现代化进程

保持经济稳定发展，提高民生福利水平。2021 年 2 月，卢卡申科在白俄罗斯第六届全国人民大会上总结了经济建设成就，他指出，过去五年，作为一个中欧小国，白俄罗斯积极参与世界进程，发起多项全球合作计划，是欧亚经济联盟中粮食保障程度最高的国家，还是世界第五大乳制品出口国。在基础设施领域，已建成投产一个大型核电站，同时通过优化道路建设，本国物流业得以快速发展。在科技创新和绿色发展方面，引入多项国际绿色行业标准，并在太空、核以及生化领域取得长足进步。在体育文化方面，白俄

[①] 葛音、李燕：《白俄罗斯国家发展理论与实践的新探索——白俄罗斯第六届全国人民大会推动国家现代化作用分析》，《理论与现代化》2021 年第 3 期，第 107~118 页。

罗斯冰球闻名于世，并在 2019 年成功举办了欧洲运动会。得益于医疗系统的良好运转，白俄罗斯人均寿命位列独联体国家第二，人类发展指数排名靠前。按购买力平价计算，上个五年计划中人均 GDP 增长 14%，2020 年达到 2.02 万美元水平。[①] 在 2020 年世界银行《世界营商环境报告》中，白俄罗斯在 190 个国家中排第 49 位。[②]

白俄罗斯第六届全国人民大会通过了 2021~2025 年经济社会发展规划，确定了五年目标的优先事项，包括"幸福家庭""强大地区""知识环境""国家伙伴"等四个目标。该规划旨在通过经济现代化，高效运用社会资本，为人才发展创造条件，保障社会稳定和公民福利增长。为此，白俄罗斯政府通过了一系列与民生相关的具体政策措施。

在推动国家工业现代化方面，中白工业园和白俄罗斯经济特区发挥了重要作用。2018 年，中白工业园被认定为白俄罗斯最重要的区域经济特区，也是目前欧亚经济联盟框架内海关政策便利程度最高、关税和税收优惠程度最大的经济特区。中白工业园将高端装备制造业、物流、中医药、康养、环保、创新产业等作为优先发展领域。[③] 此外，白俄罗斯还有 6 个经济特区，分布在明斯克、戈梅利、布列斯特、格罗德诺、维捷布斯克、莫吉廖夫六州，共有 440 家企业，来自全球 30 个国家，投资额约 70 亿美元，从业人员达 13.5 万人，各经济特区享有不同程度的税收优惠和海关便利措施，部分特区已开始推广中白工业园成功经验。[④]

（四）外交政策：以保证国家独立为目标，坚持多元化友好合作

2020 年是白俄罗斯外交形势最为复杂的一年，这次政治动荡体现了白

[①] Новости Беларуси, "Приняты резолюция и обращение участников VI Всебелорусского народного собрания", 12 Февраль 2021, https://www.belta.by/society/view/prinjaty-rezoljutsija-i-obraschenie-uchastnikov-vi-vsebelorusskogo-narodnogo-sobranija-428434-2021.

[②] World Bank Group, "Doing Business 2020", http://www.goclee.com/Uploads/file/202008/20200803112259_1508.pdf.

[③] 《未来五年中白工业园将着力打造成为"一带一路"海外科技研发和高端生产制造基地》，新华丝路，2020 年 5 月，https://www.imsilkroad.com/news/p/413196.html.

[④] Свободные экономические зоны, Министерство экономики Республики Беларусь, 2 февраля 2021, https://economy.gov.by/ru/cez-lgoty-preferencii-ru.

俄罗斯仍旧处于"欧洲中心之争"的"绝对高地"。^① 鉴于俄欧美三股势力在白俄罗斯的政治博弈在未来一定时期内将维持在"斗而不破"的局面,白俄罗斯需要以保证国家独立为目标,继续奉行多边外交政策,保持对外关系的和谐和多样性。此外,未来白俄罗斯积极参与地区与世界和平进程,更加注重欧亚经济联盟成员国间的合作效率和合作规模,积极和中国"一带一路"倡议对接。以上外交政策都有利于其实现长期可持续的经济发展。

对于白俄罗斯与俄罗斯、欧盟的关系,卢卡申科强调,俄罗斯仍将是白俄罗斯未来主要经济合作伙伴与战略盟友,发展白俄罗斯与欧盟的关系也很关键。^② 今后,白俄罗斯仍然保持在俄白联盟、集安组织、欧亚经济联盟框架下的战略合作,并不断深化俄白在政治、经济、外交等领域合作。同时,白俄罗斯仍旧将欧美国家视为重要的贸易和投资伙伴,主动与美方正常对话并发展多边关系,与亚洲、非洲、拉丁美洲等地区国家继续发展双边关系。

---

① Лукашенко, "идет борьба за вовлечение Беларуси в орбиту своего влияния", 11 Февраль 2021, https：www. belta. by/president/view/lukashenko-idet-borba-za-vovlechenie-belarusi-v-orbitu-svoego-vlijanija-428162-2021/.

② Лукашенко, "Беларуси важны отношения с ЕС, но Россия остается основным стратегическим союзником", 11 Февраль 2021, https：//www. belta. by/president/view/lukashenko - belarusi - vazhny-otnoshenija-s-es-no-rossija-ostaetsja-osnovnym-strategicheskim-sojuznikom-428163-2021/.

第八章　吉尔吉斯斯坦经济

吉尔吉斯斯坦于 2015 年 8 月 12 日正式加入欧亚经济联盟，为联盟成员国。吉尔吉斯斯坦水力和矿产资源丰富，国家经济处于转型发展阶段，经济发展有较大空间。吉尔吉斯斯坦与中国是近邻，也是"一带一路"建设的重要合作伙伴。

第一节　吉尔吉斯斯坦概况

一　简介

吉尔吉斯斯坦位于连接欧亚大陆和中东地区的要冲地带。北接哈萨克斯坦，西接乌兹别克斯坦，西南临塔吉克斯坦，东临中国，国土面积共计 19.99 万平方公里，属于中亚内陆国家，国语为吉尔吉斯语，官方语言为俄语，官方货币为索姆。根据《行政区划法》，吉尔吉斯斯坦行政区共划分为三级。一是州和直辖市，全国划分为 7 州 2 市。其中，首都比什凯克是最大的城市，亦是其政治、经济、交通、科教及文化中心，此外还包括奥什市、楚河州、塔拉斯州、伊塞克湖州、奥什州、贾拉拉巴德州、纳伦州和巴特肯州。二是州下属的区和市，全国共 40 个区和 25 个市。三是区或市下属的乡、镇，以农业人口是否过半为划分依据。吉尔吉斯斯坦境内地形以山地为主，全国平均海拔 2750 米，东北部为天山山脉西段，西南部为帕米尔—阿赖山脉，主要发展畜牧业。低地面积仅占其全部土地的 15%，是该国主要的农业生产区。

二　人口、民族与宗教

（一）性别分布平衡，年龄结构年轻化

截至 2021 年 7 月，吉尔吉斯斯坦常住人口登记数量为 664.54 万人。其中，首都比什凯克人口数为 107.41 万，奥什人口数为 32.22 万。[①] 根据吉国家统计委员会公布的数据，2011~2021 年，该国总人口呈现平稳上升趋势，年平均人口增长率为 2.12%。其中男性与女性人口在此期间均逐年上升，女性人口数量略高于男性，但总体相差不大。

2021 年的最新数据显示，该国男性和女性人口占总人口的比重分别为 49.63% 和 50.37%，表明该国男女性人口比例较为均衡。从人口年龄结构来看，该国人口以儿童和青壮年为主，老龄化趋势并不明显。

（二）以吉尔吉斯族为主体，多民族分布

在吉尔吉斯斯坦现有常住人口中，共有 80 多个民族，其中吉尔吉斯族为主体民族，占 73.6%，乌兹别克族占 14.8%，俄罗斯族占 5.3%，东干族占 1.1%，维吾尔族占 0.9%，塔吉克族占 0.9%，土耳其族占 0.7%，哈萨克族占 0.6%，其他为鞑靼、阿塞拜疆、朝鲜、乌克兰等民族（见表 8-1）。[②]

表 8-1　吉尔吉斯斯坦各民族人口分布

单位：%

民族	占比
吉尔吉斯族	73.6
乌兹别克族	14.8
俄罗斯族	5.3
东干族	1.1
维吾尔族	0.9
塔吉克族	0.9
土耳其族	0.7
哈萨克族	0.6
其他（鞑靼、阿塞拜疆、朝鲜、乌克兰等）	2.1

资料来源：中华人民共和国外交部。

---

① 《吉尔吉斯斯坦国家概况》，中华人民共和国外交部，2021 年 7 月，https://www.mfa.gov.cn/web/gjhdq_ 676201/gj_ 676203/yz_ 676205/1206_ 676548/1206x0_ 676550/。
② 《吉尔吉斯斯坦国家概况》，中华人民共和国外交部，2021 年 7 月，https://www.mfa.gov.cn/web/gjhdq_ 676201/gj_ 676203/yz_ 676205/1206_ 676548/1206x0_ 676550/。

（三）多宗教国家

吉尔吉斯斯坦是一个多宗教国家。国内 80% 以上居民信仰伊斯兰教，且多数属逊尼派，此外还有居民信仰东正教、基督新教、犹太教和佛教等。具体来看，信奉伊斯兰教的主要是吉尔吉斯族、乌兹别克族、哈萨克族、鞑靼、维吾尔族和东干族等。俄罗斯、乌克兰和白俄罗斯人信仰东正教，德意志人多信仰基督新教，犹太人信仰犹太教，朝鲜族信仰佛教。

三　自然资源

（一）水力资源

吉尔吉斯斯坦水系众多，10 公里以上的大小河流共计 2044 条，总长度约为 3.5 万公里，大多属锡尔河水系。锡尔河上游纳伦河横贯全境，流域面积为 5.37 万平方公里，是该国最大最长的河流。得益于其高山地形，吉尔吉斯斯坦水力资源极为丰富，在独联体国家中居于第三位，仅次于俄罗斯和哈萨克斯坦，潜在水力发电能力为 1420 亿千瓦时。[①] 纳伦河上建有著名的托克托古尔水电站，总装机容量为 120 万千瓦，多年平均发电量 44 亿千瓦时。[②]

（二）矿产资源

吉尔吉斯斯坦拥有丰富的矿产资源，境内共发现各类矿产地 2000 多处，大体可分为 6 大成矿区：费尔干纳能源成矿区、杰季姆铁矿带、奥什—苏柳克塔汞锑金成矿带、塔拉斯—阿克秋兹成矿带、卡拉赛—阿克希拉克成矿带和苏姆萨尔成矿区。[③] 主要矿产包括黄金、锑、钨、锡、汞、铀、铁和稀有金属等。其中，锑产量位居世界第三位、独联体第一位，锡产量和汞产量居独联体第二位。

---

① 《吉尔吉斯斯坦资源和产业情况》，中华人民共和国商务部，2014 年 5 月，http：//oys. mofcom. gov. cn/article/oyjjss/ztdy/201405/20140500607989. shtml。

② 《中亚国家将加大水利领域的合作》，北极星电力新闻网，2008 年 3 月，https：//news. bjx. com. cn/html/20080312/112943. shtml。

③ 张宁、李雪、李昕靜：《吉尔吉斯斯坦独立后的政治经济发展》，上海大学出版社，2013，第 11~12 页。

四 基础设施

（一）铁路

由于境内多山，吉尔吉斯斯坦铁路发展滞后，设施老化严重，铁路交通不发达。截至 2019 年，吉尔吉斯斯坦铁路总长度仅为 424.6 公里，并被分为南北两部分，没有相互连接贯通的铁路线。[①] 其中，北部铁路东起伊塞克湖州西岸的巴雷克奇州，向西经吉尔吉斯斯坦—哈萨克斯坦边境与哈萨克斯坦铁路网相连，并可直达俄罗斯；南部铁路自奥什州至贾拉拉巴德州。[②]

（二）公路

作为典型的内陆国家，吉尔吉斯斯坦交通运输以汽车为主，国内 95% 的客运和 99.8% 的货运通过公路运输完成。吉尔吉斯斯坦公路总长度为 34000 公里，现有 8 条主要交通干线，国内公路网密集，并向国外延伸至欧洲、波斯湾、独联体和东南亚国家。[③]

（三）电网

吉尔吉斯斯坦以水力发电为主，现有水电站 18 个、热电站 2 个，截至 2019 年总装机容量 3787 兆瓦。水力发电仅开发 10%，发电量占国内发电总量的 90%，年均发电 140 亿千瓦时，主要用于国内消费。[④] 吉尔吉斯斯坦缺少独立的输电网络，其电力系统与中亚统一电力系统相连。

（四）管道

吉尔吉斯斯坦境内仅一条在建跨国管道——中国—中亚天然气管道 D

[①] 李建民：《上海合作组织基础设施互联互通及法律保障研究：以中国与俄罗斯及中亚国家合作为视角》，社会科学文献出版社，2019，第 185~186 页。

[②] 《对外投资合作国别（地区）指南——吉尔吉斯斯坦（2023 年版）》，https://www.mofcom.gov.cn/dl/gbdqzn/upload/jierjisi.pdf。

[③] 李建民：《上海合作组织基础设施互联互通及法律保障研究：以中国与俄罗斯及中亚国家合作为视角》，社会科学文献出版社，2019，第 192~193 页。

[④] 李建民：《上海合作组织基础设施互联互通及法律保障研究：以中国与俄罗斯及中亚国家合作为视角》，社会科学文献出版社，2019，第 197~198 页。

线吉境内段，用于天然气运输。[①] 此外，2022 年中国能建国际集团与中国能建葛洲坝国际公司签署了吉尔吉斯斯坦巴特肯州 150 千米天然气输气管道 EPC 项目合同，该管道起点为北卡拉库姆油田，途经吉塔边境城市贾霍伊-阿洛，最终接入吉尔吉斯斯坦国家天然气管道。[②]

第二节　吉尔吉斯斯坦经济现状

吉尔吉斯斯坦经济仍处于转型阶段，GDP 在全球范围内处于较低水平。经济发展受国内政治局势和新冠疫情影响较为严重。国内经济发展存在严重的区域不平衡性，具体表现为北部发达而南部地区较为落后。产业结构单一，农牧业等传统产业占比逐步下降，服务业和对外贸易在 GDP 中的比重稳步上升。经济发展严重依靠对外贸易和外国投资拉动，对外依存度较高。

一　总体经济形势

（一）国内生产总值

2020 年，受新冠疫情影响，吉尔吉斯斯坦整体经济面临严峻考验，外向型经济、地区发展不平衡、资源匮乏和经济基础薄弱等特征使得该国经济在新冠疫情背景下面临严重困境。[③] 由于吉尔吉斯斯坦经济体量小且市场开放程度高，疫情期间，吉尔吉斯斯坦边境关闭导致对外贸易急剧减少，国内运输限制导致经济活跃度降低，第一波疫情高峰使吉尔吉

---

① 《中吉天然气管道若建成使用，或为吉国带来 21.5 亿美元税收》，中亚科技服务中心，2019 年 4 月，http：//zykjfwz.com/index.php？m＝content&c＝index&a＝show&catid＝865&id＝768。

② 《国际油价强势上涨，中企助力吉尔吉斯斯坦天然气输气管道建设》，中国能建，2022 年 4 月，https：//baijiahao.baidu.com/s？id＝1728898370929405647&wfr＝spider&for＝pc。

③ 孙力主编《中亚国家发展报告（2021）》，社会科学文献出版社，2021，第 299～301 页。

斯斯坦 2020 年前三季度 GDP 同比下降 6%。① 2021 年，吉尔吉斯斯坦 GDP 达到 72.31 百亿索姆（见图 8-1）。

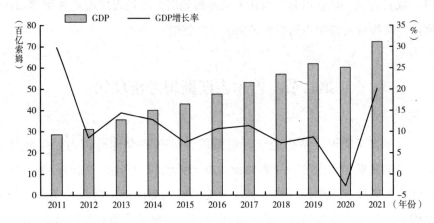

图 8-1　2011~2021 年吉尔吉斯斯坦 GDP 及增长率

资料来源：吉尔吉斯斯坦国家统计委员会。

吉尔吉斯斯坦的人均 GDP 在全球范围内仍处于较低水平。根据国际货币基金组织 2019 年对全球共计 186 个国家和地区的人均 GDP 排名，吉尔吉斯斯坦以折合 1292 美元的水平排名第 155 位，在国别比较中明显偏低。

（二）就业与工资水平

1. 新冠疫情影响下失业率出现 V 字形反弹

2020 年，吉尔吉斯斯坦失业率在连续 10 年下降之后出现上升趋势。在新冠疫情影响下，吉尔吉斯斯坦国内大量中小企业被迫关闭，国外劳务移民也在国际疫情大背景下因暂时失去收入来源而纷纷回国，官方统计失业人数达到 16.27 万人，② 失业率达到 5.8%，较上一年明显增长。

2. 就业状况以州市差异为主，南北差异不大

分地区来看，吉尔吉斯斯坦州市的失业率差异较大。其中，奥什州、

---

① 《2020 年前三季度吉尔吉斯斯坦经济下降 6%》，中华人民共和国驻吉尔吉斯共和国大使馆经济商务处，2020 年 10 月，http：//www.mofcom.gov.cn/article/i/jyjl/e/202010/20201003007686.shtml。

② 孙力主编《中亚国家发展报告（2021）》，社会科学文献出版社，2021，第 300 页。

奥什市和塔拉斯州近三年整体失业率水平在4%以下，与其他地区相比基本处于充分就业状态；而巴特肯州、伊塞克湖州和纳伦州的近三年失业率普遍在7%以上，社会就业问题比较严重。而就年份来看，除2020年贾拉拉巴德州失业率陡增、奥什市和塔拉斯州略有增加以外，其余地区失业率均在逐年下降，这与国家总体失业率下降趋同。不过，吉尔吉斯斯坦就业情况地区差异主要体现在州市之间，南北部整体并未表现出明显差异（见图8-2）。

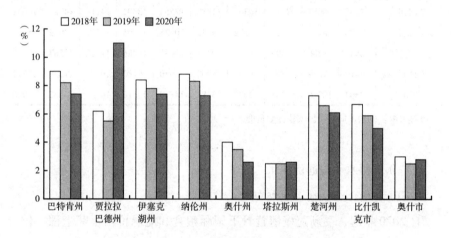

图8-2 2018~2020年吉尔吉斯斯坦州市失业率

资料来源：吉尔吉斯斯坦国家统计委员会。

3. 收入水平低，北部地区工资远高于南部

根据吉尔吉斯斯坦国家统计委员会数据，2011~2020年，该国职工月工资从9304索姆提高到18940索姆，增长了约1倍。全国仅有伊塞克湖州和首都比什凯克市的职工工资超过了全国水平，其余各州市均在全国平均工资水平线以下；而且，北部州市的工资水平远远高于南部州市。吉尔吉斯斯坦国内工资性收入极不均衡的分配直接体现了其南北部经济发展水平的差异，这不仅阻碍了全国范围内的经济可持续增长和人民生活水平的整体性提高，也成为吉多年来社会动荡、政局不稳的经济根源之一（见表8-2）。

表 8-2　2011~2020 年吉尔吉斯斯坦职工收入水平

单位：索姆/月

地区	2011 年	2012 年	2013 年	2014 年	2015 年	2016 年	2017 年	2018 年	2019 年	2020 年
伊塞克湖州	13667	14119	15507	17192	17979	19800	21543	21397	22208	26860
比什凯克市	11336	12796	13875	14865	16526	18185	19336	20517	21082	22677
纳伦州	8445	9991	10378	11013	12724	13991	14339	14925	15945	18071
贾拉拉巴德州	8149	9818	9993	10877	12035	13277	13939	14600	15843	17580
奥什市	7394	9864	9417	10578	11894	13008	13274	13804	14866	15726
楚河州	7207	8657	9313	10303	11288	12554	13391	14114	14724	16051
塔拉斯州	7036	8453	8829	9192	9882	10625	11295	12511	12969	16156
巴特肯州	6531	8206	8593	8903	9468	10093	10486	11026	11583	13017
奥什州	6419	7639	7747	8141	8708	9950	10180	10307	11368	12712
全国	9304	10726	11341	12285	13483	14847	15670	16427	17232	18940

资料来源：吉尔吉斯斯坦国家统计委员会。

（三）价格水平与通货膨胀

1. CPI 持续上升，食品价格领涨

自 2020 年起，受新冠疫情背景下国际粮食和能源价格不断上涨、供应链中断、货币贬值等因素共同影响，吉尔吉斯斯坦 CPI 在 2020 年和 2021 年的涨幅分别达到了 6.3% 和 11.9%。从构成来看，食品类 CPI 的上升是影响 CPI 的最主要因素。吉国内食品市场受到新冠疫情冲击，在需求端，大量失业导致民众不得不将有限的收入用于购买最基本的生活必需品，如廉价蔬菜、土豆、糖、油、面粉等；在供给端，对这些食品急剧增加的需求导致供应商趁机抬价牟利，加之国际粮食蔬菜供应受阻，食品价格大幅提升（见图 8-3）。①

2. PPI 处于高位

新冠疫情以及国际输入性因素推动了能源、燃料以及原材料价格的大幅

---

① 高德宫：《吉尔吉斯斯坦物价"疯涨"背后，暗藏着哪些危机?》，2021 年 7 月，https://www.163.com/dy/article/GE5E66NM0520N3U1.html。

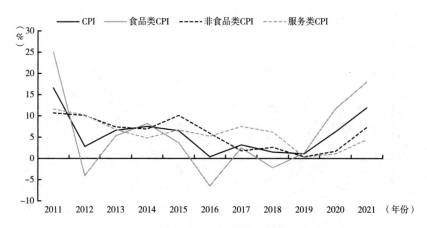

图 8-3　2011~2021 年吉尔吉斯斯坦各类 CPI 增长率

资料来源：吉尔吉斯斯坦国家统计委员会。

上升，导致吉尔吉斯斯坦 PPI 涨幅巨大，2020 年和 2021 年分别达到 21.3%和 12%，远大于 2011 年以后的任何一年。其中，制造业 PPI 和采掘业 PPI 的提高解释了吉尔吉斯斯坦的 PPI 变化趋势。不过，相比 2020 年，2021 年 PPI 数值出现了较大幅度的回落，这与该年疫情防控措施逐渐放松、疫情影响相对减小，以及由此带来的产品市场、劳动力市场复苏和国际进出口贸易恢复密切相关（见图 8-4）。

二　产业发展

（一）工业快速发展，服务业比重增加

吉尔吉斯斯坦在过去较长时期是一个以传统农牧业为主、产业结构较为单一的国家。

2019~2021 年，吉尔吉斯斯坦工业总产值呈现 V 字形变化。受第一轮新冠疫情影响，2020 年 1~5 月吉尔吉斯斯坦工业总产值便下降 8%（不计库姆托尔产值），其中，精炼石油产品产值下降幅度最大，达到约 66%。[1]

---

[1] 《2020 年前 5 个月，吉工业产值总值为 1239 亿索姆》，中华人民共和国商务部，2020 年 6 月，http://www.mofcom.gov.cn/article/i/jyjl/e/202006/20200602974150.shtml。

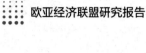

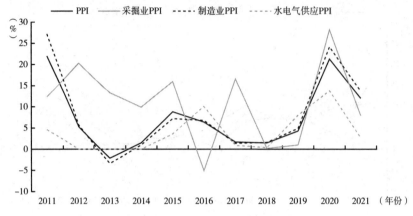

图 8-4 2011~2021 年吉尔吉斯斯坦各类 PPI 增长率

资料来源：吉尔吉斯斯坦国家统计委员会。

2020 年全年，吉尔吉斯斯坦工业总产值较上年下降了约 23%，2021 年则有所恢复，主要原因在于新冠疫情带来的经济冲击随着疫情形势好转和国内管制放松有所减弱，以及大选结束带来了国内政治局势的相对稳定（见图 8-5）。

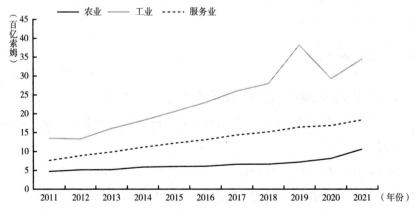

图 8-5 2011~2021 年吉尔吉斯斯坦三大产业产值

资料来源：吉尔吉斯斯坦国家统计委员会。

（二）制造业和交通设施维修是支柱性工业产业

从工业产业内部来看，交通设施维修占比最大，2020 年和 2021 年分别为 33.61% 和 36.76%，这主要是吉尔吉斯斯坦国内公路网和水电基础设施发达但老化严重导致的；其次为制造业，各年占比均趋近工业总产值的三成；其他行业如建筑业 2020 年和 2021 年占比分别为 20.46% 和 17.49%，供水及废料加工是产值最低的行业，占比仅不到 1%（见表 8-3）。

表 8-3　2020~2021 年吉尔吉斯斯坦工业产业产值

单位：百亿索姆，%

项目	2020 年		2021 年	
	产值	占工业总产值比重	产值	占工业总产值比重
采矿业	0.71	2.42	1.37	3.97
制造业	8.70	29.71	9.73	28.23
供电供气供热	1.99	6.80	1.94	5.63
供水及废料加工	0.18	0.61	0.22	0.64
建筑业	5.99	20.46	6.03	17.49
交通设施维修	9.84	33.61	12.67	36.76
交通运输和仓储	1.87	6.39	2.51	7.28
工业总产值	29.28	100.00	34.47	100.00

资料来源：吉尔吉斯斯坦国家统计委员会。

（三）工业化程度南北差异明显

从地区角度看，吉尔吉斯斯坦北部工业化程度远远高于南部地区，工业产业的地域发展极不平衡。吉尔吉斯斯坦工业化程度的南北差异主要由历史因素导致，自苏联时期起，该国就以北部地区为工业中心，而南部地区主要进行农业生产，由此形成了明显的产业地区化分工。2021 年，吉尔吉斯斯坦工业产值 75% 以上集中在北部的楚河州、伊塞克湖州及比什凯克市，其中楚河州占比 46%、伊塞克湖州占比 21.2%、比什凯克市占比 12.8%。[1]

————————

[1]　《2021 年吉尔吉斯斯坦社会经济发展简况》，中华人民共和国商务部，2022 年 3 月，http://www.mofcom.gov.cn/article/zwjg/zwdy/zwdyoy/202203/20220303284817.shtml。

（四）农业领域产业政策支持力度有所加大

吉尔吉斯斯坦政府对本国农业支持力度不断加大，致力于发展农产品加工等包含高附加值的产业链。2015年，吉尔吉斯斯坦政府将蔬菜与水果、肉制品与奶制品等确定为优先推动出口的产品，并重点支持上述行业的中小企业，取消出口商品销售税。同时，吉尔吉斯斯坦不断在农业领域加强国际合作，如在中吉农业合作中，吉尔吉斯斯坦亚洲之星农业生产合作区已经成为共建"一带一路"中中亚地区产业链最完整、基础设施最完善的农业生产合作区。

三 财政与货币政策

（一）财政政策

《吉尔吉斯斯坦财政政策构想（2015-2020）》提出了该国财政政策的主要任务，包括提高国家管理质量和政府决策能力、平衡各经济部门和纳税主体的税收负担、利用并创新现行政策管理工具、推进强制性缴费的立法进程、形成税收文化并提高纳税人的税务能力。[1]

2020年，新冠疫情导致吉尔吉斯斯坦国内经济低迷、失业人口增加、生产领域大批企业被迫关闭，当年财政收入减少约25%，[2] 从而导致该国全年财政赤字达到约190亿索姆，占GDP的3.2%。[3] 为应对疫情带来的严峻影响、帮助国民经济尽快恢复到疫情前水平，吉尔吉斯斯坦政府采取扩张性财政政策，通过增加财政支出，实施疫情防控措施，稳定国内物价，并为国内中小企业恢复生产制定相应政策。2021年，吉尔吉斯斯坦财政支出从上一年的17.2百亿索姆增加到了21.2百亿索姆，增长幅度达到23.3%，增长率为近年来最高。

---

① 丁超：《吉尔吉斯斯坦经济风险及未来政策走向探析》，《俄罗斯学刊》2018年第3期，第85~101页。

② 孙力主编《中亚国家发展报告（2021）》，社会科学文献出版社，2021，第300页。

③ 《2020年吉尔吉斯斯坦预算赤字达GDP的3.2%，略超欧亚经济联盟规定的3%的上限》，中华人民共和国驻吉尔吉斯共和国大使馆经济商务处，2021年1月，http://kg.mofcom.gov.cn/article/jmxw/202101/20210103032082.shtml。

（二）货币政策

吉尔吉斯斯坦国家银行是该国货币政策的制定者和实施者，主要政策工具包括法定存款准备金率、再贴现、再贷款、本币公开市场操作、基准利率的调节等。其中政策利率是其主要的货币政策工具。

新冠疫情以来，吉尔吉斯斯坦国家银行实施松紧交替的货币政策，M2 增速呈现 W 形变化。2020 年下半年，为应对国内外严峻的疫情形势带来的高通货膨胀，吉尔吉斯斯坦 M2 增速从 8.9%骤降至−3.7%，并随着疫情的好转在接下来半年中有所提升。2021 年 1~3 月，货币政策又暂时收紧，这主要是疫情导致国际市场食品价格持续上涨，吉尔吉斯斯坦通货膨胀严重，通货膨胀率按年计算达到 10.0%以上，加之国内金融系统内过剩流动性水平较高，吉尔吉斯斯坦央行宣布将政策利率从 5.0%上调至 5.5%，以期降低通胀风险。[①] 在此后的近一年内，该国 M2 增速再次经历了由降到升的变化过程，但 M2 总量总体呈现出增长趋势，吉尔吉斯斯坦通货膨胀压力依然很大（见图 8-6）。

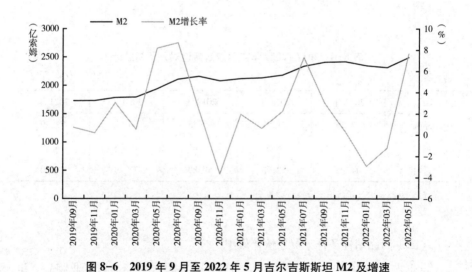

图 8-6　2019 年 9 月至 2022 年 5 月吉尔吉斯斯坦 M2 及增速

资料来源：吉尔吉斯斯坦国家银行。

[①] 《吉尔吉斯斯坦中央银行一年来首次将贴现率提高 50 个基点至 5.5%》，海外网，2021 年 2 月，https：//baijiahao.baidu.com/s？id＝1692601595928032042&wfr＝spider&for＝pc。

四　对外贸易与国际收支

（一）对外贸易发达，增长趋势明显

受国土面积、人口规模以及自然资源禀赋所限，过境贸易和吸引外资成为吉尔吉斯斯坦发展经济的重要战略。一直以来，对外贸易都是其 GDP 的重要来源之一，据官方数据统计，2018 年吉对外贸易额占全国 GDP 的98.80% 和国家预算收入的 44.70%。

根据吉尔吉斯斯坦国家统计委员会数据，2021 年吉对外贸易总额为72.29 亿美元，同比增长 27.00%。其中，出口额为 16.59 亿美元，同比下降 15.91%；进口额为 55.70 亿美元，同比增长 49.77%。从动态视角来看，2017～2021 年吉对外贸易总额分别为 62.59 亿美元、71.29 亿美元、69.75 亿美元、56.92 亿美元和 72.29 亿美元，除 2020 年因疫情影响对外贸易总额出现低值，近年来对外贸易总额总体呈现增长态势（见表 8-4）。

表 8-4　2017～2021 年吉尔吉斯斯坦对外贸易统计

单位：亿美元

项目	2017 年	2018 年	2019 年	2020 年	2021 年
总额	62.59	71.29	69.75	56.92	72.29
出口	17.64	18.37	19.86	19.73	16.59
进口	44.95	52.92	49.89	37.19	55.70

资料来源：吉尔吉斯斯坦国家统计委员会。

（二）商品结构多样，贸易伙伴集中

吉尔吉斯斯坦进出口商品构成呈多样化。主要进口商品为工业制品、机械及运输设备、矿物燃料及润滑油、服装等各类产成品以及食品，其中工业制品和机械及运输设备为进口额最大的两类商品；主要出口商品为各类非食品原料，如燃料、黄金、矿石和贵金属精矿，以及服装及其附件、废铜、水

果和坚果、脱水豆类蔬菜、牛奶及奶制品等。①

　　吉尔吉斯斯坦对外贸易发达，其商品贸易伙伴国主要集中在俄罗斯、中国、哈萨克斯坦、乌兹别克斯坦、土耳其和英国等几个特定的国家。俄罗斯是吉尔吉斯斯坦最大的贸易伙伴，2020 年和 2021 年占吉尔吉斯斯坦进口额比重分别为 35.94% 和 33.61%，占出口额比重分别为 13.03% 和 24.89%；中国是吉尔吉斯斯坦的第二大进口国和第六大出口国，该国主要从中国进口鞋类、服装、化纤、食品、电子产品等商品。2020 年及以前，英国都是吉尔吉斯斯坦的第一大出口国，吉黄金大多向英国出口，但 2021 年 6 月开始，因库姆托尔金矿纠纷，英国停止购买吉尔吉斯斯坦黄金，这直接导致当年英国占吉出口额比重从 2020 年的 50.18% 大幅下降至 2021 年的 14.10%。此外，哈萨克斯坦、乌兹别克斯坦等独联体国家是吉能源和粮食产品的主要来源地，美、德等欧美国家以及土耳其、日本、韩国等亚洲国家也与吉有频繁的贸易往来（见表 8-5）。

表 8-5　2020~2021 年吉尔吉斯斯坦主要进出口对象国

单位：亿美元，%

项目	2020 年			2021 年		
	国家	数额	比重	国家	数额	比重
进口	俄罗斯	13.20	35.94	俄罗斯	18.72	33.61
	中国	7.38	19.84	中国	14.64	26.28
	哈萨克斯坦	5.24	14.09	哈萨克斯坦	6.85	12.30
	土耳其	1.95	5.24	土耳其	3.22	5.78
	乌兹别克斯坦	1.90	5.11	乌兹别克斯坦	3.17	5.69
	美国	1.20	3.23	美国	1.01	1.81
出口	英国	9.90	50.18	俄罗斯	4.13	24.89
	哈萨克斯坦	2.86	14.50	哈萨克斯坦	3.75	22.60
	俄罗斯	2.57	13.03	英国	2.34	14.10
	乌兹别克斯坦	1.53	7.75	乌兹别克斯坦	1.80	10.85
	土耳其	0.75	3.80	土耳其	0.91	5.49
	中国	0.43	2.18	中国	0.64	3.86

资料来源：吉尔吉斯斯坦国家统计委员会。

---

① 《2021 年吉尔吉斯斯坦社会经济发展简况》，中华人民共和国商务部，2022 年 3 月，http://www.mofcom.gov.cn/article/zwjg/zwdy/zwdyoy/202203/20220303284817.shtml。

（三）以外资经济为主，资金依赖度高

吉尔吉斯斯坦是一个在资金方面对外部资源需求较大的国家，吸引外资是其促进经济发展的重要方式。吉尔吉斯斯坦通过设立专门负责投资政策和投资事务的部门、制定各类相关法律、设定投资优惠税率以及建立自由经济区不断优化国内投资环境以吸引境外投资者。2021 年，吉尔吉斯斯坦吸引境外投资总额为 5.59 亿美元，外国直接投资和其他投资为主要投资类型（见表 8-6）。

表 8-6　2017~2021 年吉尔吉斯斯坦吸引境外投资（投资类别）

单位：百万美元

项目	2017 年	2018 年	2019 年	2020 年	2021 年
总额	5219.99	6939.13	7279.95	6926.78	5587.74
外国直接投资	616.79	851.74	1076.92	537.55	698.41
间接投资	0.82	2.45	0.45	0.03	0.93
其他投资	4558.16	6029.79	6147.93	6363.67	4858.87
资金、技术援助	44.13	55.15	54.65	25.53	29.54

资料来源：吉尔吉斯斯坦国家统计委员会。

从国别看，2021 年以前加拿大是吉第一大外资来源国。这主要是由于加拿大多年来对库姆托尔金矿的投资，而随着 2021 年吉国将库姆托尔金矿收归国有，来自加拿大的投资额快速减少。此外，2021 年，俄罗斯对吉尔吉斯斯坦的投资额为 20.17 亿美元，成为当年吉尔吉斯斯坦最大的境外投资来源；中国对吉投资 3.48 亿美元，2017~2021 年中国对吉投资逐渐下降；哈萨克斯坦对吉投资 2.79 亿美元，处于稳定态势（见表 8-7）。

表 8-7　2017~2021 年吉尔吉斯斯坦吸引境外投资额（国家/国际组织）

单位：亿美元

国家/国际组织	2017 年	2018 年	2019 年	2020 年	2021 年
加拿大	14.81	29.31	35.82	34.62	17.82
俄罗斯	10.64	18.05	13.87	17.64	20.17

续表

国家/国际组织	2017 年	2018 年	2019 年	2020 年	2021 年
中 国	9.96	6.90	8.65	4.36	3.48
哈萨克斯坦	2.92	2.29	2.98	3.02	2.79
国际组织	2.48	2.15	2.13	2.29	3.62
土耳其	0.73	1.86	2.10	1.16	3.15
英 国	0.73	1.40	1.29	1.81	0.72
荷 兰	0.61	0.83	0.93	0.70	0.80
卢森堡	0.39	0.32	0.39	0.29	0.35
阿联酋	0.08	0.25	0.13	0.20	0.55

资料来源：吉尔吉斯斯坦国家统计委员会。

（四）贸易逆差扩大，金融账户流动性有所改善

吉尔吉斯斯坦国际收支平衡表的数据显示，2020~2021 年该国对外贸易基本处于逆差状态，商品和服务主要依靠进口，逆差在 2021 年第四季度达到峰值。2020 年的新冠疫情直接影响吉尔吉斯斯坦接受境外投资，导致其金融账户在该年第一、三、四季度为负。随着 2021 年新冠疫情逐渐得到有效控制，吉尔吉斯斯坦国内政局走向稳定，该国金融账户项下外国直接投资开始上升，带动金融账户流动性有所改善。

五 经济展望

（一）经济走势

根据吉尔吉斯斯坦经济部的预测，2022 年，吉尔吉斯斯坦 GDP 约为 7137.45 亿索姆（约合 84.33 亿美元），预计经济增长率为 6.5%，通胀率为 5.9%；2023 年经济增长率为 3.9%，通胀率为 6%；2024 年经济增长率为 4%，通胀率为 4.9%。[①] 从数据上来看，吉尔吉斯斯坦官方对该国未来经济发展持相对乐观的态度，认为在新冠疫情缓解、政局稳定、外部需求和贸易

---

① 《2022 年吉经济预计增长 6.5%，通胀率约为 5.9%》，中华人民共和国驻吉尔吉斯共和国大使馆经济商务处，2022 年 2 月，http://kg.mofcom.gov.cn/article/jmxw/202202/20220203281533.shtml。

条件改善的情况下该国经济将在 2022 年出现比较明显的恢复性增长，并在之后两年保持相对稳定增长，同时通胀率将在中位运行。

世界银行的结论与吉尔吉斯斯坦政府截然相反。该金融机构预测，2022年，吉尔吉斯斯坦 GDP 将下降5%，通货膨胀率将上升到18%，经济指标的恶化主要归因于俄罗斯在乌克兰的军事行动所带来的影响，这将抵消吉尔吉斯斯坦经济自 2020 年新冠疫情发生以来所取得的进展。① 这一结论得到了吉尔吉斯斯坦本土部分专家的认同。吉尔吉斯斯坦国家战略研究所的专家阿扎马特·阿托库洛夫预计 2022 年通货膨胀率将达到20%。② 经济科学博士阿西尔别克·阿尤波夫提出，即便通胀无法准确估计，但高通胀确实存在，并且将导致工资的涨幅无法跟上价格上涨，而高通胀的主要原因在于吉尔吉斯斯坦高度依赖进口，特别是在食品和家庭用品领域。③

（二）吉尔吉斯斯坦经济面临的风险挑战

俄乌冲突后果外溢，对吉尔吉斯斯坦经济发展造成影响。这些影响主要体现在两个方面。一是俄乌冲突导致国际粮食价格和石油价格大幅波动。根据联合国粮农组织数据，2022 年以来，国际粮食价格在上涨后大幅下跌，主要谷物和植物油价格跌幅均达两位数。④ 而在国际原油市场，国际油价已经经历了两波大起大落，WTI 原油价格在 2022 年 6 月 8 日创出 118.08 美元/桶的历史新高后，于 8 月再度跌破 90 美元/桶关口。⑤ 国际市场大宗商品价格的不稳定性直接增加了吉尔吉斯斯坦国内经济面临的国际风险。二是由于历史原因，俄罗斯对吉尔吉斯斯坦经济影响巨大，且侨汇收入是吉尔吉斯

---

① 《吉尔吉斯斯坦通货膨胀率达到 11.2%，超过官方预测》，腾讯网，2022 年 4 月，https：//new. qq. com/rain/a/20220413A0DBDI00。

② 《吉尔吉斯斯坦通货膨胀率达到 11.2%，超过官方预测》，腾讯网，2022 年 4 月，https：//new. qq. com/rain/a/20220413A0DBDI00。

③ 《吉尔吉斯斯坦通货膨胀率达到 11.2%，超过官方预测》，腾讯网，2022 年 4 月，https：//new. qq. com/rain/a/20220413A0DBDI00。

④ 《联合国粮农组织：全球粮食商品价格七月大幅下跌》，中国经济网，2022 年 8 月，https：//baijiahao. baidu. com/s？id＝1740482063460660377&wfr＝spider&for＝pc。

⑤ 《国际油价重回半年前水平，专家称有利于中国经济稳健发展》，齐鲁壹点，2022 年 8 月，https：//baijiahao. baidu. com/s？id＝1741179251853770844&wfr＝spider&for＝pc。

斯坦经济的重要组成部分，而该国侨汇收入绝大多数来自俄罗斯。[①] 俄乌冲突下俄罗斯本身的经济就存在巨大的不确定性，这将导致吉尔吉斯斯坦侨汇收入在未来面临较大风险，直接影响其 GDP 和国内收入。

吉尔吉斯斯坦作为内陆国家，邻国众多，在地理因素与历史因素的叠加之下，该国地缘政治复杂，边境地区冲突事件时有发生。例如，吉尔吉斯斯坦和塔吉克斯坦两国边界争议由划界地区（长达 450 公里）的归属问题引起。[②] 2022 年 1 月 27 日，两国再次在边境爆发冲突，甚至造成人员伤亡。[③] 同时，新冠疫情发生后，极端主义和恐怖主义对于地区安全的潜在威胁值得进一步关注。地缘政治、地区与国内安全稳定是吉尔吉斯斯坦国民经济持续发展的基本前提。

---

① 韩彦雄、廖成梅：《疫情与选情叠加之下 2020 年吉尔吉斯斯坦政局动荡分析》，《区域与全球发展》2021 年第 5 期，第 134~160 页。

② 孙力主编《中亚国家发展报告（2021）》，社会科学文献出版社，2021，第 303 页。

③ 《吉尔吉斯斯坦和塔吉克斯坦再次爆发边境冲突，双方都有人员受伤》，环球时报，2022 年 1 月，https：//baijiahao.baidu.com/s？id=1723165064268491853&wfr=spider&for=pc。

第九章　亚美尼亚经济

2015 年 1 月，亚美尼亚正式成为欧亚经济联盟成员国。由于亚美尼亚所处的地缘政治和经济环境，其对外关系的发展受诸多制约，在国防、安全、经济等方面形成了对俄罗斯的单方面依赖。[①]

第一节　亚美尼亚概况

一　简介

亚美尼亚共和国是位于外高加索地区南部的内陆国。国家位于欧洲和亚洲的交界处，西与土耳其交界，南和伊朗接壤，北邻格鲁吉亚，东靠阿塞拜疆。其国土面积为 2.98 万平方公里，是独联体国家中国土面积最小的国家，全境 90% 的地区在海拔 1000 米以上，平均海拔为 1800 米。亚美尼亚首都是埃里温，官方语言为亚美尼亚语，居民多通晓俄语。货币为亚美尼亚德拉姆（货币符号：AMD，以下简称"德拉姆"）。亚美尼亚全国共划分为 10 个州和 1 个具有独立行政区地位的州级市，共 11 个州级单位，下辖 37 个区 27 个市 31 个镇 4797 个村。[②] 该国 10 个州包括阿拉加茨州、阿拉拉特州、阿尔马维尔州、格加尔库尼克州、洛里州、科泰克州、希拉克州、休尼克州、瓦约茨佐尔州和塔武什州。首都埃里温自 15 世纪起一直是亚美尼亚的行政、商业和文化中心。其他主要经

---

① 徐坡岭、那振芳：《亚美尼亚经济一体化选择及在"一带一路"建设中的机遇》，《俄罗斯学刊》2018 年第 1 期，第 27~44 页。

② 施玉宇、高歌、王鸣野编著《亚美尼亚》，社会科学文献出版社，2005，第 2 页。

212

济中心城市有久姆里市和瓦纳佐尔市，分别是亚美尼亚第二和第三大城市。

二 人口、民族与宗教

（一）人口现状

1. 人口规模逐渐扩大，性别比例失衡

截至 2022 年 1 月 1 日，亚美尼亚常住人口为 296.14 万人，人口密度 100 人/公里^2。亚美尼亚人口数量在独联体国家中是最少的。

2011~2021 年，亚美尼亚女性人口占总人口比重平均为 53%，男性人口所占比重平均为 47%，女性人口比重超过男性人口比重约 6 个百分点，存在性别比例失衡问题。

2. 人口分布不均衡

亚美尼亚首都埃里温人口数量最多，约占全国总人口的 1/3，其他人口主要分布在西北部及中部地区，东南部地区人口分布相对较少（见表 9-1）。

表 9-1 亚美尼亚各州、市人口分布

单位：万人

地区	人口数量	地区	人口数量
埃里温市	109.28	阿拉加茨州	12.46
阿拉拉特州	25.66	阿尔马维尔州	26.44
格加尔库尼克州	22.78	洛里州	21.17
科泰克州	25.11	希拉克州	23.04
休尼克州	13.47	瓦约茨佐尔州	4.76
塔武什州	11.97	全国	296.14

资料来源：亚美尼亚国家统计局 2022 年 1 月 1 日统计数据。

3. 海外移民人口高居不下

近年来，亚美尼亚境内人口维持在 300 万人以内，增长极为缓慢，原因之一是大量年轻人出境寻找工作的趋势没有得到扭转。俄罗斯是亚美尼亚劳动移民的主要目的地，亚美尼亚的移民中有 85% 左右流向俄罗斯。侨民汇款在亚美尼亚 GDP 中占有较大比重，为 15% 左右。因此，移民问题是亚美尼亚与俄罗斯关于加入欧亚经济联盟谈判的重要议题之一。2015 年 1 月起，亚美尼亚纳入欧亚经济联盟劳动力共同市场，公民享有在欧亚经济联盟境内自由就业的权利。①

4. 人口增长率不断下降

2010 年以来，亚美尼亚常年保持正的人口增长，但出生率出现逐渐下降的趋势，死亡率基本趋于稳定，导致人口自然增长率不断下降，人口增长速度缓慢。总和生育率略有上升，基本保持稳定（见图 9-1）。

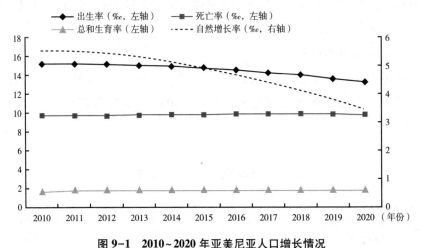

图 9-1　2010~2020 年亚美尼亚人口增长情况

资料来源：世界银行数据库。

5. 人口老龄化程度严重

2011 年以来，亚美尼亚 0~14 岁少儿人口占比相对稳定，2021 年为 20.79%。15~64 岁人口占比从 2011 年的 69.7% 逐年下降至 2021 年的 66.92%。65 岁及以上人口占比常年处于较高水平，远高于联合国规定的老龄化标准 7%，2021 年，亚美尼亚 65 岁及以上人口占比为 12.28%，属于严重老龄化阶段（见图 9-2）。

---

① 王晨星：《欧亚经济联盟：成因、现状及前景》，社会科学文献出版社，2019，第 139 页。

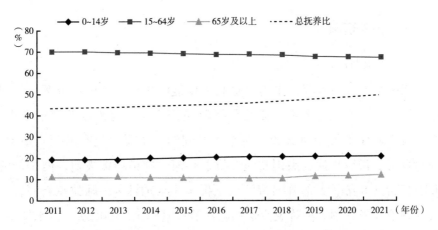

图 9-2 2011～2021 年亚美尼亚人口年龄结构及总抚养比

资料来源：世界银行数据库。

（二）民族和宗教

1. 民族构成

亚美尼亚是由 50 多个民族构成的多民族国家，主体是亚美尼亚族，约占总人口的 96%。其他少数民族主要有叶继德族，约有 4 万人，是亚美尼亚最大的少数民族；俄罗斯族，约有 1.5 万人；亚述族，约有 8000 人；希腊族，约有 6000 人；犹太族，约有 1000 人；库尔德族，约有 1000 人；此外还有茨冈族、鞑靼族、乌克兰族等。①

2. 宗教

公元 301 年，亚美尼亚成为世界上第一个将基督教定为国教的国家，建立了世界上第一座基督教主教座堂，即埃奇米亚津大教堂。亚美尼亚信仰基督教人数约占总人口的 94%。亚美尼亚基督教属"格里高利"教派，又称亚美尼亚使徒（正）教会，是亚美尼亚族的民族教会。亚美尼亚独立后，实行宗教自由和政教分离政策，对宗教的原则立场是提倡宗教信仰自由，不干涉宗教活动，但不允许宗教违宪。②

---

① 《亚美尼亚概况：民族》，中华人民共和国商务部，2021 年 1 月，http：//am. mofcom. gov. cn/article/ddgk/zwminzu/201507/20150701042242. shtml。

② 《对外投资合作国别（地区）指南——亚美尼亚（2023 年版）》，http：//www. mofcom. gov. cn/dl/gbdqzn/upload/yameiniya. pdf。

三 自然资源

（一）水力资源

亚美尼亚水力资源较丰富，是其主要能源之一。该国水资源包括河流、湖水、雨水和地下水。亚美尼亚河网密度大，河流以及湖泊众多，全国有 300 多条大小河流和千余个大小湖泊，主要河流有阿拉克斯河、阿胡良河、沃罗坦河、杰别特河、拉兹丹河、阿格斯捷夫河、阿尔帕河和卡察赫河 8 条，大部分河流注入全国最主要的河——阿拉克斯河；最大的湖泊是塞凡湖，亦称戈克恰湖。河流和湖泊主要靠雨水和雪水补给，河流每年可供水 60 亿 ~70 亿立方米，湖泊的蓄水量为 393 亿立方米。降雨量中等，而且由于气候干燥，大部分降水被蒸发，只有小部分流入河中。地下水很充足，境内共约有 7000 个泉源，全国几乎每个居民点都有泉水。①

（二）矿产资源

亚美尼亚金属矿藏和非金属矿藏比较丰富，但石油、天然气等燃料能源不足，完全依赖进口。亚美尼亚是钼的主要生产国，已探明的金属矿藏以铜钼矿、铜矿、伴生金矿、铁矿为主。金属矿和非金属矿多数为复合矿和多金属矿，如铜钼矿、铜铁矿、金－多金属矿、金－硫化物矿等。已探明储量并注册的矿共有 670 多个，其中有 30 个金属矿，包括 7 个铜钼矿、4 个铜矿、14 个伴生矿、1 个铝矿及 2 个铁矿石矿区等。储量较多的金属有铁、铜、钼、铅、锌、金、银等。亚铜钼矿占世界总储量的 5.1%，已探明钼储量占世界的 7.6%。非金属矿主要有珍珠岩、火山岩、玄武岩、花岗岩、黑花岗岩、黑曜石等，其中，珍珠岩探明储量为 1.5 亿立方米。②

---

① 施玉宇、高歌、王鸣野编著《亚美尼亚》，社会科学文献出版社，2005，第 8 页。
② 《亚美尼亚矿产资源概况》，中华人民共和国商务部，2016 年 12 月，http：//am. mofcom. gov. cn/article/ztdy/201611/20161101872510. shtml。

四 基础设施

（一）交通基础设施

与欧亚经济联盟其他成员国相比，亚美尼亚与外界的交通联系最为不便。交通闭塞是制约亚美尼亚经济发展以及参与区域经济一体化的主要因素之一。

亚美尼亚航空运输业较发达，两个主要机场是埃里温的 Zvartnots 国际机场和久姆里的 Shirak 国际机场。亚美尼亚与俄罗斯、乌克兰、白俄罗斯、法国、捷克、土耳其、黎巴嫩、阿联酋和伊朗等国家开辟了直通航线，每周有 60 多个固定航班起降，中国和亚美尼亚之间没有直达航班。

铁路运输是亚美尼亚交通运输业的支柱。亚美尼亚共有铁路 1328.6 公里，其中 780.0 公里为干线铁路，目前运营的铁路为 726.0 公里，平均时速约为 45 公里。亚美尼亚境内无高铁，只有一条铁路从阿拉特通往亚格边境，与周边其他国家无铁路相通。现代铁路网为亚美尼亚提供了通往黑海港口的通道，尤其是巴统和波蒂。

根据亚美尼亚国家统计局数据，2015 年末，亚美尼亚公路总长为 7570 公里，其中 1803 公里为国际公路、1966 公里为国道、3801 公里为地方公路。亚美尼亚没有标准意义上的高速公路。亚美尼亚正在实施重大基础设施项目"南北道路走廊投资计划"，这条全长 556 公里的战略要道将在完工后提供从亚美尼亚南部边境到格鲁吉亚边境的便捷通道，以及通往黑海港口的通道，它还将允许按照欧洲标准进行货物和乘客运输，为从南到北的亚美尼亚居民提供重要的发展机会。①

亚美尼亚城市交通工具有公共汽车、电车、出租车和地铁。全国各城市均有公共汽车，各州府都有电车和出租车，首都埃里温有地铁。埃里温的地铁系统由单线和穿梭支线组成，有 10 个车站，覆盖 12 公里，从早上 6：30 到晚上

---

① 《对外投资合作国别（地区）指南——亚美尼亚（2023 年版）》，http：//www.mofcom.gov.cn/dl/gbdqzn/upload/yameiniya.pdf。

11：00点每五分钟一班。按照"智慧城市"理念，亚美尼亚首都埃里温正在将全市公共交通整合为统一的智能交通系统，建设新的公交车网、统一乘车费率。

（二）电力设施

亚美尼亚电力资源丰富，电力生产是其支柱产业，也是政府重点扶持和发展的项目。2020年，发电量为77.2亿千瓦时，增长1.2%。其中，火力发电31.7亿千瓦时，占41.1%；水力发电17.8亿千瓦时，占23.1%；核能发电7.6亿千瓦时，占9.8%。尽管欧盟一直坚持要求亚美尼亚关闭核电站，但亚美尼亚与俄罗斯签署了延长核电站使用寿命的双边协议，核电站将一直使用到2026年。同时，亚美尼亚政府计划新建一座核电站，新核电站机组额定功率为2个机组各600兆瓦，全部采用欧洲安全标准，总投资57亿~72亿美元。亚美尼亚是外高加索地区唯一的电力出口国，目前正在建设亚美尼亚—格鲁吉亚和亚美尼亚—伊朗输变电工程，并正与伊朗实施"气换电"项目。

（三）互联网和通信

2019年，亚美尼亚互联网用户为308.7万。2020年，互联网产值为588.0亿德拉姆（约合1.2亿美元），同比增长10.7%。2020年，亚美尼亚电信业产值为1264.7亿德拉姆（约合2.6亿美元），同比下降4.5%，其中，移动电信业务占32.0%。无线通信覆盖亚美尼亚全境，亚美尼亚手机用户达348.9万户，分属三大运营商，提供2G、3G、4G服务，基本覆盖3G。2020年，移动电话业务产值为401.0亿德拉姆（约合0.8亿美元），同比下降23.7%。[①]

第二节　亚美尼亚经济现状

从经济上来看，亚美尼亚是外高加索三国之中发展水平最低的国家。独立后，亚美尼亚经历了由计划经济向市场经济转型，逐渐建立起一套基本符

[①] 《对外投资合作国别（地区）指南——亚美尼亚（2023年版）》，http：//www.mofcom.gov.cn/dl/gbdqzn/upload/yameiniya.pdf。

合现代市场经济特征的经济制度，但资源及地理位置等因素制约了经济发展，目前正处于经济结构的转型发展阶段。

一　总体经济形势

（一）宏观经济情况

1. 国内生产总值

亚美尼亚经济总量不大。2020 年，受新冠疫情和"纳卡战争"影响，亚美尼亚 GDP 总量为 126.42 亿美元，同比下降 7.4%，人均 GDP 为 4269 美元。据欧亚经济联盟数据，亚美尼亚成为欧亚经济联盟内 GDP 下降幅度最大的经济体，同期欧亚经济联盟整体 GDP 同比下降 3.3%。2021 年，亚美尼亚经济逐渐恢复，GDP 总额达到 138.61 亿美元，GDP 增长率为 6.1%，人均 GDP 为 4679 美元，经济运行总体稳定、稳中有进。从绝对值来看，根据国际货币基金组织 2022 年对全球共计 192 个国家的人均 GDP 排名来看，亚美尼亚排名第 110 位，人均 GDP 在全球范围内处于中低等水平（见表 9-2）。

表 9-2　2012~2021 年亚美尼亚宏观经济增长情况

年份	GDP （亿德拉姆/亿美元）	GDP 增长率（%） （按可比价格计算）	人均 GDP （德拉姆/美元）	年平均汇率 （1 美元兑德拉姆）
2012	42664.61/106.19	7.2	1410820/3512	401.76
2013	45556.38/111.21	3.3	1507491/3680	409.63
2014	48286.26/116.10	3.6	1602172/3852	415.92
2015	50436.33/105.53	3.2	1678637/3512	477.92
2016	50672.94/105.46	0.2	1693444/3524	480.49
2017	55644.93/115.27	7.5	1867656/3869	482.72
2018	60170.35/124.58	5.2	2026620/4196	482.99
2019	65433.22/136.19	7.6	2208716/4597	480.45
2020	61819.03/126.42	-7.4	2087423/4269	489.01
2021	69829.63/138.61	6.1	2357277/4679	503.77

资料来源：亚美尼亚国家统计局。

2. GDP 构成

从经济增长的贡献看，2012～2021 年，亚美尼亚的经济增长主要来自消费。2020 年，受新冠疫情影响，消费占 GDP 比重大幅下降，降至 90.3%，相比上一年降低 5.94 个百分点，2021 年进一步下降至 87.62%。

（二）就业水平

2020 年受新冠疫情影响，亚美尼亚失业率攀升至 21.21%，失业人口达到 27.46 万人，2021 年经济有所恢复，失业率出现下降趋势，但仍然高达 20.9%（见图 9-3）。

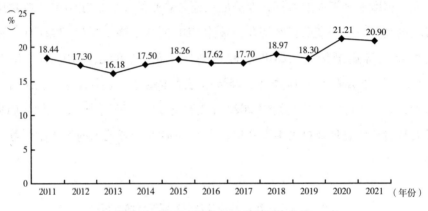

图 9-3　2011～2021 年亚美尼亚失业率

资料来源：世界银行数据库。

就性别而言，2011～2021 年，除个别年份外，亚美尼亚女性失业人数占女性劳动人口的比重远高于男性。这与亚美尼亚女性社会地位低于男性存在一定关系（见图 9-4）。

（三）价格水平与通货膨胀率

自 2011 年以来，亚美尼亚 CPI 逐渐上升，说明亚美尼亚消费品物价水平不断上升，截至 2021 年，CPI 较 2010 年上涨了 40.2%。其中，食品价格变动是造成 CPI 上升的最主要因素。此外，PPI 波动较大，但整体而言存在小幅提高，就 2021 年来看工业品 PPI 较 2010 年上涨了 9.9%（见表 9-3）。

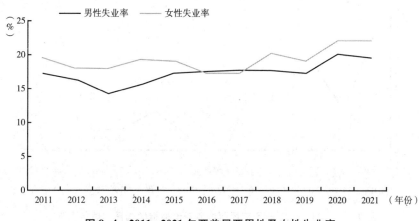

图 9-4　2011～2021 年亚美尼亚男性及女性失业率

资料来源：世界银行数据库。

表 9-3　2011～2021 年亚美尼亚 CPI 与 PPI（2010 年＝100）

项目	2011 年	2012 年	2013 年	2014 年	2015 年	2016 年	2017 年	2018 年	2019 年	2020 年	2021 年
CPI	107.7	110.5	116.9	120.4	124.9	123.1	124.4	127.5	129.2	130.8	140.2
PPI	109.1	107.0	104.7	108.5	99.2	101.5	103.9	101.6	100.5	102.4	109.9

资料来源：世界银行数据库。

　　独立初期，亚美尼亚政府开始实行"放开价格政策"，导致物价飞涨，1994 年的通货膨胀率高达 1761.9%，1998 年以来，由于政府加大宏观调控力度，食品和消费品价格渐趋稳定。[①] 2012～2016 年，亚美尼亚从温和的通货膨胀转为通货紧缩，2016 年之后随着经济发展通货膨胀率略有上升，存在小幅波动，2020 年受新冠疫情影响，经济不景气，通货膨胀率有所下降。政府在经济低迷时采取积极的宏观政策，以及产品供给不足造成物价上涨，2021 年，通货膨胀率上升为 7.2%，达到近年新高（见图 9-5）。

---

① 施玉宇、高歌、王鸣野编著《亚美尼亚》，社会科学文献出版社，2005，第 100 页。

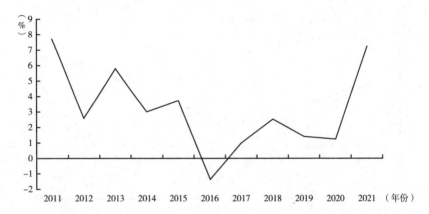

图 9-5　2011~2021 年亚美尼亚按消费价格指数衡量的通货膨胀率

资料来源：世界银行数据库。

二　产业发展

亚美尼亚整体产业基础薄弱，产业结构单一，总体经济不发达。产业经济以服务业为主，农业欠发达，建筑业一直是亚美尼亚的支柱产业，旅游业是亚美尼亚的特色产业，具有很大的发展潜力，能源和原材料依靠进口。经济发展仍然是亚美尼亚政府重要工作方向之一，科技、旅游、加工制造、农业和出口等将继续成为重点领域。

（一）产业构成以服务业为主，服务业比重快速增长

从亚美尼亚的 GDP 增加值产业结构看，亚美尼亚产业结构中服务业产值在 GDP 中所占比重最高。2012~2021 年，服务业产值所占比重总体有所提高。亚美尼亚农业产值占比相对较低，2012 年以来，农业产值占比呈现下降的趋势，到 2021 年，占 GDP 的比重下降为 13.3%。亚美尼亚的工业产值占 GDP 比重一直不高，自 2012 年以来稳定发展，工业所占比重一直保持在 25% 左右。从整体来看，亚美尼亚的产业结构在持续优化，农业所占比重不断下降，而服务业所占比重不断上升。近年来亚美尼亚的服务业在经济中的占比有了较大幅度提升，服务业产值已经超过农业、工业产值的总和，

产业轻型化、轻资产化趋势明显。[1]

（二）农业整体欠发达，粮食依赖进口

亚美尼亚属于高原国家，全国平均海拔 1800 米，主要农耕面积为 49.4 万余公顷。山多地少，农业欠发达。亚美尼亚农业主要为种植业和畜牧业，林业和渔业规模较小。2021 年，亚美尼亚农业增加值为 7916.92 亿德拉姆（约合 15.72 亿美元），同比增加 12.84%。主要种植作物包括谷物、马铃薯、瓜果、蔬菜等，主要畜产品包括牛、羊、猪、马等。亚美尼亚主要出口产品包括活动物及其产品、植物产品、动植物油脂、食物制成品等，主要出口国家包括俄罗斯、格鲁吉亚、阿联酋、乌克兰、白俄罗斯，主要进口来源国为俄罗斯等欧亚经济联盟国家。

在亚美尼亚，马铃薯、水果、蔬菜、牛奶、羊肉和鸡蛋等大多数产品的自给自足率约为 60%，小麦、豆类、糖、油和其他类型的肉类产量较低。近年来亚美尼亚小麦产量不断减少，截至 2019 年，亚美尼亚小麦产量减少为 11.26 万吨。2020 年小麦产量为 13.2 万吨，当期小麦进口 42.64 万吨，出口 1.72 万吨（见图 9-6）。

（三）工业稳步增长，以制造业为主

从工业构成来看，制造业、交通设施维修和建筑业是亚美尼亚三大产业支柱。制造业是亚美尼亚工业领域第一大产业，2020 年和 2021 年占工业总产值比重分别为 30.83% 和 28.05%。其次是交通设施维修，这主要是因为亚美尼亚交通基础设施落后、道路老化严重，近几年，为促进经济发展，亚美尼亚政府利用国际贷款进行大规模道路改造。建筑业长期以来一直是亚美尼亚的支柱产业，2020 年和 2021 年占工业总产值比重分别为 17.25% 和 16.02%。由于其自身自然资源优势，亚美尼亚采矿业和供电供气供热行业占比分别位于第四和第五，2021 年所占比重分别为 13.62% 和 6.86%，其中采矿业产值同比增长 61.71%，对工业增长拉动明显（见表 9-4）。

---

[1] 徐坡岭、那振芳：《亚美尼亚经济一体化选择及在"一带一路"建设中的机遇》，《俄罗斯学刊》2018 年第 1 期，第 27~44 页。

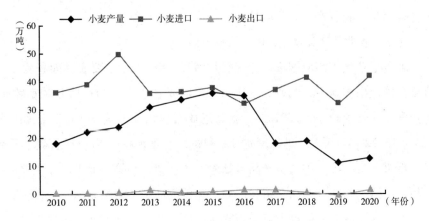

图 9-6　2010~2020 年亚美尼亚小麦产量、进口及出口情况

资料来源：世界银行数据库。

表 9-4　2020~2021 年亚美尼亚工业产值

单位：百亿德拉姆，%

项目	2020 年		2021 年	
	产值	占工业总产值比重	产值	占工业总产值比重
制造业	76.32	30.83	79.63	28.05
交通设施维修	67.00	27.06	78.52	27.65
建筑业	42.71	17.25	45.48	16.02
采矿业	23.92	9.66	38.68	13.62
供电供气供热	20.24	8.17	19.47	6.86
交通运输和仓储	14.77	5.97	19.38	6.83
供水及废料加工	2.60	1.05	2.77	0.98
总产值	247.56	100.00	283.93	100.00

资料来源：亚美尼亚国家统计局。

制造业中产值较高的有食品、饮料、烟草产品、基本金属、其他非金属矿物产品及橡胶和塑料制品等产业。食品是亚美尼亚制造业的骨干部门之一，2020 年和 2021 年占制造业比重分别为 41.26% 和 42.56%。饮料占制造业比重分别为 12.55% 和 14.76%。该国卷烟生产也较突出，烟草产品所占比重为 11.72% 和 10.16%。有色冶金业是亚美尼亚制造业中具有历史传统的重要骨干

部门，在制造业综合体中占有特殊地位。亚美尼亚黄金开采冶炼业也很发达。2021年基本金属和其他非金属矿物产品产值占比达到13.33%和6.97%。亚美尼亚化学工业较发达，是主要制造业部门之一，也是新兴制造业部门，生产化肥、合成橡胶、硫酸、塑料和化纤等多种产品，亚美尼亚生产的合成橡胶在世界上具有重要地位，亚美尼亚是世界合成橡胶的主要生产国之一。2020年和2021年橡胶和塑料制品占制造业比重分别为2.66%和3.33%。其他制造业产业如轻纺工业和建材工业，也是亚美尼亚重要工业部门（见表9-5）。

表9-5　2020~2021年亚美尼亚制造业所占比重

单位：%

项目	2020年	2021年
食品	41.26	42.56
饮料	12.55	14.76
烟草产品	11.72	10.16
基本金属	14.69	13.33
其他非金属矿物产品	5.73	6.97
橡胶和塑料制品	2.66	3.33
其他	11.40	8.90
制造业	100.00	100.00

资料来源：亚美尼亚国家统计局。

（四）旅游业是新兴支柱产业，具有巨大发展潜力

截至2019年，亚美尼亚服务业总产值为27687.52亿德拉姆（约合57.63亿美元）。2020年跌至26213.55亿德拉姆（约合53.61亿美元），当期入境游客由2019年的189.44万人骤降至36.03万人。2021年，亚美尼亚服务业总产值29015.02亿德拉姆（约合57.60亿美元），同比增长10.7%，占GDP的比重为41.6%，当期入境游客87.03万人，同比增长141.55%，但尚未恢复到新冠疫情前水平。主要的服务业有很多，包括交通、教育、通信、文化、旅游等。

亚美尼亚旅游业具有极大发展潜力。2019年，亚美尼亚入境旅游人数近200万人次，年均增长10%左右。新冠疫情期间，亚美尼亚对国际运输采取限

制措施，旅游业遭受重创，2021 年情况有所缓解，但仍处于较低水平。[①]

目前，亚美尼亚政府正着力发展宗教旅游、体育旅游、健康旅游等多种旅游项目，对旅游业采取积极鼓励和大力扶持的政策。为发展旅游业，对出入境旅游实行宽松政策，除国家增加旅游投资外，还大力吸引外资，尤其是号召旅居世界各国的侨民回国投资，开发旅游市场。该国已加入国际旅游组织，并与许多国家签订了旅游合作协定，其中包括中国。[②]

（五）酿酒业快速发展，成为出口创汇主要来源之一

亚美尼亚国土跨越北纬 40 度线，全年光照时间超过 300 天，良好的气候条件造就了其优质的酿酒资源。亚美尼亚拥有古老而悠久的葡萄酒酿制工艺，2007 年，亚美尼亚考古学家和美国科学家在亚美尼亚瓦约茨佐尔州的阿列尼村发现了距今约 6100 年的、世界上最早最完整的葡萄酒酿造厂。酿酒业是亚美尼亚出口创汇的来源之一。亚美尼亚葡萄主产区包括阿拉特州、阿尔马维尔州、瓦约茨佐尔州等，葡萄种植面积为 17300 公顷，其中阿拉拉特州和阿尔马维尔州的葡萄产量占总产量的 83%。目前，亚美尼亚种植的葡萄除少部分用于零售和出口外，80% 的葡萄都用于酿制白兰地和葡萄酒，其中 92% 用于生产白兰地、8% 用于生产葡萄酒。[③]

三　财政与货币政策

（一）财政政策

亚美尼亚财政收入主要来自税收，财政支出主要包括补贴和其他转移支付、员工薪酬、商品和服务费用、利息支出等。其中，2020 年补贴和其他转移支付较 2019 年高出 24.31%，这主要是受新冠疫情影响，国内企业发展停滞，失业率上升，政府财政补助上升。2020 年，亚美尼亚财政收入

---

① 资料来源：亚美尼亚国家统计局。

② 《对外投资合作国别（地区）指南——亚美尼亚（2023 年版）》，http：//www. mofcom. gov. cn/dl/gbdqzn/upload/yameiniya. pdf。

③ 《亚美尼亚葡萄种植及葡萄酒生产情况》，中华人民共和国商务部，2016 年 11 月，http：//oys. mofcom. gov. cn/article/oyjjss/ztdy/201611/20161101779734. shtml。

14926.04 亿德拉姆，支出 16432.29 亿德拉姆，赤字为 1506.25 亿德拉姆。2020 年财政支出比 2019 年的财政支出多出 15.42%。在新冠疫情之后，亚美尼亚采取了一系列财政、金融等政策措施，包括为受新冠疫情影响较大的行业如葡萄酒制造业、旅游业、交通运输业的企业提供额外补贴和优惠贷款，加大对中小企业和失业人群的支持力度等。上述措施对亚美尼亚宏观经济稳定起到了有效作用。伴随着经济的恢复，为了抑制通货膨胀上升，政府将由积极的财政政策转变为稳健的财政政策(见表 9-6)。①

表 9-6　2019~2020 年亚美尼亚财政收支结构

单位：亿德拉姆

项目	2019 年	2020 年
总收入(不包括补助金)	15665.52	14926.04
税收	14581.90	13513.90
收入利润和资本利得税	5912.18	5600.54
商品和服务税	7570.78	7197.25
国际贸易税	951.47	682.67682.67
其他税收	147.48	33.44
补助金和其他收入	1229.31	1964.11
总支出	14237.27	16432.29
员工薪酬	3012.64	3155.85
商品和服务费用	2058.32	1898.82
利息支出	1575.53	1647.67
补贴和其他转移支付	5436.84	6758.64
其他费用	2153.94	2971.31
贷款净额(+) 或借款净额(-)	-349.00	-3216.17
金融资产收购净额	1988.80	320.98
产生负债净值	2337.80	3537.15

资料来源：世界银行数据库。

---

① 刘艺潼：《后疫情时代欧亚经济联盟：艰难复苏与加快一体化》，《东北亚经济研究》2021 年第 5 期，第 96~108 页。

（二）货币政策

2020 年，为了应对新冠疫情的冲击，刺激经济增长，亚美尼亚实行宽松的货币政策，中央银行政策利率以及货币市场利率在前三个季度持续下降。在产量供应不足的情况下，价格快速上涨，通货膨胀率开始上升。为了使价格水平保持稳定，缓解通胀压力，2020 年第四季度，中央银行上调利率，利率一直保持上升趋势，中央银行政策利率与货币市场利率变化趋势保持一致。存款利率由 2020 第一季度的 8.33% 降低至第四季度的 7.78%，又升至 2021 年第三季度的 8.36%，第四季度再次下调。贷款利率由 2020 第一季度的 11.85% 降低至第四季度的 11.38%，2021 年贷款利率存在波动，除第二季度处于较低水平外，其他季度水平均较高。整体来看亚美尼亚实行先宽松后缩紧的货币政策（见表9-7）。

表 9-7　2020~2021 年亚美尼亚利率水平

项目	2020 年				2021 年			
	第一季度	第二季度	第三季度	第四季度	第一季度	第二季度	第三季度	第四季度
中央银行政策利率	5.25	4.50	4.25	5.25	5.50	6.50	7.25	7.75
货币市场利率	5.46	5.07	4.43	4.48	5.51	6.20	7.24	7.47
存款利率	8.33	8.10	8.26	7.78	8.09	8.20	8.36	8.31
贷款利率	11.85	11.67	11.57	11.38	11.93	11.19	11.99	11.94

资料来源：国际货币基金组织。

从货币供应量来看，2020 年为应对新冠疫情冲击，亚美尼亚 M2 增速快速上升，随后随着通胀压力的上升，M2 增速逐渐下降，然而 2021 年 6 月之后，M2 增速再次上升。政府需要随时调整 M2 供应量以期在刺激经济的同时抑制通货膨胀（见图9-7）。

四　对外贸易与国际收支

（一）对外贸易

受新冠疫情影响，2020 年亚美尼亚与欧亚经济联盟成员国的经济合作

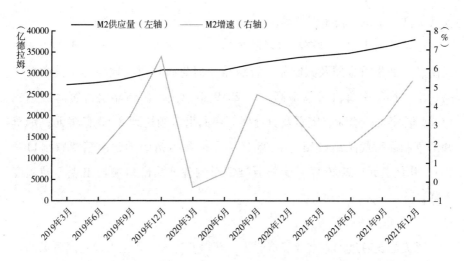

图 9-7　2019~2021 年亚美尼亚 M2 供应量及增速

资料来源：世界银行数据库。

规模下降了 2.6%，2021 年外贸状况有所好转，但尚未恢复至新冠疫情前的水平。此外，亚美尼亚享受欧盟给予的普遍优惠制待遇，6000 多种商品可以低关税或零关税向欧盟国家出口。[①]

1. 对外贸易额

2020 年，受新冠疫情影响，亚美尼亚对外贸易额同比下降 32.89%，实现 87.85 亿美元。2021 年经济逐渐复苏，全年总贸易额达到 108.45 亿美元，较上年增长 23.45%，但仍未恢复到新冠疫情前水平。2020 年和 2021 年贸易逆差分别为 12.59 亿美元和 11.37 亿美元。

2. 产品结构

亚美尼亚自身生产的能源主要有水电、核热等，能源燃料匮乏，主要依靠进口，能源类产品主要进口汽油、天然气等，历年来能源类产品进口额占总进口额的比重最高。亚美尼亚农业欠发达，粮食自给率低，也要依赖进口，主要进口谷物等。此外，亚美尼亚主要进口产品还包括锅炉、机械器具

---

① 刘艺潼：《后疫情时代欧亚经济联盟：艰难复苏与加快一体化》，《东北亚经济研究》2021年第 5 期，第 96~108 页。

及其部件、车辆、精密仪器等。

亚美尼亚主要出口产品包括矿产品、宝石和半成品宝石、贵重金属及其制品、非贵重金属及其制品、纺织品、葡萄酒和白兰地酒等。其中矿产品在出口产品中所占份额最高，以 2019 年为例，矿产品出口贸易额达到 13.84 亿美元；珍珠、宝石及贵金属等产品出口额达到 8.63 亿美元；烟草和烟草制品替代品出口额达 6.05 亿美元；含酒精或不含酒精饮料出口额达 6.10 亿美元。2020 年，受新冠疫情影响各产品出口额均出现不同程度下降。

3. 主要贸易国家

亚美尼亚通过加入欧亚经济联盟，获得了进入 1.7 亿人口共同市场的自由通道，拥有了从欧亚经济联盟进口原材料的权利并从第三方国家获得 750 种产品优惠进口条件。亚美尼亚还与拥有约 2.5 亿人口的独联体国家签订了自由贸易协定。与此同时，亚美尼亚积极发展与美国和欧洲国家的关系，努力加强与格鲁吉亚和伊朗的睦邻友好合作关系，深化与东欧、中东国家的联系，并不断拓展与中国的合作潜力。

亚美尼亚主要贸易区域是独联体、欧盟、亚洲和北美。前五大贸易伙伴国分别是俄罗斯、中国、瑞士、伊朗和德国，与这五个国家的贸易额占其贸易总额比重超过 60%。

（二）国际收支

从整体来看，亚美尼亚经常账户赤字数额庞大，主要是由于亚美尼亚常年存在贸易逆差。2020 年，亚美尼亚经常账户由赤字转为盈余，主要得益于收入的快速增长。2021 年亚美尼亚经常账户除第二季度外其他季度再次赤字，且第四季度赤字高达 4.45 亿美元，这主要是由于能源等价格的上升使亚美尼亚贸易状况恶化，商品和服务及货物的贸易逆差快速上升，最终导致亚美尼亚经常账户状况进一步恶化。亚美尼亚资本账户体量较小，处于盈余状态。从 2020 年第三季度到 2021 年第二季度，受益于外部投资的增加，亚美尼亚金融账户赤字不断减少，直到 2021 年第三季度实现 0.38 亿美元盈余，但 2021 年第四季度，由于外国直接投资为负以及其他投资骤减，金融账户赤字迅速增加到 3.19 亿美元，达到近两年来新高（见表 9-8）。

表 9-8　2020~2021 年亚美尼亚国际收支结构

单位：百万美元

项目	2020 年				2021 年			
	第一季度	第二季度	第三季度	第四季度	第一季度	第二季度	第三季度	第四季度
经常账户	−230.72	−181.51	−125.34	59.76	−67.73	13.45	−52.43	−444.76
商品和服务	−299.07	−246.51	−333.91	−384.62	−169.09	−189.09	−251.15	−586.96
货物	−325.23	−272.19	−362.38	−422.35	−227.96	−274.43	−416.19	−675.74
服务业	26.16	25.68	28.47	37.73	58.86	85.34	165.03	88.79
主要收入	−49.24	−87.84	−64.94	5.78	−105.77	−76.45	−92.88	−117.20
次要收入	117.59	152.84	273.51	438.61	207.13	278.98	291.60	259.40
资本账户	3.83	7.22	15.06	19.25	6.73	11.14	14.06	19.88
金融账户	−185.60	−302.34	−143.08	−51.75	−46.10	−37.98	37.61	−319.18
外国直接投资	−23.90	−47.17	−10.91	−3.89	−77.44	−19.77	−130.15	−115.74
组合投资	21.28	3.19	75.41	−56.21	−690.08	4.37	4.66	9.03
其他投资	69.96	−315.23	13.00	−130.38	283.64	−119.05	60.66	−272.19
官方储备资产	−255.37	59.35	−221.31	139.71	429.60	99.70	99.23	61.01
误差和遗漏净值	41.29	−128.05	−32.79	−130.76	14.89	−62.57	75.98	105.70

资料来源：世界银行数据库。

从外国直接投资来看，近年来，亚美尼亚外国直接投资净流入呈现出下降的趋势。为吸引外国企业来亚美尼亚投资，亚美尼亚政府坚持投资便利化，努力为外商营造有利的商业投资环境。但由于市场较小、物流成本高和缺乏优势产业支撑等原因，亚美尼亚吸引外资效果一般。

为了吸引更多外资，亚美尼亚对外国投资者采用开放的政策，并且制定了税收优惠鼓励政策。此外，亚美尼亚还设立自由经济区以吸引外资，发展先进技术，创造工作岗位，扩大出口，为经济稳步发展创造先决条件。亚美尼亚政府批准的自由经济区项目有四个，分别是"同盟（Альянс）"自由经济区、"AJA Holding"自由经济区（两个均在埃里温市），"梅格里"自由经济区（位于伊朗边境），"ECOS" 自由经济区（位于科泰克州赫拉兹丹市）。目前，暂无中国企业入驻亚美尼亚自由经济区。①

五 经济展望

（一）经济预测

世界银行 2022 年 6 月发布的《全球经济展望》指出，在遭受新冠疫情重创的背景下，全球经济可能正在进入一个漫长的增长乏力、通胀高企时期。这将导致滞胀风险上升，可能给亚美尼亚经济带来伤害，物价上涨将继续挤压民众的生活水平，控制通胀应成为政策制定者的首要任务。此外，2023 年经济增长速度将进一步放缓，主要原因是新冠疫情期间财政和货币支持将进一步退出。由于俄乌冲突以及一些国家的出口限制措施，全球粮价（尤其是小麦等谷物价格）上涨，亚美尼亚较依赖粮食进口，将会面临粮食危机。

（二）亚美尼亚经济发展规划

1. 政府经济发展规划

2019 年 2 月 8 日，亚美尼亚政府会议通过未来五年执政纲领，主要目标是促进经济包容性增长，计划五年内平均经济增长率达到 5%，具体内容为释放经济潜力、提高经济竞争力和改善商业环境、扩大出口、吸引投资、发展旅游业、发展中小企业以及发展加工业和农业。2019~2023 年，亚美尼亚总体发展规划对国土管理和地方自治、能源、矿业、供水及运输领域等 5个基础设施领域制定了发展规划。具体包括在亚美尼亚建造新核电机组的项目；建设伊朗—亚美尼亚和亚美尼亚—格鲁吉亚架空输电线项目；建设两个新水库和灌溉系统；评估现有水库技术状况并制订修复计划；建立矿产品原料加工产业链；发展航空生态系统等。亚美尼亚官方表示，项目建设的最大障碍是缺少资金，正积极寻找合作伙伴，解决融资问题。亚美尼亚允许并欢

---

① 《对外投资合作国别（地区）指南——亚美尼亚（2023 年版）》，http：//www. mofcom.
gov. cn/dl/gbdqzn/upload/yameiniya. pdf。

迎外国投资者投资并参与当地基础设施的建设。

2. 数字经济发展规划

2021 年 2 月 11 日，亚美尼亚政府通过了《2020—2025 年数字发展战略》，旨在确保政府、经济和社会的数字化转型，重点是实现数据驱动的有效、快速、透明的公共管理；通过数字平台和智慧解决方案使私营经济部门实现现代化并提高竞争力；拥有数字技能，为未来经济做好准备，创造劳动力，社会广泛使用数字解决方案。

3. 绿色经济发展规划

2021 年 1 月，亚美尼亚政府批准了《2040 年前亚美尼亚能源领域发展战略规划》及其行动路线图。主要发展方向是最大程度地利用太阳能和节约能源，延长亚美尼亚核电站第二能源组使用寿命，充分落实"北南"能源过境运输走廊建设规划，逐步实现能源市场自由化。2020 年 8 月，在绿色气候基金支持下实施农村地区绿色发展项目，提高森林生命力，保护环境和生物多样性。[①]

第三节　亚美尼亚经济转型发展路径

亚美尼亚希望通过加入欧亚经济联盟，扩大与联盟内的贸易，振兴本国经济，以其自身的地缘优势获取经济及政治利益。但由于自身经济存在短板，如资源匮乏、寡头经济特征明显、粮食无法自给、贸易逆差逐年扩大等，亚美尼亚国内经济发展受到阻碍。

亚美尼亚经济政策需要在新的形势下进行重新考量，着重推进产业变革，实现经济转型，进一步推动国家与世界经济一体化进程对于亚美尼亚经济发展十分重要。

---

① 《对外投资合作国别（地区）指南——亚美尼亚（2023 年版）》，http：//www.mofcom. gov.cn/dl/gbdqzn/upload/yameiniya.pdf。

一 降低经济依赖度，提高自主经济能力

作为亚美尼亚最主要的经济合作伙伴，俄罗斯通过对亚美尼亚能源、电力等支柱企业的控制，已经基本掌控了亚美尼亚的经济命脉，亚美尼亚的经济依赖度过高，不利于其自身经济的成长。独立的经济体系是一个主权国家的命之所系，是保持其国家独立、社会稳定、民族和谐与不断发展的根本命脉和基本前提。对于一个主权国家来说，其经济的发展状况不仅涉及国民的生存状况、生活质量、经济地位、社会地位、权益维护、未来远景、发展趋势等一系列问题，而且直接关系到一个国家的主权状况，以及国家能否保持独立、不受外来干预、具有国际地位和保持国内稳定、实现民族和谐等。因此，一个主权国家治国理政的首要问题，就是必须发展起独立的经济体系。亚美尼亚需要分析自己内在的经济发展规律，根据国情，找到适合的经济增长路径和经济增长源泉，避免过度依赖，这样才能保持经济发展的总体平衡，防止国家经济出现大的波动，保证国家经济的持续健康发展。①

二 制定适宜的产业政策，优化产业结构，提高产品竞争能力

亚美尼亚应实施以经济转型为基本前提的产业政策，刺激综合技术进口，为跨国企业进入亚美尼亚创造必要的市场条件，这对于提高亚美尼亚现代化综合生产能力十分有利，并能够对实体部门、实体经济提供帮助。旅游业是亚美尼亚的优势产业，未来，亚美尼亚要继续大力发展旅游业，推进旅游业高质量发展，以此吸引海内外的游客带动经济发展，最大程度发挥自己的旅游资源优势。同时，受新冠疫情影响，旅游业发展受到阻碍，亚美尼亚应致力于促进产业升级，寻求多元的旅游产业创收路径。亚美尼亚新冠疫情后经济复苏的主要方向依然为基础设施、医疗保健、教育领域的投资。此外，要提高国内进出口产品技术附加值，优化产业结构与进出口贸易结构，

---

① 徐仲伟、代金平：《经济独立是主权国家的立国之本——从乌克兰当前困局说起》，《重庆邮电大学学报》（社会科学版）2015 年第 1 期，第 1~4 页。

改善贸易平衡状况。经济发展的战略起点是创造、吸收和有效运用知识，从这个意义上而言，人力资本是非常重要的，人力资本的开发将成为亚美尼亚实现现代化技术应用的支柱。

通过提高高附加值部门的生产率和就业率，利用现代技术，提高国家经济竞争力，对于今天的亚美尼亚十分重要。针对科技领域的产业扶持政策非常重要，要使科技政策更多地依附产业扶持政策，经济发展方式由投资驱动向科技创新驱动转变，鼓励产业体系的科技创新，寻求建立和发展新型生产方式，科技创新政策要改变原有的依附产业政策的辅助地位，上升为产业政策的核心，覆盖全社会和整个产业体系，从而真正从源头上解决科技与经济发展问题。①

三　抓住中国"一带一路"机遇，为亚美尼亚经济发展注入新的活力

亚美尼亚位于亚洲与欧洲交界处的外高加索南部，地处欧亚大陆多个地缘板块的结合处，是国际资金、信息、商品和人员交流的重要通道，为"一带一路"共建国家。2015 年，亚美尼亚总统萨尔基相访华，与中国国家主席习近平会晤，两国签署了《关于进一步发展和深化友好合作关系的联合声明》，声明强调"共同建设丝绸之路经济带的倡议为两国开展全方位合作提供了新的历史机遇。双方将积极落实已签署的相关协议，共同推动丝绸之路经济带建设"。②

对亚美尼亚而言，"一带一路"建设给其带来了一个巨大的需求市场和工业品进口来源地，中国是亚美尼亚对外经济合作多元化发展的高质量合作伙伴。"一带一路"倡议有利于保持亚美尼亚经济独立性。共建"一带一路"为亚美尼亚商品出口方向、进口替代商品的选择提供了更大的空间，其致力于设施联通、贸易畅通和资金融通，可以为亚美尼亚带来更多的基础设施投资和其他产业投资。对亚美尼亚而言，多元化的出口战略是解决其贸

---

① 张来武：《科技创新驱动经济发展方式转变》，《中国软科学》2011 年第 12 期，第 1~5 页。
② 杨进：《亚美尼亚政治危机探析——兼论中国与亚美尼亚"一带一路"合作》，《俄罗斯东欧中亚研究》2019 年第 5 期，第 142~154 页。

易赤字和经济单方依赖性的关键，是其对外经济合作中更加需要重视的问题。①

中国与亚美尼亚在"一带一路"框架内的合作将为两国带来以下新机遇。

其一，利用"一带一路"合作平台，亚美尼亚将获取中国优惠贷款或投资，大力改善本国单一经济结构状态，为经济长期健康发展提供新动力。中国已经建立起丝路基金和亚美尼亚投行等多边金融合作机制，并倡议在"一带一路"框架内实现优势产业国际转移，充足的资金、技术和市场储备，为两国打开了产能合作的广阔前景。

其二，利用"一带一路"合作平台，助力亚美尼亚发展交通、能源、农业等领域的国际合作，尤其推进亚美尼亚最为急需的基础设施建设，有利于改善亚美尼亚的国际投资环境。亚美尼亚长期被阿塞拜疆、土耳其封锁，国际联通能力差，建设新的联通国际国内的交通基础设施，对亚美尼亚经济发展具有关键意义。

其三，利用"一带一路"合作平台，亚美尼亚通过大力发展与中国经贸合作关系，可以改善其国际分工状况，提升经济独立水平。亚美尼亚经济高度依赖俄罗斯，在产业国际分工上处于下游地位，产业空心化不利于亚美尼亚实现进口替代战略，也不利于实现国家经济独立。亚美尼亚重视与俄罗斯、欧盟及中国的关系，在这几方的关系中，通过与中国"一带一路"合作，可以促进亚美尼亚进入新的国际分工体系，实现产业国际分工升级。②

---

① 徐坡岭、那振芳：《亚美尼亚经济一体化选择及在"一带一路"建设中的机遇》，《俄罗斯学刊》2018年第1期，第27~44页。

② 杨进：《亚美尼亚政治危机探析——兼论中国与亚美尼亚"一带一路"合作》，《俄罗斯东欧中亚研究》2019年第5期，第142~154页。

"一带一盟"对接合作篇

      欧亚经济联盟成员国是"丝绸之路经济带"重要共建国家,"丝绸之路经济带"与欧亚经济联盟对接为双方合作发展提供了良好的机遇和广阔的平台,对于不断深化双方伙伴关系具有重要的意义。2015 年 5 月 8 日,中国与俄罗斯联合发表《中华人民共和国与俄罗斯联邦关于丝绸之路经济带建设和欧亚经济联盟建设对接合作的联合声明》,明确中俄双方将共同协商,秉持透明、相互尊重、平等、各种一体化机制相互补充等原则,通过双边和多边机制,特别是上海合作组织平台开展合作。《联合声明》的签署标志着开启了"丝绸之路经济带"与欧亚经济联盟(以下简称"一带一盟")对接合作的进程。随着联盟各成员国对"一带一盟"对接合作的不断了解,各国纷纷与中国在"五通"的大框架下开展合作。本篇对双方对接合作开展研究,分析"一带一盟"对接合作的内外部动因、合作模式以及实现对接的基础,剖析"一带一盟"对接合作的方向与路径,探究"一带一盟"具体的合作领域,形成了"一带一盟"对接研究成果。

第十章 "一带一盟"对接合作

近年来，国际环境复杂多变，逆全球化思潮不断涌现，区域一体化发展迅速。"丝绸之路经济带"建设与欧亚经济联盟建设对接，促进了中国和欧亚经济联盟成员国深入合作。

第一节 "一带一盟"对接合作的发展

"一带一盟"对接合作符合中国和欧亚经济联盟成员国的利益，有着坚实的社会经济文化基础。

一 "一带一盟"形成对接的过程

2015 年 5 月 8 日，中国与俄罗斯共同签署了《中华人民共和国与俄罗斯联邦关于丝绸之路经济带建设和欧亚经济联盟建设对接合作的联合声明》（以下简称《联合声明》），标志着中俄伙伴关系向着更加紧密的方向发展，为深化"丝绸之路经济带"与欧亚经济联盟的战略性对接、加快"丝绸之路经济带"的推进步伐提供了良好支撑，也为欧亚经济联盟成员国的经济发展注入了新的外部动力。

2016 年 6 月 25 日，中俄签署的《中华人民共和国和俄罗斯联邦联合声明》指出，落实中俄 2015 年 5 月 8 日《联合声明》中确定的"丝绸之路经济带"建设与欧亚经济联盟建设对接合作的共识具有重大意义。中俄主张在开放、透明和考虑彼此利益的基础上建立欧亚全面伙伴关系，包括可能吸纳欧亚经济联盟、上海合作组织和东盟成员国加入。鉴于此，两国元首和政府相关部门积极研究并提出落实该倡议的举措，以推动深化地区一体化进程。

2017 年 7 月 4 日，《中华人民共和国商务部与俄罗斯联邦经济发展部关于欧亚经济伙伴关系协定联合可行性研究的联合声明》签署，决定开展欧亚经济伙伴关系协定的可行性研究工作。该声明的签署显示了中俄两国深化互利合作、推进贸易自由化和地区经济一体化的坚定信心，以及探讨全面、高水平、未来面向其他经济体开放贸易投资自由化安排的共同意愿。标志着双方愿意将各自的发展倡议对接合作，共同推进地区一体化进程。2017 年 10 月 1 日，时任商务部部长钟山在杭州与时任欧亚经济委员会贸易委员尼基申娜举行会谈，并共同签署《关于实质性结束中国与欧亚经济联盟经贸合作协议谈判的联合声明》，这是落实《联合声明》的一项重大成果，标志着"一带一盟"对接迈出实质性的一步，将有助于推动"一带一盟"的对接合作。[①] 2017 年 11 月 10 日，中国国家主席习近平在会见俄罗斯总统普京时指出，双方要继续加大相互支持，加强全方位合作。要同步提升双边贸易规模和质量，落实好能源、投资、高技术、航空航天、基础设施建设等领域大项目，推动"一带一路"建设和欧亚经济联盟对接取得实质成果。

2018 年 5 月 17 日，中国与欧亚经济联盟共同签署了《中华人民共和国与欧亚经济联盟经贸合作协定》。该协定涉及贸易便利化和海关合作、知识产权合作、政府采购合作、电子商务合作等方面，是中国与欧亚经济联盟首次达成的经贸方面的重要制度性安排，标志着中国与欧亚经济联盟成员国合作进入制度引领的新阶段，对推进"一带一盟"对接具有里程碑意义。2018 年 6 月 8 日，中俄两国签署了《中华人民共和国商务部与俄罗斯联邦经济发展部关于完成欧亚经济伙伴关系协定联合可行性研究的联合声明》。2019 年 10 月，《中华人民共和国与欧亚经济联盟经贸合作协定》正式生效。

"一带一盟"对接合作不断推进，是各参与方的共同选择，对中国

---

① 《中国与欧亚经济联盟实质性结束经贸合作协议谈判》，中华人民共和国商务部，2017 年 10 月，http：//www.mofcom.gov.cn/article/ae/ai/201710/20171002654057.shtml。

与欧亚经济联盟各成员国的发展以及推动区域一体化具有重要现实意义。

二 "一带一盟"对接合作基础

（一）"一带一盟"对接合作具有良好的政治基础

中国与欧亚经济联盟成员国政治互信水平高，高层领导定期会晤机制为中国与欧亚经济联盟成员国保持良好的政治互信水平提供了可靠保证。中俄两国确定的平等信任的战略协作伙伴关系，为两国深化合作奠定了基础。哈萨克斯坦是中国的友好邻国和永久全面战略伙伴，是中国推动"丝绸之路经济带"建设的重要合作伙伴，两国政治关系日益密切。中国与白俄罗斯长期保持着传统友好关系，两国已建立起全面战略伙伴关系。多年来，中国与欧亚经济联盟成员国互为睦邻友好国家，双边战略协作伙伴关系稳定，在上海合作组织框架内不断取得多边合作成果，形成了良好的政治互信，为加快推进"一带一盟"对接合作奠定了稳定的政治基础。

"一带一盟"对接合作有利于欧亚经济联盟各成员国的经济发展，推进"一带一盟"对接合作符合各成员国的利益，这为"一带一盟"对接提供了良好的政治基础。①

（二）"一带一盟"对接合作具有坚实的经济基础

1. 双方贸易互补性强

中国与欧亚经济联盟之间的贸易互补性是"一带一盟"对接的经济基础。欧亚经济联盟国家主要对中国出口矿产品、木材及制品、贱金属及制品、机电产品、化工产品、活动物和动物产品等，主要自中国进口机电产品、纺织品及原料、贱金属及制品、家具和玩具以及化工产品等。能源短缺问题一直是制约中国经济发展的重要因素之一，中国亟须构建安全稳定的能源供应网络。而欧亚经济联盟成员国如俄罗斯、哈萨克斯坦均为世界

---

① 雷建锋：《"丝绸之路经济带"和欧亚经济联盟对接下的中俄关系》，《当代世界与社会主义》2017年第4期，第146~153页。

上主要的能源生产国和出口国，能够为中国的能源进口提供充足的来源，是中国重要的能源合作伙伴。互补的经济结构为双方开展经贸合作提供了良好基础。

2. 双方贸易规模不断扩大

多年来，中国与欧亚经济联盟国家在区域合作中一直保持着密切的经济贸易往来。中国连续多年稳居俄罗斯第一大贸易伙伴国，是吉尔吉斯斯坦第一大贸易伙伴国和第一大投资来源国，是哈萨克斯坦的第二大贸易伙伴国和第四大投资来源国，是白俄罗斯第二大贸易伙伴国，稳居亚美尼亚第二大贸易伙伴国、第二大出口市场及进口来源国。

自欧亚经济联盟成立以来，中国与欧亚经济联盟国家商品进出口贸易额总体呈增长态势，双方进出口贸易额由 2015 年的 787.50 亿美元增长到2020 年的 1255.09 亿美元，中国在欧亚经济联盟国家进出口贸易中的占比由 2015 年的 11.75% 增长到 2020 年的 17.24%。由表 10-1 中数据可看出，除了 2020 年受全球新冠疫情的影响，中国与欧亚经济联盟国家进出口贸易额有小幅下降外，其他年份双方进出口贸易额总体呈现上升趋势。从图10-1 中也可明显看出，中国在欧亚经济联盟国家进出口贸易中的占比逐年增加。双方日益紧密的经贸关系为"一带一盟"顺利对接奠定了坚实的经济基础。

表 10-1 2015~2020 年欧亚经济联盟与中国进出口贸易额

单位：亿美元

年份	进口贸易额	出口贸易额	进出口贸易额
2015	439.53	347.97	787.50
2016	539.44	347.48	886.92
2017	663.03	480.44	1143.47
2018	632.16	629.72	1261.88
2019	668.56	660.55	1329.11
2020	662.81	592.28	1255.09

资料来源：根据联合国商品贸易统计数据库数据整理得到。

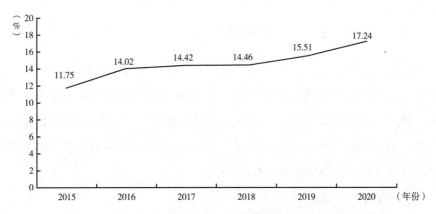

图 10-1 2015~2020 年中国在欧亚经济联盟国家进出口贸易中占比

资料来源：根据联合国商品贸易统计数据库数据整理得到。

（三）"一带一盟"对接具有良好的人文基础

"丝绸之路经济带"不仅仅是贸易合作之路，更是文化交流之路。"一带一盟"对接合作与文化息息相关。自中国"一带一路"倡议提出以来，古老的丝路文明成为"一带一盟"对接合作的人文纽带。"一带一盟"对接合作框架内的人文交流合作既在以上海合作组织为载体的多边层面，又在中国与欧亚经济联盟成员国双边层面展开。政府主导、民间交流迅速发展的人文交流局面已经形成。中国与欧亚经济联盟成员国的教育合作交流日益密切、渠道不断增多，通过开展国际教育合作培养了越来越多的适合经贸合作交流活动的人才，有力地促进了双方的交流与合作。中国在欧亚经济联盟国家建立了多所孔子学院，欧亚经济联盟国家也在中国的不同地区不同大学中建立了俄语教学中心和其他成员国语言培训教育中心。通过举办国家文化年、语言年、旅游年和青年友好交流年、艺术展、青年节、文化研修班、经贸论坛、国际关系论坛和各类专家研讨会等人文交流活动，不断推进中国与欧亚经济联盟国家的交流合作，为"一带一盟"对接合作奠定良好的人文基础。[1]

---

[1] 杨希燕、唐朱昌等：《对接与合作：丝绸之路经济带与欧亚经济联盟》，中国经济出版社，2020，第 77~82 页。

三 "一带一盟"对接合作模式

目前，学界对于"一带一盟"对接合作模式的讨论主要围绕三种方案展开，第一种是"丝绸之路经济带"与欧亚经济联盟整体进行对接合作；第二种是"丝绸之路经济带"与欧亚经济联盟各成员国分别展开双边对接合作；第三种是"丝绸之路经济带"与欧亚经济联盟各成员国分别对接，同时与欧亚经济联盟整体进行对接合作。

（一）"1+1"模式

第一种为"1+1"模式，即中国"丝绸之路经济带"与欧亚经济联盟整体进行对接合作。俄罗斯是该模式的积极推动者。俄罗斯主张在欧亚经济联盟框架内成立专门负责"一带一盟"对接的超国家机构，负责协调欧亚经济联盟各成员国在对接合作中的立场，在与中国的谈判中实现"统一发声、统一步调"。

（二）"5+1"模式

第二种为"5+1"模式，即中国"丝绸之路经济带"与欧亚经济联盟五个成员国分别进行双边对接。这一模式遭到了俄罗斯的反对，但是欧亚经济联盟其他成员国积极支持这种模式，并对"一带一盟"对接表现出了较高的积极性，主动向中国靠拢，引进中国资本和技术，加强基础设施建设，积极与中国展开合作。

（三）"5+1+1"模式

第三种为"5+1+1"模式。欧亚经济委员会综合以上两种模式，提出了这个折中方案，即中国"丝绸之路经济带"和欧亚经济联盟五个成员国以及欧亚经济联盟整体开展对接合作。欧亚经济委员会提出这种模式主要出于以下考虑：第一，不反对其余成员国在双边基础上与"丝绸之路经济带"进行对接合作；第二，顾及主导国俄罗斯的利益诉求；第三，对欧亚经济联盟成员国起到贸易保护的作用，确保它们不会成为中国经济的"附庸"。

第二节 中国与欧亚经济联盟成员国合作

自 2015 年习近平主席和俄罗斯总统普京签署《联合声明》以来，"一带一盟"对接合作不断深化，中国与欧亚经济联盟成员国在能源、运输、通信、金融等重点领域积极开展合作并取得了丰硕的成果。2019 年 10 月，《中华人民共和国与欧亚经济联盟经贸合作协定》正式生效，为中国与欧亚经济联盟的经贸合作提供了重要的制度性保障，双方经贸合作伙伴关系更加密切。

一 中国与俄罗斯经贸合作状况

近年来，面对复杂的国际环境，中国与俄罗斯持续深化双方战略伙伴关系，两国经贸合作关系不断走深走实。中国提出"一带一路"倡议后，俄罗斯积极参与中国的"一带一路"建设，两国经贸合作日益密切。2015 年，中俄两国签署《联合声明》以来，两国贸易额不断增加，贸易结构日益优化，合作领域更加广泛，双方经贸关系向着更好的方向发展。

（一）中国与俄罗斯贸易额不断增加

1. 进出口贸易额

自 2015 年中俄两国签署《联合声明》以来，双边贸易额逐年增加。中国自俄罗斯进口贸易额由 2015 年的 332.59 亿美元增加到 2021 年的 789.71 亿美元，中国对俄罗斯出口贸易额由 2015 年的 347.57 亿美元增加到 2021 年的 675.50 亿美元。2021 年，中国和俄罗斯经贸合作实现跨越式发展，贸易额达到 1465.21 亿美元，历史上首次突破 1400 亿美元大关，同比增长 35.2%（见表 10-2）。[①]

---

① 《商务部：2021 年中俄货物贸易额首次突破 1400 亿美元大关》，中国新闻网，2022 年 1 月，https：//www.chinanews.com.cn/cj/2022/01-27/9663335.shtml。

表 10-2　2015~2021 年中国与俄罗斯进出口贸易情况

单位：亿美元，%

年份	进口贸易额	占总进口比重	出口贸易额	占总出口比重
2015	332.59	1.98	347.57	1.53
2016	322.60	2.03	373.40	1.78
2017	413.90	2.24	428.31	1.89
2018	591.41	2.77	479.65	1.93
2019	611.91	2.94	497.48	1.99
2020	578.44	2.79	505.04	1.95
2021	789.71	2.94	675.50	2.01

资料来源：根据联合国商品贸易统计数据库数据整理得到。

2. 贸易额变动趋势

从进出口贸易额变动趋势看，除了 2016 年和 2020 年有小幅下降外，中国自俄罗斯进口贸易额总体上呈现上升趋势。2016 年，新兴市场国家经济明显减速，需求放缓，这也导致了中国进口的减少。2020 年，受新冠疫情的影响，中国自俄罗斯的进口贸易额较上年有小幅度的下降，但在 2021 年又恢复增长趋势。2015~2021 年，中国对俄罗斯出口贸易额总体呈现上升趋势，即使在 2020 年全球经济受到新冠疫情影响的情况下，出口贸易额仍然处于上升态势。中国与俄罗斯进出口贸易在中国对外贸易中所占比重有所增加。

3. 贸易状态

2015~2017 年，中国自俄罗斯进口贸易额小于对俄罗斯的出口贸易额，处于贸易顺差状态。从 2018 年起，中国大幅增加自俄罗斯的进口，自俄罗斯的进口贸易额大于对俄罗斯的出口贸易额，处于贸易逆差状态。

综上可看出，中国与俄罗斯贸易规模在不断增加，反映出"一带一盟"对接为中俄两国的贸易合作带来了广阔的市场空间。

（二）中国与俄罗斯贸易结构不断优化

中国与俄罗斯的进出口商品贸易一直以石油、天然气等能源类产品为主，但随着"一带一盟"对接合作的不断推进，两国经贸合作领域更加广泛，在农业、机电、基础设施建设等领域的经贸合作越来越密切。农产品贸易成为中俄合作的新亮点，两国农产品贸易额不断攀升，农业合作潜力巨大。2020年，中俄农产品贸易额创历史新高，达到55.5亿美元，中国跃升为俄罗斯农产品和肉类第一大出口市场。中俄两国在机电产品领域也展开了更加深入的合作，2021年，中俄机电产品贸易额达434亿美元。① 其中，中国对俄出口汽车、家电、工程机械等保持快速增长，奇瑞、吉利等中国品牌汽车在俄罗斯销量再创历史新高，华为、小米等中国品牌电子产品受到俄罗斯民众青睐。

在"一带一盟"合作框架下，中国与俄罗斯在基础设施建设领域加强合作，基础设施合作项目取得重大进展。中俄黑龙江大桥、同江中俄黑龙江铁路大桥、"滨海1号"和"滨海2号"国际交通走廊，以及中国黑河—俄罗斯布拉戈维申斯克跨黑龙江索道等中俄跨境交通基础设施项目基本完工并投入使用。此外，一批有牵动性的基础设施投资合作大项目也取得积极进展，如阿穆尔州60万吨水泥厂项目、俄外贝加尔阿玛扎尔林浆一体化项目、梦兰星河阿穆尔—黑河边境油品储运与炼化综合体项目、中俄原油管道二线工程项目等。在2021年，中俄原油管道、中俄东线天然气管道、亚马尔液化天然气、田湾核电站1~4号机组等重大合作项目稳定运行，中俄东线天然气管道南段工程、田湾核电站7号和8号机组以及徐大堡核电站3号和4号机组建设等新开工项目进展顺利。

此外，中俄两国在能源绿色低碳转型、人工智能、新能源发展、绿色金融、本币结算等领域也开展了全方位的合作，中俄合作范围逐渐扩大，双边贸易结构不断优化。

（三）跨境电子商务合作迅速扩大

近年来，电子商务成为带动经济发展的新兴商业模式，中国与俄罗斯在跨境电子商务领域也展开了全方位的深度合作，成为新时期推动中俄两

---

① 《商务部：2021年中俄货物贸易额首次突破1400亿美元大关》，中国新闻网，2022年1月，https://www.chinanews.com.cn/cj/2022/01-27/9663335.shtml。

国经济合作的新亮点,促进中俄两国贸易创新发展。随着"一带一盟"对接合作的不断推进,借助中国东北沿边地区在对俄地缘交通上的优势,吸引了一大批跨境电商入驻,促使中俄跨境电商蓬勃发展。中国通过加强电子商务软件开发和硬件设施建设,完善跨境物流通道建设,以此为中俄跨境电子商务合作提供便利的服务,并加大对俄罗斯市场的开发与投入力度。尤其是满洲里、黑河、绥芬河等中俄重要边境口岸城市在对俄跨境电商平台建设、通关服务等方面投入力度较大,发展势头迅猛。在双方共同努力下,中国与俄罗斯的跨境电子商务合作快速增长,跨境电子商务交易量逐年增长。

二 中国与哈萨克斯坦经贸合作状况

哈萨克斯坦与中国合作是"一带一盟"对接的重要一环。中国是哈萨克斯坦的第二大贸易伙伴国和第四大投资来源国,积极推进与哈萨克斯坦展开全方位合作。2022 年金砖国家工商论坛上,萨乌兰巴耶夫表示,哈萨克斯坦与中俄均有贸易往来,在基础设施建设、贸易融资、金融产品等领域都与中俄建立了良好合作关系。哈萨克斯坦愿与中国继续加强在中欧班列跨境交通运输方面的合作,并凭借自身优越的地理位置,有效连接中国、俄罗斯和印度这三大经济体。[①] 在两国外交关系发展上,经过双方的共同努力,中国和哈萨克斯坦逐步从友好合作关系发展成为永久全面战略伙伴关系。两国的贸易往来日益密切,双边贸易额不断增加,合作领域不断扩大。

(一)双边贸易额不断增加

中国与哈萨克斯坦地缘相邻,哈萨克斯坦积极支持中国"一带一路"倡议,与中国开展更加密切的合作。在"一带一盟"对接合作背景下,中哈两国关系日益紧密,两国经贸合作伙伴关系不断深化,贸易规模持续增

---

① 《哈萨克斯坦代表:希望金砖国家超越现有框架与哈进行更多融合合作》,中国青年网,2022 年 6 月,http://news.youth.cn/gj/202206/t20220624_13797399.htm。

加。中国自哈萨克斯坦进口贸易额由 2015 年的 58.49 亿美元增加到 2021 年的 113.92 亿美元，对哈萨克斯坦出口贸易额由 2015 年的 84.41 亿美元增加到 2021 年的 139.60 亿美元。2015~2021 年，中国自哈萨克斯坦进口贸易额总体呈上升趋势，只在 2016 年有小幅下降。2016 年，新兴市场国家经济明显减速，需求放缓，这也导致了中国进口减少。中国对哈萨克斯坦的出口贸易额呈现波动性增长态势。总体上，中国与哈萨克斯坦进出口贸易额呈现增长趋势，中哈进出口贸易在中国对外贸易中的占比增加。但是，中哈贸易规模总体偏小。在"一带一盟"对接合作框架下，双方应继续深化经贸合作伙伴关系（见表 10-3）。

表 10-3 2015~2021 年中国与哈萨克斯坦进出口贸易情况

单位：亿美元，%

年份	进口贸易额	占总进口比重	出口贸易额	占总出口比重
2015	58.49	0.35	84.41	0.37
2016	48.05	0.30	82.92	0.40
2017	63.79	0.35	115.64	0.51
2018	80.93	0.38	113.52	0.46
2019	88.62	0.43	127.29	0.51
2020	103.66	0.50	117.03	0.45
2021	113.92	0.42	139.60	0.42

资料来源：根据联合国商品贸易统计数据库数据整理得到。

（二）贸易结构逐渐改善

多年来，中国与哈萨克斯坦之间贸易往来以能源和矿产品为主，贸易结构单一问题制约着双方经贸发展。中国"一带一路"倡议提出以来，中哈两国积极推动经贸往来，从多方面开展合作，双方贸易结构有了很大地改善。哈萨克斯坦自中国的进口主要集中在机电产品上，尤其是高科技和资本密集型产品，对中国出口产品主要为能源和矿产品、原材料等。在"一带一盟"对接合作框架下，中国与哈萨克斯坦在基础设施建设、金融等领域的合作也不断增加。

三 中国与白俄罗斯经贸合作状况

作为欧亚经济联盟成员国，白俄罗斯为外国投资者提供了通过白俄罗斯进入欧亚经济联盟的机遇。随着欧亚经济联盟的正式运行，白俄罗斯不断改进营商环境。同时，伴随着共建"一带一路"的不断推进，中国与白俄罗斯的经贸合作也越来越密切。中白工业园作为"丝绸之路经济带"建设的重要纽带，成为共建"一带一路"的示范园区项目。① 借助中白工业园，中国与白俄罗斯在多领域展开了深度合作。在"一带一盟"对接的合作背景下，双边贸易往来密切，贸易规模逐渐增加。

（一）贸易规模逐渐增加

2015～2021 年，中国自白俄罗斯的进口贸易额由 2015 年的 10.1081 亿美元增加到 2021 年的 10.9069 亿美元，对白俄罗斯的出口贸易额由 2015 年的 7.4890 亿美元增加到 2021 年的 27.2941 亿美元。在 2016 年，中国自白俄罗斯进口贸易额大幅下降，之后又呈现出增长趋势。2020 年，受全球新冠疫情的影响，中国自白俄罗斯的进口贸易额有小幅下降。中国对白俄罗斯的出口贸易额除了在 2017 年有所降低外，其余年份都在大幅增加。总体来看，中国与白俄罗斯的进出口贸易额呈现上升趋势。中国与白俄罗斯双边贸易在中国对外贸易中的比重也在增加。但是双边贸易规模总体较小，存在广阔的合作空间（见表 10-4）。

表 10-4　2015～2021 年中国与白俄罗斯进出口贸易情况

单位：亿美元，%

年份	进口贸易额	占总进口比重	出口贸易额	占总出口比重
2015	10.1081	0.0602	7.4890	0.0330
2016	4.3519	0.0274	10.9002	0.0519
2017	5.1538	0.0280	9.3336	0.0413

① 刘思艺：《中国与白俄罗斯经贸合作研究——基于白俄罗斯视角》，《中国商论》2021 年第 14 期，第 96～100 页。

年份	进口贸易额	占总进口比重	出口贸易额	占总出口比重
2018	5.7105	0.0268	11.4159	0.0458
2019	9.1486	0.0440	17.9907	0.0720
2020	8.8869	0.0429	21.1322	0.0816
2021	10.9069	0.0407	27.2941	0.0812

资料来源：根据联合国商品贸易统计数据库数据整理得到。

（二）中国与白俄罗斯贸易结构互补

从贸易结构来看，中国与白俄罗斯的双边贸易具有较强的互补性。白俄罗斯对华出口商品结构中，主要包括钾肥、肉类和食用肉类副产品、乳制品和鸟蛋等动物源性食品、塑料、机电产品等；自中国进口的商品结构中，以科技含量较高的汽车和汽车零件为主，同时也进口纺织品、服装、鞋类、农产品等。

从中国与白俄罗斯的贸易规模和贸易结构状况可以看出，在"一带一盟"对接的合作背景下，中国与白俄罗斯的贸易规模增加，贸易结构也在持续优化。但是，中白贸易规模总体偏小，仍有较大的合作发展潜力。中国应与白俄罗斯抓住"一带一盟"对接的机遇，积极开展全方位合作，促进双边贸易向着更深的方向发展，从而带动双方经济共同繁荣。

四 中国与吉尔吉斯斯坦经贸合作状况

吉尔吉斯斯坦地处中亚大陆，是连接欧亚大陆的交通要道，无论在地缘政治还是地缘经济上，吉尔吉斯斯坦都具有重要的战略区位优势。[1] 在"一带一盟"对接背景下，中国与吉尔吉斯斯坦的经贸合作迎来了新的发展机遇，双方积极开展贸易合作，两国贸易合作前景广阔。

（一）中国与吉尔吉斯斯坦贸易规模波动增长

2015~2021年，中国自吉尔吉斯斯坦进口贸易额由2015年的0.5857

---

[1] 王其猛、杜永善、孔颖：《"一带一路"背景下中国与吉尔吉斯斯坦贸易互补性研究》，《对外经贸实务》2022年第1期，第42~46页。

亿美元增加到 2021 年的 0.7973 亿美元, 中国对吉尔吉斯斯坦出口贸易额由 2015 年的 42.8212 亿美元增加到 2021 年的 74.7374 亿美元。总体看来, 中国与吉尔吉斯斯坦进出口贸易额除了在 2017 年和 2020 年有所降低外, 总体呈现上升趋势。中国在吉尔吉斯斯坦对外贸易中的比重也在增加。2020 年, 新冠疫情给全球经济发展带来了巨大影响, 中国与吉尔吉斯斯坦双边贸易规模受此影响有所下降, 2021 年又恢复增长趋势。

虽然中国与吉尔吉斯斯坦进出口贸易规模在不断扩大, 但是总体贸易规模仍然很小。在双边贸易中, 中国自吉尔吉斯斯坦进口贸易额总体较小, 远远低于对吉尔吉斯斯坦的出口贸易额。中国出口贸易额在两国进出口贸易总额中占比长期保持在 90% 以上, 长期处于贸易顺差状态, 这不利于两国经贸关系的良性发展 (见表 10-5)。

表 10-5　2015~2021 年中国与吉尔吉斯斯坦进出口贸易情况

单位: 亿美元, %

年份	进口贸易额	占总进口比重	出口贸易额	占总出口比重
2015	0.5857	0.0035	42.8212	0.1884
2016	0.7123	0.0045	56.0543	0.2672
2017	0.8706	0.0047	53.3681	0.2358
2018	0.5433	0.0025	55.5679	0.2235
2019	0.6604	0.0032	62.8052	0.2513
2020	0.3480	0.0017	28.6534	0.1107
2021	0.7973	0.0030	74.7374	0.2223

资料来源: 根据联合国商品贸易统计数据库数据整理得到。

（二）中国与吉尔吉斯斯坦贸易结构

随着中国与吉尔吉斯斯坦双边贸易规模的不断扩大, 贸易结构也在逐渐优化, 贸易产品逐渐由工业平均指数低的传统产品转变为高附加值产品, 比如从服装纺织等产品转移到电子产品和家电机械设备产品等。中国和吉尔吉斯斯坦还在农产品领域展开了深入合作, 尤其是动物产品方面表现突出, 如扩大和提升了植物产品、动植物食品、活物和动物脂肪及其衍生品、醋、精制食用油脂、饮料、酒等领域的经贸往来。吉尔吉斯斯坦自中国进口的商品可以分为传统和新兴两部分，前者主要包括针织纺织品、食品、农作物产品等日常消费相关产品，是双边贸易中占比最大的部分。近年来，吉尔吉斯斯坦从中国进口的电子、机械、无机化合物等产品快速增多，这部分科技含量高的新兴产品进口额在吉尔吉斯斯坦进口总额中的比重不断增加，且家用器材、医疗设备、交通工具等新兴产品的进口量也保持了较好的贸易发展态势。

（三）中国与吉尔吉斯斯坦投资合作不断扩大

近年来，在共建"一带一路"的带动下，中国对吉尔吉斯斯坦的投资领域也在不断扩大，涵盖矿产资源开发、能源电力、油气加工、交通基础设施建设、建材、农业、医疗等多个领域。双方合作实施了一系列重点项目，如比什凯克市政路网改造项目、新北南公路项目等，为吉尔吉斯斯坦经济发展注入了活力，也为中吉开展更加广泛的合作开辟了新通道。

五 中国与亚美尼亚经贸合作状况

亚美尼亚是一个地处亚洲和欧洲交界处的内陆国家，是欧亚文明交汇的核心地带。[①] 亚美尼亚长期以来与中国保持着友好合作关系，与中国建立起了稳固的外交关系。"一带一盟"对接和推进，为中国与亚美尼亚开展更深层次的合作提供了良好的机遇。双方在"一带一盟"对接背景下，贸易规模逐渐扩大。

（一）进出口商品贸易额逐年增加

2015~2021年，中国自亚美尼亚进口贸易额由2015年的2.0897亿美元增加到2021年的10.8386亿美元，对亚美尼亚出口贸易额由2015年的1.1240亿美元增加到2021年的3.3102亿美元。总体来看，中国与亚美尼亚

---

① 郑云天、那斯雅：《亚美尼亚在"一带一路"倡议中的定位、认知与前景》，《党政研究》2020年第5期，第92~99页。

进出口贸易额呈现逐年上升趋势，中国在亚美尼亚对外贸易中的占比也在不断上升。多年来，中国稳居亚美尼亚第二大贸易伙伴、第二大出口市场及进口来源国。但是，中国与亚美尼亚的总体贸易规模较小，具有很大的合作空间。双方应该继续加强合作，拓宽合作领域，促进两国经贸合作发展（见表10-6）。

表10-6　2015~2021年中国与亚美尼亚进出口贸易情况

单位：亿美元，%

年份	进口贸易额	占总进口比重	出口贸易额	占总出口比重
2015	2.0897	0.0124	1.1240	0.0049
2016	2.8062	0.0177	1.1108	0.0053
2017	3.0268	0.0164	1.4385	0.0064
2018	3.0214	0.0142	2.1318	0.0086
2019	5.3130	0.0256	2.2309	0.0089
2020	7.9449	0.0384	2.2279	0.0086
2021	10.8386	0.0404	3.3102	0.0098

资料来源：根据联合国商品贸易统计数据库数据整理得到。

（二）进出口商品种类有所增加

长期以来，中国自亚美尼亚进口商品以矿产品为主，矿产品贸易额占两国贸易额比重达90%以上，对亚美尼亚出口商品以机电产品为主，贸易结构较为单一。自《联合声明》签署以来，中国与亚美尼亚经贸关系不断深化，贸易规模逐年增加，两国贸易领域也在不断扩大。联合国商品贸易统计数据库资料显示，2015~2021年，中国与亚美尼亚进出口商品贸易类别均有所增加。中国增加了对亚美尼亚艺术品、收藏品及古物、活动物等商品的进出口贸易，对亚美尼亚车辆、航空器、船舶及有关运输设备等商品的出口额在中国对亚美尼亚出口总额中的占比逐年增加，由2015年的6.49%增加到2021年的9.36%。双方应该继续加强经贸合作，拓宽合作广度和深度，促进"一带一盟"顺利对接发展。

第十一章 "一带一盟"对接合作的
方向与路径

"一带一盟"对接合作，需要选择准确的方向与路径。在"一带一盟"对接合作过程中，双方应该充分利用上海合作组织这一平台加强沟通交流。

第一节 "一带一盟"对接方向

一 "丝绸之路经济带"与俄罗斯的对接合作的方向

（一）能源发展战略的对接

2015 年 3 月，俄罗斯出台了《2035 年前能源发展战略》，提出了包括降低对能源经济的依赖程度、调整能源生产结构、加大能源科技创新、拓展亚太市场等一系列措施。[①] 在降低对能源经济的依赖程度层面，提出了改变能源在国民经济中的地位，强调能源在经济中的地位从原来的拉动国民经济增长的"火车头"转变为"基本促进因素"。在调整能源生产结构层面，提出降低石油产量，提高天然气、煤炭、电能产量，优化热能供应。在加大能源科技创新方面，强调加快"基础研究、实用研究、研发活动、试验产品生产、成熟产品加工"的循环周期。在基础设施建设方面，强调依靠能源与交通基础设施的平衡发展推动建立能源空间发展新模式，克服能源基础设施发展的"瓶颈"，重点关注东西伯利亚和远东地区能源基础设施的建设与完善。在拓展亚太市场、实现能源出口多元化层面，强调要扩大对亚太市场

---

① 《2035 年前俄罗斯能源战略发展草案》，新思界，2017 年 6 月，http://www.newsijie.cn/ TZD/TouZiDiMenuInfo/4385/224/224/TZHJ。

的出口规模，以出口高品质石油产品为主，要在维护俄罗斯利益的前提下解决同欧洲传统消费国的危机，同时在东部以能源对话方式加强同亚洲国家的合作，特别是与中国签署天然气供应合同。[①]

2020 年 6 月，俄罗斯推出新版《俄罗斯 2035 年前能源战略》，确定了俄罗斯发展的新目标和任务。[②] 新版能源战略指出，能源工业的主要任务是促进俄罗斯社会经济发展，满足国内需求，扩大出口，巩固和保持俄罗斯在世界能源市场上的地位。明确到 2024 年俄罗斯天然气化水平应从 68.6% 提高到 74.7%，到 2035 年再提高到 82.9%；到 2024 年能源生产较 2018 年增长 5~9 个百分点，出口增长 9~15 个百分点，吸引投资增加 1.35~1.4 倍。在实施方面，新版能源战略指出，要通过实现能源基础设施现代化、实现技术独立化、完善出口多元化及向数字化转型确保俄罗斯能源安全。要特别重视扩大东西伯利亚和远东地区天然气运输基础设施，加强液化天然气生产，保证能源系统的稳定性和可持续发展，同时降低能源对自然环境的损害。一是以亚太带动能源出口多元化。二是大力发展液化天然气。液化天然气是俄罗斯优先发展的战略项目。俄罗斯计划在 2024 年前将液化天然气的产量提高至 4600 万~6500 万吨，2035 年达到 7200 万~8200 万吨。三是加大对非洲的煤炭供应。煤炭工业是俄罗斯能源的关键领域之一，要加大对非洲、中东和亚太地区的煤炭出口。

中国《能源发展战略行动计划（2014—2020 年）》提出，要优化能源结构，降低煤炭消费比重，提高天然气消费比重，安全发展核电，大力发展可再生能源。要拓展能源国际合作。加强俄罗斯与中亚、中东、非洲、美洲和亚太五大重点能源合作区域建设，深化国际能源双边多边合作，建立区域性能源交易市场，积极参与全球能源治理。加强统筹协调，支持企业"走出去"。推进能源科技创新，明确能源科技创新战略方向和重点，抓好重大

---

① 杨希燕、唐朱昌等：《对接与合作：丝绸之路经济带与欧亚经济联盟》，中国经济出版社，2020，第 144~164 页。

② 《俄罗斯新版 2035 年前能源战略解析》，欧亚系统科学研究会，2020 年 6 月，https://www.essra.org.cn/view-1000-754.aspx。

科技专项，依托重大工程带动自主创新，加快能源科技创新体系建设。

由此可见，俄罗斯的《俄罗斯2035年前能源战略》与中国《能源发展战略行动计划（2014—2020年）》高度契合，中俄两国可以从能源发展战略方向上进行对接合作，着力打造"一带一路"框架下能源合作，推动"一带一盟"对接合作。

（二）投资优先领域的对接

俄罗斯政府确定了两个"优先"发展目标：一是优先发展的经济领域，包括农业、加工业、化工、机械制造和住房建设；二是优先投资项目，包括运输行业、通信与电信，以及电、气、水和其他资源的生产和分配。同时，俄罗斯还提出了开发西伯利亚远东地区，建设莫斯科州中央环线铁路，对贝阿铁路和跨西伯利亚铁路进行现代化改造，新建莫斯科—喀山高速铁路等一系列投资计划。中国可以与俄罗斯在这些领域优先进行合作，以此带动双方经济发展。这些领域实现战略合作，为"一带一盟"的对接奠定良好的合作基础。

（三）现有经贸合作对接

根据《俄罗斯联邦外交政策构想》，发展同中国的友好关系是俄罗斯外交的重要方向之一。中国与俄罗斯经贸发展存在很强的互补性，贸易潜力巨大。近年来，在中俄两国政府的共同努力下，两国全面战略协作伙伴关系得以持续发展，经贸关系发展总体良好，增长迅速。2021年，中国和俄罗斯经贸合作实现跨越式发展，货物贸易额达到1468.7亿美元。中国对俄罗斯出口的主要商品有机械设备、服装及衣着类、电器和电子产品、鞋类、纺织纱线、织物及制品、农产品、钢材、汽车、汽车零件、橡胶轮胎等，自俄罗斯进口的商品主要有原油、成品油、铁矿砂及其精矿、原木、煤、冻鱼、锯材、肥料、纸浆、合成橡胶等。在中国"一带一路"倡议的推进下，中国与俄罗斯在基础设施建设、金融等领域的合作也在不断增加。在"一带一盟"对接合作中，中俄双方应在现有经贸合作领域的基础上，继续深化双方在这些领域的对接合作，以此加快推进"一带一盟"对接合作的进程。

二　"丝绸之路经济带"与哈萨克斯坦对接合作的方向

(一) 发展战略的对接

哈萨克斯坦 2030 年前国家战略发展规划以及"光明之路"新经济计划为"丝绸之路经济带"与哈萨克斯坦战略对接提供了基础。

1. 哈萨克斯坦 2030 年前国家战略发展规划

哈萨克斯坦在摆脱了独立初期所面临的困境之后，开始走向经济发展的道路，并在国家建设中逐渐摸索出一条适应本国国情的发展模式——"哈萨克斯坦之路"。时任哈萨克斯坦总统纳扎尔巴耶夫在 1997 年发表的国情咨文中提出了哈萨克斯坦 2030 年前国家战略发展规划。该战略提出了七个主要发展方向：国家安全、内部政治的稳定及长治久安、通过吸引外资提高国内生产总值、提高全民素质及生活水平、能源开采及利用、发展基础设施、创建职业技术型学校。[①]

2012 年，哈萨克斯坦 2030 年前国家战略发展规划的主要任务基本完成。哈萨克斯坦实现了国家统一、政治稳定、社会公平、人民生活富裕、独立繁荣，经济发展步入快车道，朝着既定战略目标快速发展。在这一阶段，哈萨克斯坦取得了令人瞩目的成就。

2. 哈萨克斯坦 2050 发展战略

2012 年 12 月，纳扎尔巴耶夫发表了题为《哈萨克斯坦-2050：健全国家的新政治方针》的国情咨文，对哈萨克斯坦 1997 年以来的国家发展进行了总结，并通过具体数据证明已经提前完成了哈萨克斯坦 2030 年前国家发展战略规划。哈萨克斯坦 2050 发展战略列出了哈萨克斯坦面临的十项挑战，提出了哈萨克斯坦的主要目标是到 2050 年跻身世界发达国家前 30 位。其中，GDP 年均增长率不低于 4%，劳动生产率提高 4 倍，人均 GDP 提高 3.5 倍（从 1.3 万美元增至 6 万美元），中产阶级成为国家居

---

① 《哈萨克斯坦 2030 年前国家战略发展规划》，哈萨克国际通讯社，2014 年 3 月，https://www. inform. kz/cn/2030_ a2636080。

民主体,城镇化率从 55%增至 70%左右。哈萨克斯坦 2050 发展战略从经济政策、商业经营、社会政策、知识和职业技能教育、政治制度、外交政策和新型哈萨克斯坦爱国主义七个方面提出了哈萨克斯坦发展的政策导向和具体目标。

3. "光明之路"新经济政策

2014 年,时任哈萨克斯坦总统纳扎尔巴耶夫在发表的国情咨文中宣布,实行"光明之路"新经济政策。"光明之路"新经济政策的核心是进行基础设施建设,计划三年之内将 90 亿美元投资到运输物流业建设、工业和能源基础设施建设、公共设施和水热供应网络改善、住房和社会基础设施建设、中小型企业扶持等方面,目的在于发展哈萨克斯坦的国内运输网络,并将哈萨克斯坦打造成连接中国、欧洲等市场的全球交通走廊。主要包括:完善交通道路基础设施,加快工业基础设施建设,发展能源基础设施建设,升级公共事业和供水系统基础设施,加强住房基础设施建设,加强社会事业基础设施发展,进一步支持中小型企业和商业发展。[①]

中国的"一带一路"倡议和哈萨克斯坦的"光明之路"新经济政策有着相似之处,都希望推动基础设施建设,加强对外经贸往来带动经济发展。中国与哈萨克斯坦可以借助"丝绸之路经济带"与"光明之路"对接,推动"一带一盟"的对接合作。特别需要指出的是,作为欧亚经济联盟内实力仅次于俄罗斯的成员国,哈萨克斯坦对"丝绸之路经济带"倡议是比较欢迎和支持的,在 2014 年 5 月的亚信峰会上,时任哈萨克斯坦总统纳扎尔巴耶夫明确表示,支持中国的"丝绸之路经济带"倡议。

(二)现有合作领域的对接

自中国与哈萨克斯坦建交以来,两国关系快速发展。两国在政治、安全、经贸、文化等领域的合作不断深化。

1. 政治合作领域

自 1992 年 1 月 3 日中国与哈萨克斯坦建交以来,两国关系发展良好,

---

① 《纳扎尔巴耶夫总统发表〈光明大道—通往未来之路〉国情咨文》,哈萨克国际通讯社,2014 年 11 月,https://www.inform.kz/cn/article_a2716314。

各领域合作发展迅速。21 世纪以来，中哈两国政治关系不断深化，建立起了全面战略伙伴关系。2002 年，中国与哈萨克斯坦签署了《睦邻友好合作条约》。2005 年，中哈两国发表了《关于建立和发展战略伙伴关系的联合声明》。2011 年，中哈双方宣布发展全面战略伙伴关系。2019 年，双方宣布发展永久全面战略伙伴关系。2022 年，中哈两国宣布朝着打造世代友好、高度互信、休戚与共的命运共同体的愿景和目标努力。

中哈高层交往密切。中国国家主席习近平于 2013 年 9 月、2015 年 5 月、2017 年 6 月、2022 年 9 月共 4 次访问哈萨克斯坦，哈萨克斯坦总统托卡耶夫任职 4 年里，于 2019 年 9 月对华进行国事访问、2022 年 2 月来华出席北京冬奥会开幕式。中哈双方于 2013 年正式启动两国总理会晤机制，每两年一次。目前双方各层级交往合作机制健全、运作顺畅。

2. 安全合作领域

在安全领域，中国和哈萨克斯坦对世界安全、地区安全问题持相同或者相似的看法。2002 年，中国与哈萨克斯坦签署了解决边境问题的议定书，为两国在安全领域的合作奠定了制度基础。为了应对暴力恐怖势力、民族分裂势力和宗教极端势力的威胁，中哈两国建立了密切的合作机制。2003 年 8 月，中哈两国举行了历史上首次反恐军事演习，这标志着中国与哈萨克斯坦的安全合作日益深化。在多边机制上，中哈两国为保障地区安全，在联合国、上海合作组织等框架内开展了密切的合作。

3. 经贸合作领域

中国与哈萨克斯坦互补性较强，双边贸易额持续快速增长。根据联合国商品贸易统计数据库的数据，2021 年，中国自哈萨克斯坦进口贸易额增加到 113.92 亿美元，中国对哈萨克斯坦出口贸易额增加到 139.60 亿美元。哈萨克斯坦自中国的进口主要集中在轻工、机电、纺织品、鞋靴、食品等产品上，对中国出口的产品主要为能源和矿产品、原材料等。近年来，双方在基础设施建设、金融等领域的经贸合作不断增多，贸易结构持续改善。

4. 文化合作领域

文化领域的合作一直是中哈两国关系发展的重要内容。1992 年，两国政府就签署了《文化合作协定》,该协定成为两国文化交流与合作的指导性文件。此后中哈两国不断推出各类文化交流活动。共建"一带一路"倡议提出以来,文化合作更得到了全方位的发展。例如,2016年8月,在哈萨克斯坦首都阿斯塔纳和最大城市阿拉木图同时开展"感知中国·哈萨克斯坦行"系列文化活动;2017年9月,由中国文化部、中国驻哈大使馆联合主办,中国国家京剧院和中国对外文化集团公司联合承办的中华文化讲堂"东方戏韵——中国京剧艺术之美"专场讲座在哈萨克斯坦首都阿斯塔纳国家学术图书馆成功开讲;2018年2月,哈萨克斯坦国家图书馆为庆祝中国传统节日春节举办了"中国文化与文学开放日"活动;2018年5月,由浙江财经大学、哈萨克斯坦国立古米廖夫欧亚大学主办的"一带一路"中国书画摄影国际展在哈萨克斯坦举行。中国与哈萨克斯坦的文化合作在增进两国人民友好往来、促进两国文化交流合作、推动两国友好关系发展方面发挥了重要作用。

综上可以看出,中国与哈萨克斯坦在政治、安全、经贸、文化等领域的合作已经取得了巨大的成就,双方永久全面战略伙伴关系不断深化。在此背景下,中国与哈萨克斯坦应该在现有政治、安全、经贸、文化等领域的合作基础上,继续深化在这些领域的合作,同时积极拓展合作空间和范围,持续深化全方位合作,为"一带一盟"对接合作发挥更大作用。

三 "丝绸之路经济带"与白俄罗斯对接合作的方向

(一)发展战略的对接

2015年2月10日,白俄罗斯批准了《2030年前白俄罗斯社会经济稳定发展战略》,提出了三个优先发展方向:人、经济、生态。明确要建立有效的机制,提高人口出生率,改善人们身体健康,降低死亡率。争取在联合国开发计划署发布的人类发展报告中进入世界前40名。该战略分为两个阶段,第一阶段(2016~2020年)的主要目标是在注重生态环保、优先发展高新技术产业的基础上向经济的均衡增长过渡;第二阶段(2021~2030年)的主要目标是在稳定发展的基础上提高人的潜能,加快发展知识密集型产业和服务，进一步形成绿色经济。2015 年 5 月 10~12 日，中国国家主席习近平访问白俄罗斯，两国签署了一系列合作协议。根据这些协议，中白两国将在白俄罗斯基础设施领域开展合作，白俄罗斯积极参与共建"丝绸之路经济带"，两国在贸易、金融、基础设施以及能源等方面开展合作，切实将两国高水平的政治关系转化为实实在在的合作成果。

2018 年 5 月 4 日，白俄罗斯共和国院议长米哈伊尔·米亚斯尼科维奇在会见中国主要媒体记者时表示，白俄罗斯特别重视中国提出的"一带一路"倡议，白俄罗斯全力支持该倡议与欧亚经济联盟对接。

（二）现有合作方向的对接

中国与白俄罗斯经贸合作不断发展，双方合作领域不断扩大，但是在双边经贸关系发展过程中，还有较大合作空间。例如，中国与白俄罗斯经贸合作中，白俄罗斯长期处于贸易逆差状态，两国应该在现有的合作领域基础上，继续开拓合作领域，扩大贸易规模，逐步缩小贸易逆差。2018 年 5 月 26 日，时任白俄罗斯总理安德烈·科比亚科夫在接受新华社记者专访时表示，交通基础设施、物流、产业合作、信息化和通信是白俄罗斯在落实共建"丝绸之路经济带"倡议下与中国积极开展合作的主要方向。[1] 中国与白俄罗斯可以共同推动在这些领域的合作，为"一带一盟"的对接合作创造良好的经贸合作环境。

在文化领域，双方继续加强文化合作前景可期。中国与白俄罗斯在合作过程中经常会遇到语言不通、文化差异等问题导致合作受阻的情况，加强文化交流合作对双边关系长远发展具有重要的现实意义，也会对"一带一盟"的顺利对接产生重要影响。中国与白俄罗斯在文化领域加强对接合作，双方通过开展文化交流活动、增加留学生规模等形式，不断加强双方的文化交流合作，为"一带一盟"的顺利对接奠定良好的人文基础。

---

① 《综述：中白全面战略伙伴关系健康稳定发展》，新华社，2018 年 5 月，http://news.cctv.com/2018/05/26/ARTI8G53snUnb23Li9c7XNtW180526.shtml。

四　"丝绸之路经济带"与吉尔吉斯斯坦对接合作的方向

（一）发展战略的对接

吉尔吉斯斯坦自独立以来，一直以国家政治稳定、经济社会发展作为发展战略目标。《吉尔吉斯共和国 2018—2040 年国家发展战略》明确，在国内发展方面，2018~2023 年最具紧迫性的任务之一是实现司法改革，促进国家管理体系的开放和诚信建设，提高决策过程的公正和透明性。2040 年之前，吉尔吉斯斯坦政府将投资 208 亿美元实施 244 项国家级项目，涵盖能源、农业、水利和民生等多个领域。此外，在人的发展等方面也提出了发展目标。在发展对外关系方面，时任吉尔吉斯斯坦总统热恩别科夫表示，吉尔吉斯斯坦将着重发展与邻国的友好关系以及同俄罗斯的战略伙伴关系。热恩别科夫强调，吉尔吉斯斯坦与中国的关系已经提升至全面战略伙伴关系，双方将共同致力于双边关系的持续发展。[1] 吉尔吉斯斯坦总统顾问达斯坦·多戈耶夫在"2019~2023'数字吉尔吉斯斯坦'国家数字化转型计划"圆桌会议上表示，到 2040 年，吉尔吉斯斯坦将成为丝绸之路上的数据处理中心，将为整个区域提供信息和通信技术服务。[2]

共建"丝绸之路经济带"倡议与吉尔吉斯斯坦国家发展战略相契合，双方应该加快该倡议同《吉尔吉斯共和国 2018—2040 年国家发展战略》对接，不断深化各领域的合作，为"一带一盟"对接合作奠定良好的基础。

（二）现有合作领域的对接

自中国与吉尔吉斯斯坦建立外交关系以来，双边经贸关系不断深化，中国成为吉尔吉斯斯坦第一大贸易伙伴国和第一大投资来源国，双边贸易呈稳步增长趋势。2021 年，中国与吉尔吉斯斯坦双边贸易额达 75.54 亿美元。

---

[1] 《吉尔吉斯斯坦将制定 2040 年国家发展战略》，中国新闻网，2018 年 8 月，https://baijiahao.baidu.com/s? id=1608693506441413850&wfr=spider&for=pc。

[2] 田李莉：《丝绸之路经济带倡议与吉尔吉斯斯坦国家发展战略对接研究》，《中国外资》2022 年第 2 期，第 66~69 页。

合作领域也在不断扩大，进出口产品也由日用消费品转向技术含量更高的通信设备、机械设备以及机电产品。随着共建"丝绸之路经济带"倡议的推进，两国在交通基础设施、金融等领域的合作日益广泛。中国与吉尔吉斯斯坦可以在现有合作领域的基础上继续加强对接合作，同时积极拓展更大范围的合作，为"一带一盟"的对接提供良好的经贸合作基础，推动"一带一盟"的对接合作进程。

五 "丝绸之路经济带"与亚美尼亚对接合作的方向

（一）发展战略的对接

2014 年，亚美尼亚政府颁布了《亚美尼亚 2014—2025 发展战略》，该战略确定了政府四个优先发展的领域，即促进就业、发展人力资本、改进社会保障制度、实现公共管理和社会治理体系现代化。中亚双方将共建"丝绸之路经济带"倡议与《亚美尼亚 2014—2025 发展战略》进行对接，这种对接为中亚两国合作注入了新的动力，促进两国经贸合作和人文交流。

（二）现有合作领域的对接

近年来，中国与亚美尼亚经贸合作取得了长足发展，贸易领域逐渐扩大，农业合作与人文交流不断增加。同时，人文交流不断发展，合作日益深化，孔子学院成为亚美尼亚进行两国文化交流的重要场所。中国与亚美尼亚贸易规模总体较小，合作范围还有待拓展，"一带一盟"对接合作在助力亚美尼亚社会经济发展上有着广阔空间。

第二节 "一带一盟"对接合作路径

路径的选择对于"一带一盟"的顺利对接具有至关重要的作用，路径选择正确，则"一带一盟"的对接合作进程就会顺利。在"一带一盟"对接过程中，应该充分发挥上海合作组织的作用，借助上海合作组织平台，推动"一带一盟"顺利对接。

一 充分发挥现有多边机制尤其是上海合作组织的平台作用

（一）借助多边合作平台增强双方政治互信

目前，中国与欧亚经济联盟成员国已经在不同程度上达成了对接合作协议，双边关系日益紧密，双方就"一带一盟"对接合作也签署了相关文件，以推动政治互信。中国与欧亚经济联盟成员国应该充分利用现有的多边合作机制平台，借助上海合作组织、金砖国家领导人峰会、G20峰会等多边合作平台，加强与各国的交流与互动，进一步增强双方政治互信。

（二）借助上海合作组织协商对接相关事宜

上海合作组织作为欧亚地区最具影响力的国际组织之一，拥有完整的规则体系和完善的合作机制，是新时期中国开展欧亚外交的重要实践平台。中国是上海合作组织的创始国之一，欧亚经济联盟成员国都是上海合作组织的成员国、观察员国或对话伙伴国，其中俄罗斯、哈萨克斯坦、吉尔吉斯斯坦为上海合作组织的正式成员国，白俄罗斯为上海合作组织的观察员国，亚美尼亚为上海合作组织的对话伙伴国。作为一个涵盖欧亚经济联盟所有成员国的合作组织，上海合作组织可以成为"一带一盟"对接合作过程中最便利有效的沟通协商平台。中国与欧亚经济联盟应该利用好上海合作组织这个平台，共同协商"一带一盟"对接合作的相关议题，制定出合理的对接机制，加快"一带一盟"对接进程。

（三）依托上合组织深化双方经贸合作

2016年，习近平主席在上海合作组织第16次元首峰会的讲话中明确提到中国希望与各国扩大务实合作，充分发挥上海合作组织为"一带一路"与各国开展对接合作的积极作用。[①] 2019年12月，上海合作组织秘书长诺罗夫在中国人民大学-圣彼得堡国立大学俄罗斯研究中心主办的欧亚大讲堂发表的题为《上海合作组织在构建大欧亚伙伴关系中的作用》的主旨演讲

[①] 《习近平出席上海合作组织成员国元首理事会第十六次会议并发表重要讲话》，中国政府网，2016年6月，http://www.gov.cn/xinwen/2016-06/24/content_ 5085256. htm。

中也强调，上海合作组织为欧亚经济联盟与"一带一路"对接发挥了促进作用。他希望，上海合作组织能够成为不同经济与合作倡议的沟通桥梁，为进一步促进欧亚经济联盟与"一带一路"对接贡献力量。① 2022 年 9 月，习近平主席在上海合作组织成员国元首理事会第二十二次会议上的讲话明确，坚持政治互信、互利合作、平等对接、开放包容、公平正义，加大相互支持，拓展安全合作，深化务实合作，加强人文交流，坚持多边主义。特别是在贸易和投资、基础设施、维护供应链、科技创新、人工智能等领域开展合作，继续加强共建"一带一路"倡议同各国发展战略和地区合作倡议对接，拓展小多边和次区域合作，打造更多合作增长点。

上海合作组织已发展为涵盖安全、经济、教育、国际司法等多个领域的合作平台，对于推动各国经贸往来具有重要作用。从相关领导人讲话中也可以看出，各方对上合组织在推动经贸合作中的作用持积极态度。中国与欧亚经济联盟国家依托上海合作组织这个平台，深化双方经贸往来，扩大合作领域，为"一带一盟"对接合作奠定良好的经济基础。

二 充分利用多边融资平台，开展金融合作

资金融通是开展一切合作的基础，只有双方实现了资金的融通，才可以为对接合作提供资金保障。金融合作是"一带一盟"对接合作的基石，在"一带一盟"对接合作过程中，中国与欧亚经济联盟应积极开展金融合作，为"一带一盟"顺利对接提供良好的资金保障。

（一）借助现有金融合作平台，开展金融合作

中国与欧亚经济联盟可以借助亚洲基础设施投资银行、丝路基金、金砖国家银行、中国—欧亚经济合作基金等现有金融合作平台，加强各国金融合作，为"一带一盟"对接提供融资渠道。

亚洲基础设施投资银行主要为共建"一带一路"国家的基础设施建设

---

① 《上海合作组织秘书长诺罗夫：上合组织为欧亚经济联盟和"一带一路"对接发挥促进作用》，人民网，2019 年 12 月，https：//baijiahao.baidu.com/s？id=1653791867900278666&wfr=spider&for=pc。

提供资金支持，促进经济合作。丝路基金是利用我国资金实力直接支持
"一带一路"建设。上海合作组织银联体、金砖国家新开发银行等也将为
"一带一盟"的对接合作提供资金支持。在欧亚经济联盟成员国中，俄罗
斯、哈萨克斯坦、白俄罗斯都是亚洲基础设施投资银行的成员，因此，中国
与欧亚经济联盟可以依托亚洲基础设施投资银行和丝路基金等金融机构，积
极开展投融资等领域的金融合作，为"一带一盟"对接合作提供资金支持。

（二）依托上海合作组织开展金融合作

中国与欧亚经济联盟成员国都是上海合作组织的成员国、观察员国或对
话伙伴国，在"一带一盟"对接合作过程中，双方可以依托上海合作组织
这一平台，加强各国金融机构间的交流与合作，加强银行间业务往来，加强
银联体合作。在此基础上，各方可以共同协商成立上海合作组织开发银行或
联盟机构。依托上合组织推进跨境贸易本币结算和货币互换，推动人民币区
域化与本币结算进程，从而实现资金融通，为"一带一盟"对接合作提供
便捷的金融服务。

（三）协商构建金融合作平台

中国可以与欧亚经济联盟成员国就构建新型金融合作平台进行沟通交
流，双方可以共同出资成立专门负责"一带一盟"对接合作的金融机构，
同时，要充分发挥亚洲基础设施投资银行、丝路基金、金砖国家新开发银
行、上合组织开发银行、金砖国家应急储备安排等资金平台作用，与其开展
深入合作，为新成立的金融机构提供资金支持。在此基础上，积极引导商业
性股权投资基金和社会资本共同参与，为"一带一盟"对接合作提供良好
的资金支持。

三　依托"一带一路"建设，加强重点领域合作

欧亚经济联盟成员国经济发展水平差异性较大，各国处于不同的发展阶
段，贸易互补性较差。而中国与欧亚经济联盟成员国之间贸易往来具有较强
的互补性，贸易潜力巨大。中国与欧亚经济联盟应该将基础设施、能源、产
能合作等作为优先发展领域，在这些领域积极开展对接合作。

（一）加强基础设施建设领域的合作

"一带一盟"对接的实现需要完善的基础设施作为物质支撑。在基础设施建设领域，欧亚经济联盟成员国的基础设施落后，交通运输环境普遍欠佳，阻碍了对外贸易的顺利开展。依托"一带一路"建设，中国与这些国家共同建设交通基础设施，既可以改善这些国家的基础设施环境，也有利于推动跨境物流运输业发展。吉尔吉斯斯坦和亚美尼亚的工业基础薄弱，需要引进中国的先进工业基础设施，白俄罗斯也需要完善其工业体系，促进其产业转型。各方应该借助"一带一路"的发展契机，利用中国的资金与技术，推动欧亚经济联盟国家的工业基础设施建设，同时带动中国企业的转型发展。

中国与欧亚经济联盟积极开展跨境交通基础设施合作，将基础设施建设作为"一带一盟"对接的优先方向。以基础设施投资为基础，抓住关键通道和重点工程，优先建设瓶颈路段，要注重配套安全设施的建设，加强油气、电网等能源基础设施的互联互通。不仅要在欧亚经济联盟各成员国现有的传统基础设施建设，如公路、铁路、航空、油气管道、输电线路等领域开展合作，同时也要注重发展新型基础设施，如口岸、跨境电子商务、电力等领域的合作，特别注重发展中俄、中哈两国的铁路网与公路网建设，尽快推动设施联通。借助"一带一路"不断扩大双方在基础设施建设领域的合作，逐步形成连接东亚、西亚、南亚的交通运输网络，从而为"一带一盟"对接合作提供便捷的通道。

（二）加强能源领域的合作

中国是欧亚经济联盟成员国对外能源合作的重要伙伴，双方应将能源合作作为"一带一盟"对接的优先合作领域，加强能源领域的对接合作，以能源合作带动双方经济共同发展。目前，中国已经与俄罗斯、中亚国家签订了长期稳定的能源合作协议，在"一带一盟"对接的大背景下，中国可以与这些国家在能源方面开展更深层次的合作。能源合作不仅有利于中国的能源安全，也有助于带动欧亚经济联盟成员国的经济增长。因此，双方应该加强能源合作，以能源合作推动"一带一盟"对接。

此外，能源合作始终是上海合作组织重要的合作领域，历年元首峰会都强调能源合作的重要性，并将其置于优先发展的地位。这说明，虽然上海合作组织能源共同体常设机制尚未建立，但是能源共同体实际上已经开始运作。2007 年 8 月，上海合作组织元首峰会提出"能源机制"的概念，确定了合作的开放性原则。2011 年 9 月，中国、俄罗斯、塔吉克斯坦和吉尔吉斯斯坦四国发表《西安倡议》，建议成立上海合作组织能源共同体。2012 年 6 月，上海合作组织北京峰会强调，成员国将努力加强本组织的能源合作。2013 年 9 月，习近平主席在上海合作组织第十三次峰会上提出了"成立能源俱乐部，建立稳定供求关系，确保能源安全"的政策主张。① 中国与欧亚经济联盟成员国应充分发挥上海合作组织的平台作用，积极推进有助于"一带一盟"对接工作顺利开展的能源共同体建设。

（三）深化产能领域的合作

产能合作是"一带一盟"对接的突破口。欧亚经济联盟成员国大多处于工业化、现代化和产业转型升级的关键时期，中国的"一带一路"建设以及开展国际产能合作的战略与各成员国经济发展战略及利益诉求高度契合。中国与欧亚经济联盟成员国开展产能合作能够帮助欧亚经济联盟成员国完善其工业体系，提高其制造能力，加快产业转型升级的步伐。中国与欧亚经济联盟应将产能合作作为优先领域，深化国际产能合作，利用双方互补优势，将中国产能与欧亚经济联盟成员国发展要求相结合，深入开展产能合作，推动双方经济转型升级，在更广泛领域丰富"一带一盟"对接。

四 积极推动自贸区建设

自贸区建设能够有效改善商品进入双方市场的条件，提高贸易投资便利化水平，在供应商品时为双方提供优惠的关税，能够带来巨大的贸易创造效应，促进双方经贸合作。中国与欧亚经济联盟成员国在贸易结构上存在巨大

---

① 吴大辉、祝辉：《丝路经济带与欧亚经济联盟的对接：以能源共同体的构建为基石》，《当代世界》2015 年第 6 期，第 23~25 页。

的互补性，建立自贸区对于促进中国与欧亚经济联盟成员国的经贸合作、推动"一带一盟"对接合作具有重要意义。中国和欧亚经济联盟之间贸易基础良好，合作潜力巨大，建立自由贸易区是二者对接的重要途径。[①]

（一）积极推进自贸区谈判

与其他国家建立自贸区，已成为欧亚经济联盟加强对外经贸联系的一种重要方式。自贸区建设也成为中国与欧亚经济联盟对接合作的战略路径之一。目前，中国与欧亚经济联盟已经共同签署了《关于实质性结束中国与欧亚经济联盟经贸合作协议谈判的联合声明》，这表明中国与欧亚经济联盟自贸区建设进程又向前迈进了一大步，在一定程度上提高了双边贸易的便利化水平，营造了良好的贸易发展环境。

中国与欧亚经济联盟成员国应首先确定自贸区的合作内容、减税方案与应对措施，构建统一的、同时适用中国与欧亚经济联盟成员国的自贸区基本架构和法律文件，然后组织各方专家进行自贸区谈判。在谈判过程中，可以考虑给予优先自贸区谈判国家适度的优惠政策，这将有利于促进谈判进程，降低谈判成本。中国可以与欧亚经济联盟先在能源、基础设施等优先领域展开自贸区合作谈判，确定减税政策，之后逐步分阶段、分地区开展自贸区合作谈判，以点带面，逐步实现贸易自由化，为自由贸易区的建立创造有利条件。随后，逐步建成中国与欧亚经济联盟自由贸易区，为"一带一盟"顺利对接奠定良好的合作基础。

（二）推动上海合作组织自贸区建设

上海合作组织自贸区在"一带一盟"对接中能够发挥十分重要的作用。"一带一盟"对接最迫切的是制度建设，只有这样才能破除现存的制度壁垒，实现二者顺利对接，而自贸区建设的首要条件就是相关国家关于经贸规则的协商与制定。[②] 上海合作组织是共建"一带一路"的重要实践平台，推

[①] 王彦芳、陈淑梅：《丝绸之路经济带与欧亚经济联盟对接模式研究》，《亚太经济》2017 年第 2 期，第 33～42 页。

[②] 张宁、张琳：《丝绸之路经济带与欧亚经济联盟对接分析》，《新疆师范大学学报》（哲学社会科学版）2016 年第 2 期，第 85～93 页。

进上海合作组织自贸区建设，将其作为实现"一带一盟"对接合作的有效平台，对于上海合作组织和欧亚经济联盟都意义重大。中国与欧亚经济联盟应该利用上海合作组织这个多边合作平台，加强交流合作，尽快推动上海合作组织自贸区的建立，进而以此为平台，逐步推动中国与欧亚经济联盟自贸区的建设。

五　深化与俄罗斯的新时代全面战略协作伙伴关系

推动中国与俄罗斯的新时代全面战略协作伙伴关系对"一带一盟"对接合作具有重要意义。近年来，中国与俄罗斯不断加强友好往来，双边关系不断走深走实。未来，应继续深化中国与俄罗斯的新时代全面战略协作伙伴关系，逐步加深双方政治互信。

对待欧亚经济联盟，中国应以合作共赢的态度，主动表达与欧亚经济联盟成员国合作共赢的意愿。对外开放是欧亚经济联盟的特性，中国应充分利用这一点，积极推动与欧亚经济联盟成员国的合作，不断加深各国的经贸合作关系，建立更加紧密的合作伙伴关系。从另一个角度思考，欧亚经济联盟各成员国非常看重中国市场，面向中国是欧亚经济联盟发展的必然方向，中国必须充分利用这一契机推动与欧亚经济联盟成员国的经贸发展。

中国以负责任大国的姿态处理好与欧亚经济联盟各成员国的合作，既要考虑到欧亚经济联盟的整体需求，还要关注欧亚经济联盟各成员国各自的需求，不断提高合作水平。要处理协调好"丝绸之路经济带"、上海合作组织与欧亚经济联盟的关系，不断深化与俄罗斯的双边合作，深化与白俄罗斯及中亚各国的多边经济合作。在方式方法上着重强调"创新"与"合作"，大力推动科技创新合作、贸易创新合作及制度创新合作。从现实出发，重点抓住互利项目建设，推动构建起"一带一盟"的命运共同体关系，加快"一带一盟"的对接进程。

六　在中亚地区继续开展全方位的区域合作

在"一带一盟"对接中，通过共建"一带一路"，与中亚国家继续开展全方位的合作，可以不断深化双方友谊，奠定良好的合作基础。

（一）以上海合作组织为平台加强合作机制建设

欧亚经济联盟成员国都是上海合作组织的成员国、观察员国与对话伙伴国，中国应以上海合作组织平台为重要依托，加强与中亚地区国家的合作机制建设。以"上海精神"体现的共同发展的新型发展观、互信互利的新型安全观、尊重多样文明的新型文明观等来积极推进中国与中亚国家合作机制建设，这对"丝绸之路经济带"建设也有重要的意义。

（二）加强人文交流合作

"丝绸之路经济带"建设有助于加深中国同中亚等周边国家的文化传承，增强人文相互交流与双方政治互信，有利于中国与中亚国家间关系的发展。"丝绸之路经济带"提出加强"五通"建设，其中的"民心相通"，就是加强共建地区人民之间的交流和沟通。中国与中亚国家共建"一带一路"，不断加强人文交流合作，带动双方经济发展，增强双方互信，推动双方友好关系水平不断提升。

（三）面向中亚国家的融资平台建设

有效的融资平台是对接合作的最基本保障。中国与中亚国家应加强金融领域的合作，加强亚洲基础设施投资银行、金砖国家新开发银行、金砖国家外汇储备库等金融机构的建设，这对为中国与中亚国家合作发展提供有效的融资平台具有重要的作用。中国与中亚国家还要完善双边"货币兑换机制"，加强在基础设施建设中与中亚等周边国家的本币兑换，提高本币在区域合作中的地位，形成在中亚区域合作中有效稳定的区域金融货币体系，逐步建立覆盖范围更广泛、更为有效的金融投资机制，为"一带一盟"对接合作提供经济支撑和基本保障。

（四）建设服务于中亚国家的多元筹资机制

政府和社会资本合作的多元筹资机制作为融资机制的一种创新，能够有效激活社会资本，吸引更多的社会资本投入实体经济。这种机制能够充分调动社会资本自身的优势，发挥专业化优势，提高投资效率，降低风险，能够使政府和企业共同参与项目建设，使越来越多的社会资本转移到实体经济中来。中国与中亚国家应推动政府和社会资本合作的多元筹资机制建设,为中国与中亚国家的合作提供新的金融来源,推动双方合作。

"一带一盟"的对接合作已经成为中国与欧亚经济联盟国家的共识。在"一带一盟"对接中,要把握"一带一盟"对接的方向,不断加强基础设施、能源等优先领域的合作,选择合适的路径,推动"一带一盟"的顺利对接。

第十二章　"一带一盟"的合作领域

2015 年 3 月，中国国家发展改革委、外交部、商务部经国务院授权联合发布《推动共建丝绸之路经济带和 21 世纪海上丝绸之路的愿景与行动》，就"一带一路"的合作重点、合作机制等提出了具体设想。2015 年 5 月，中俄两国元首签署《联合声明》后，双方合作谈判正式启动。2016 年 10 月以后，中俄双方先后进行了 5 轮谈判、3 次工作组会议和 2 次部长级磋商，2017 年 10 月 1 日，顺利结束实质性谈判。关于"一带一盟"的合作领域重点可以归纳为五个方面：政策沟通、设施联通、贸易畅通、资金融通、民心相通。

第一节　政策沟通稳步推进

政策沟通在"丝绸之路经济带"与欧亚经济联盟的对接中，发挥着引领作用。

一　元首外交推动政策沟通

元首外交是政策沟通的保障与关键。所谓元首外交就是通过国家最高领导人直接推动国家之间关系发展的外交活动。2015 年 6 月普京指出："'丝绸之路经济带'建设同欧亚经济联盟发展战略的对接有助于加强双方在高科技、交通和基础设施等领域的合作，特别是推动俄罗斯远东地区的发展，这也是在促进欧亚地区一体化方面迈出的关键步伐。"① 截至 2019 年，

---

① 《普京：欧亚经济联盟与"丝绸之路经济带"对接将带来巨大发展机遇》，人民网，2015 年 6 月，http://world. people. com. cn/n/2015/0620/c157278-27186116. html。

习近平主席 8 次访俄，同普京在双边和多边框架内举行了近 30 次会晤。中俄两国领导人分别授予对方本国最高勋章"友谊勋章"和"圣安德烈勋章"。① 2022 年，俄罗斯总统普京是最早确定赴华参与北京冬奥会开幕式的国家元首。普京访华期间，中俄两国签订了《中华人民共和国政府与俄罗斯联邦政府反垄断执法和竞争政策领域的合作协定》《中华人民共和国外交部与俄罗斯联邦外交部 2022 年磋商计划》《中华人民共和国商务部和俄罗斯联邦经济发展部关于推动可持续（绿色）发展领域投资合作的谅解备忘录》《信息化和数字化领域合作协议》等协议文件，进一步推动了双方的深度合作。2022 年 2 月 3 日，普京通过新华社发表署名文章《俄罗斯和中国：着眼于未来的战略伙伴》，文章表明普京和习近平主席将全面讨论双边、地区和全球议程中的关键问题。这也从侧面反映出两国合作的高度又上了一层台阶。

哈萨克斯坦是中国在中亚最大的投资对象国，哈萨克斯坦对"丝绸之路经济带"倡议持积极与欢迎态度。在 2014 年 5 月 19 日上海举行的亚信峰会上，时任哈萨克斯坦总统纳扎尔巴耶夫公开明确表示支持"丝绸之路经济带"倡议。此外，在中国举办抗战胜利暨世界反法西斯战争胜利 70 周年纪念活动期间，中国与哈萨克斯坦签署了 25 个非能源产业投资协议，涉及许多行业。哈萨克斯坦国家领导人认为哈国的"光明之路"与中国的"丝绸之路经济带"在政策、理念以及战略方向等方面高度契合。近年来，中哈高层领导人一直保持积极对话。无论是 2013 年、2015 年、2017 年、2022 年习近平主席四次访哈，2019 年托卡耶夫总统访华，2022 年新冠疫情以来，两国元首以"云外交"方式保持密切沟通，如 2022 年 1 月中国同中亚五国建交 30 周年视频峰会、6 月全球发展高层对话会，还是 2022 年 2 月托卡耶夫总统参加北京冬奥会开幕、9 月习近平主席应邀对哈萨克斯坦进行国事访问，两国元首的积极沟通交流，为加速两国合作开辟广阔前景。中哈在经

---

① 《中俄合作驶入"快车道"》，中华人民共和国外交部，2019 年 6 月，https：//www.fmprc.gov.cn/web/dszlsjt_ 673036/t1642781.shtml。

贸、金融、物流等方面的合作都硕果累累。

2014 年 12 月 22 日，中白两国共同签署《中国商务部和白俄罗斯经济部关于共建"丝绸之路经济带"合作议定书》，这标志着两国关于"丝绸之路经济带"的合作达成了初步共识。2015 年 5 月，习近平主席访问白俄罗斯，同白俄罗斯总统卢卡申科举行会谈，推动两国高水平的政治关系转化为更多实实在在的合作成果，共同开创中白全面战略伙伴关系新时代。2021年 12 月，白俄罗斯总统卢卡申科签署了关于发展白中关系的总统令，加强两国在政治、经贸、金融、投资领域的合作，落实"一带一路"倡议等被列为白俄罗斯近期的优先任务。[①] 随着双方沟通与交往的不断深入，白俄罗斯已在多个领域与中国开展有效合作。

中国国家领导人与白俄罗斯、吉尔吉斯斯坦、亚美尼亚三国领导人多次会晤，双方签署多份声明和文件，在推动"丝绸之路经济带"与国家发展战略对接上，发挥了极其重要的作用。

二 中国与欧亚经济联盟及其成员国签署的合作协议/文件

自共建"丝绸之路经济带"倡议提出以来，中国和欧亚经济联盟及其成员国签署了一系列协议/文件（见表 12-1）。

表 12-1　中国同欧亚经济联盟及其成员国签署的部分有关
"对接合作"的协议/文件

主体	签署时间	签署协议/文件名称	主要内容
欧亚经济委员会	2016 年 6 月	《关于正式启动中国与欧亚经济盟经贸合作伙伴协定谈判的联合声明》	谈判内容包括海关程序与贸易便利化、知识产权、部门合作和政府采购等 10 个章节
	2017 年 10 月	《关于实质性结束中国与欧亚经济盟经贸合作协议谈判的联合声明》	中国与欧亚经济联盟达成的首次重要经贸制度安排

---

① 《白俄罗斯总统发表国情咨文　愿积极发展对华关系》，中国一带一路网，2022 年 1 月，https：//www.yidaiyilu.gov.cn/xwzx/hwxw/218826.htm。

续表

主体	签署时间	签署协议/文件名称	主要内容
欧亚经济委员会	2018年5月	《中华人民共和国与欧亚经济联盟经贸合作协定》	该协定包含海关合作和贸易便利化、知识产权、部门合作、政府采购等13个章节,也涵盖了电子商务和竞争等新的议题
	2020年10月	《中国与欧亚经济联盟经贸合作协定》	积极致力于推动落实该协定,保障各方企业相互市场准入、扩大农产品贸易,开展技术法规领域对话
俄罗斯	2015年5月	《中华人民共和国与俄罗斯联邦关于"丝绸之路经济带"建设和欧亚经济联盟建设对接合作的联合声明》	正式确立"一带一盟"对接关系
	2016年6月	《中华人民共和国和俄罗斯联邦联合声明》	责成两国政府相关部门继续研究落实"一带一盟"对接举措
	2016年6月	《建设中蒙俄经济走廊规划纲要》《中华人民共和国和俄罗斯联邦关于进一步深化全面战略协作伙伴关系的联合声明》	推动中蒙俄经济走廊建设推动签署《中华人民共和国与欧亚经济联盟经贸合作协定》
	2017年7月	《中华人民共和国商务部与俄罗斯联邦经济发展部关于欧亚经济伙伴关系协定联合可行性研究的联合声明》	启动欧亚经济伙伴关系协定的可行性研究工作
	2018年11月	《中俄在俄罗斯远东地区合作发展规划(2018-2024年)》	引导中国企业在俄罗斯远东地区投资,突出强调远东地区在中俄经贸合作中的整体优势,政策措施具有建设性和包容性
	2019年6月	《中华人民共和国和俄罗斯联邦关于发展新时代全面战略协作伙伴关系的联合声明》	发挥两国元首战略引领作用,将政治合作、安全合作、务实合作、人文交流、国际协作作为中俄新时代全面战略协作伙伴关系的重点领域
	2021年12月	《中华人民共和国商务部和俄罗斯联邦经济发展部关于多边和区域经济合作的谅解备忘录》《中华人民共和国商务部和俄罗斯联邦经济发展部关于深化数字经济领域投资合作的谅解备忘录》	深化中俄两国经济合作,提升贸易和投资规模。加强双方在知识产权保护领域的合作,就数字化等问题交流经验和做法,形成双边规则,在国际上就保护知识产权问题协调立场,就与抗疫有关的最新研究成果及时保持信息沟通

续表

主体	签署时间	签署协议/文件名称	主要内容
俄罗斯	2022年2月	《中华人民共和国政府与俄罗斯联邦政府反垄断执法和竞争政策领域的合作协定》 《中华人民共和国外交部与俄罗斯联邦外交部2022年磋商计划》 《中华人民共和国商务部和俄罗斯联邦经济发展部关于推动可持续（绿色）发展领域投资合作的谅解备忘录》 《信息化和数字化领域合作协议》	在1996年4月25日签署的《中华人民共和国政府和俄罗斯联邦政府关于反不正当竞争与反垄断领域合作交流协定》框架下继续加强长期合作。推动两国经贸、投资、能源、科技、人文、地方等各领域合作实现全面深入发展，推动两国互利合作取得新的成果
哈萨克斯坦	2014年12月	《中华人民共和国国家发展和改革委员会与哈萨克斯坦共和国国民经济部关于共同推进丝绸之路经济带建设的谅解备忘录》	探讨"一带一路"倡议与哈萨克斯坦"光明之路"新经济政策的内涵
	2015年8月	《中华人民共和国政府与哈萨克斯坦共和国政府关于加强产能与投资合作的框架协议》 《中华人民共和国政府和哈萨克斯坦共和国政府联合公报》	推动中哈双方的产能与投资合作，尽快实现"丝绸之路经济带"与"光明之路"对接合作规划联合编制工作
	2015年12月	《关于加强和改善新亚欧大陆桥国际物流运输框架协议》	中哈共促新亚欧大陆桥物流运输发展
	2016年9月	《"丝绸之路经济带"建设与"光明之路"新经济政策对接合作规划》	中哈两国发展战略正式对接
	2019年9月	《关于落实"丝绸之路经济带"建设与"光明之路"新经济政策对接合作规划的谅解备忘录》	深化"丝绸之路经济带"建设与"光明之路"新经济政策对接，以路线图的形式突出战略对接、重点任务和主要举措
白俄罗斯	2014年12月	《中国商务部和白俄罗斯经济部关于共建"丝绸之路经济带"合作议定书》	白俄罗斯正式参与共建"丝绸之路经济带"
	2015年5月	《中华人民共和国和白俄罗斯共和国关于进一步发展和深化全面战略伙伴关系的联合声明》	双方愿意密切合作，共同推动"丝绸之路经济带"建设，开辟中白合作新的广阔前景

续表

主体	签署时间	签署协议/文件名称	主要内容
白俄罗斯	2016 年 9 月	《中华人民共和国政府与白俄罗斯政府共同推进"一带一路"建设的措施清单》《中华人民共和国与白俄罗斯共和国关于建立相互信任、合作共赢的全面战略伙伴关系的联合声明》	清单包含交通物流、贸易投资、金融、能源、信息通信、人文等领域相关措施及项目。双方愿共推"一带一路"建设，加强相互发展战略对接，深化双边基础设施、运输物流、信息通信等领域务实合作
	2017 年 5 月	《中华人民共和国政府和白俄罗斯共和国政府关于发展国际货物运输和落实建设丝绸之路经济带倡议合作协定》	采取必要措施消除物理与非物理障碍，创造高效便利的国际货物运输条件
	2018 年 6 月	《中华人民共和国商务部和白俄罗斯共和国经济部关于中华人民共和国和白俄罗斯共和国中长期战略规划对接共同发展纲要的谅解备忘录》	明确双方将以中白工业园为主要平台和抓手，全面深化两国地方、企业和金融机构对接，扩大和提升双边贸易、投资、金融、科技合作的规模和水平
	2020 年 12 月	《中华人民共和国商务部和白俄罗斯共和国经济部关于启动〈中国与白俄罗斯服务贸易与投资协定〉谈判的联合声明》	以期达成全面、高水平、与世界贸易组织规则相一致的协定
	2021 年 9 月	《中白合作"2021 协同创新"备忘录》	为两国科技人才和企业营造一流创新环境，提供一流服务保障，打造"一带一路"科技合作典范
吉尔吉斯斯坦	2015 年 9 月	《中华人民共和国政府与吉尔吉斯共和国政府关于两国毗邻地区合作规划纲要（2015~2020 年）》	明确双方充分利用毗邻地区的比较优势，拓宽合作领域，提升合作水平，扩大毗邻地区双边贸易和相互投资规模，促进毗邻地区睦邻友好、和平稳定和经济社会协调发展
	2016 年 11 月	《中华人民共和国政府和吉尔吉斯共和国政府联合公报》	深入开展共建"一带一路"合作，发挥两国跨境运输能力、潜力，进行两国战略对接
	2017 年 5 月	《关于吉尔吉斯斯坦向中国出口用禽类副产品加工家畜饲料的会谈纪要》《促进中小企业发展合作纲要》《加强工业潜能和投资合作的谅解备忘录》《关于共同推动产能与投资合作重点项目的谅解备忘录》	明确了第一届"一带一路"国际合作高峰论坛中吉两方的合作成果清单

续表

主体	签署时间	签署协议/文件名称	主要内容
吉尔吉斯斯坦	2019 年 6 月	《中华人民共和国和吉尔吉斯共和国关于进一步深化全面战略伙伴关系的联合声明》	明确双方将本着相互尊重、平等相待、互利共赢的原则，推动中吉全面战略伙伴关系迈上新台阶
亚美尼亚	2015 年 3 月	《中华人民共和国和亚美尼亚共和国关于进一步发展和深化友好合作关系的联合声明》《关于在中亚合作委员会框架内加强共建丝绸之路经济带合作的备忘录》	双方明确共同建设"丝绸之路经济带"的倡议为两国全方位合作提供了新的历史机遇；双方将积极落实已签署的相关协议，共同推动"丝绸之路经济带"建设，开辟双方合作新的广阔前景

资料来源：作者根据相关资料整理而得。

第二节　设施联通成果突出

设施联通重点是交通基础设施、能源基础设施的互联互通和通信干线网络建设。在尊重相关国家主权和安全关切的基础上，中国与共建"一带一路"国家积极加强基础设施建设规划、技术标准体系的对接，共同推进国际骨干通道建设。目前，"一带一盟"设施联通方面的成果突出。

一　交通基础设施建设进程不断加快

基础设施建设是"一带一盟"对接合作的优先领域。中蒙俄、新亚欧大陆桥、中国—中亚—西亚经济走廊等作为"丝绸之路经济带"重要的互联互通建设项目，无论对中国还是对欧亚经济联盟成员国都具有重要意义。积极参与"丝绸之路经济带"互联互通项目对于欧亚经济联盟成员国而言，能够提高基础设施建设水平，改善联盟内部及成员国与联盟外部的物流条件，并加强成员国间空间联系，推动成员国快速实现一体化。[1]

---

[1] 祝辉：《丝绸之路经济带和欧亚经济联盟对接合作研究》，《实事求是》2018 年第 6 期，第 35~40 页。

（一）"丝绸之路经济带"建设的经济走廊贯穿联盟各国

"丝绸之路经济带"建设的经济走廊与欧亚经济联盟成员国息息相关。其中，"新亚欧经济走廊"彻底打通了新亚欧大陆桥，途经欧亚经济联盟成员国哈萨克斯坦、俄罗斯、白俄罗斯；新亚欧大陆桥对接欧洲—高加索—中亚交通走廊，经中亚、里海、西亚、高加索地区、黑海、土耳其连接欧洲的亚洲—高加索—欧洲经济走廊，这一经济走廊的建设能够加强与中亚国家的能源和基础设施合作，并与欧洲建设自贸区；中俄蒙经济走廊的建设实现了中国振兴东北战略与俄罗斯开发与开放东西伯利亚和远东战略有效对接。中俄远东开发合作机制推动了中俄双方在能源、制造业、矿产资源等领域重大项目的合作。

（二）中欧班列发展迅猛，实现产品多元化运输

中欧班列作为货物运输的重要载体，近年来班次不断增加。目前，中国已经形成东、中、西三条中欧班列主要运行线路。东部通道主要吸引中国华东、华南沿海以及东北地区与欧洲之间的进出口货源，即从内蒙古的满洲里口岸出入境，经俄罗斯、白俄罗斯、波兰到达欧洲；中部通道主要吸引中国华北、华中地区与欧洲之间的进出口货源，即从二连浩特口岸出入境，经蒙古国、俄罗斯、白俄罗斯、波兰到达欧洲；西部通道则主要吸引中国中西部地区与欧洲之间的进出口货源，即从新疆的阿拉山口和霍尔果斯出入境，经哈萨克斯坦、乌兹别克斯坦、土库曼斯坦、伊朗、土耳其或者经哈萨克斯坦、阿塞拜疆、亚美尼亚、格鲁吉亚、土耳其到达欧洲。截至2022年底，中欧班列累计开行突破6.5万列，开通运行82条线路，联通欧洲24个国家200多个城市。[①] 中欧班列的三大通道包含了欧亚经济联盟所有成员国。

2017年4月20日，中国、白俄罗斯、德国、哈萨克斯坦、蒙古国、波兰、俄罗斯七国铁路部门正式签署《关于深化中欧班列合作协议》。这是中国铁路部门第一次与共建"一带一路"主要国家铁路部门签署有关中欧班列开行方面的合作协议，标志着中国与主要国家铁路合作关系更加紧密，既

[①] 《驰骋亚欧大陆的钢铁驼队——中欧班列》，中华人民共和国外交部网，2023年5月16日。

为中欧班列的开行提供了更加有力的机制保障，也对进一步密切中国与上述六国的经贸交流合作、助推"一带一路"建设具有重要意义。[①]

（三）其他通道项目建设不断提上日程

2015 年，中俄总理第二十次定期会晤达成"加强北方海航道开发利用合作，开展北极航运研究"的共识。与此同时，俄罗斯还提出从远东至亚太地区的"滨海国际运输走廊"，以及"冰上丝绸之路"等开放战略，而北极航道是其中的重要载体。2017 年，中俄共建"冰上丝绸之路"进阶，北极航道或开辟港口贸易新格局。[②] 近年来，中俄两国跨境交通设施建设取得诸多成果。黑河—布拉戈维申斯克公路大桥建成，具备过货条件；跨境铁路桥同江—下列宁斯阔耶大桥有望完工；俄罗斯在远东大开发背景下提出的"滨海 1 号"和"滨海 2 号"国际运输通道过境运输合作持续开展，"滨海2 号"将进行无人驾驶通道的可行性研究，这些项目将进一步打通物流和人员往来通道，为深化中俄合作打好基础（见表 12-2）。

表 12-2　中国与欧亚经济联盟成员国开工/开通的部分其他通道项目

国家	开工/开通时间	道路名称	开通意义
俄罗斯	2018 年 10 月 13 日	中俄同江—下列宁斯阔耶铁路桥重要组成部分——黑龙江特大桥	标志着同江中俄铁路大桥中方段主体工程全部完成
	2019 年 7 月 18 日	黑河—布拉戈维申斯克跨黑龙江（阿穆尔河）索道	中俄首条国际跨境索道工程正式开工,这标志着中俄两国重大交通基础设施互联互通取得了新进展
	2021 年 9 月 2 日	黑河公路口岸	口岸性质为国际性常年开放公路客货运输口岸
吉尔吉斯斯坦	2018 年 2 月 25 日	"中吉乌"国际货运路线	该货运路线的开通促进中国—中亚—西亚国际运输走廊的建设

资料来源：作者根据相关资料整理而得。

① 《七国铁路部门签署深化中欧班列合作协议　助推"一带一路"》，中国一带一路网，2017
年 4 月，https：//www.yidaiyilu.gov.cn/xwzx/gnxw/11559.htm。

② 《中俄共建"冰上丝绸之路"进阶　北极航道或开辟港口贸易新格局》，中国一带一路网，
2017 年 7 月，https：//www.yidaiyilu.gov.cn/xwzx/gnxw/18300.htm。

二 能源合作网络正在逐步形成

能源管道合作是基础设施联通中的重要领域。中俄、中哈、中吉合作取得重要前期成果，中俄西线和远东管线，将成为中俄双方未来十年推进的重点能源合作项目。2018年，中俄原油管道二线工程正式投入运营，年进口俄原油将达3000万吨。2019年，中俄东线天然气管道北段全线贯通，于12月1日正式进气投产。2020年12月3日，中俄东线天然气管道中段正式投产运营。截至2022年，中国与哈萨克斯坦国家油气公司共同出资修建了肯基亚克—阿特劳输油管和阿特劳—阿拉山口的原油管道线。中吉两国于2013年9月签署天然气管线协议，即中国—中亚天然气管道D线。该管道建成后，将与西气东输五线对接，承担着将土库曼斯坦天然气输送到中国的任务，与已经建成的ABC三条线一起形成中国—中亚天然气管道网。

三 通信干线网络互联项目不断取得新进展

2017年开始，诺基亚集团和中国保利集团旗下华信邮电合作的中外合资企业——诺基亚贝尔公司与欧亚经济联盟成员国密切合作，推动通信网络发展。公司为包括俄罗斯、白俄罗斯等40多个共建"一带一路"国家提供2G/3G/4G移动网络、IP及光网络、超宽带接入，并开展5G战略合作。[①]中国移动已在欧亚经济联盟相关成员国铺设了3条陆地光缆，其中俄2条、哈1条。自2017年5月1日起，中国移动全面下调了包含欧亚经济联盟地区在内的漫游资费。2017年6月6日，中国联通（俄罗斯）运营有限公司在莫斯科成立。据Kapital.kz网站2019年6月28日报道，哈萨克斯坦电信公司与中国移动公司在上海举办2019年世界移动大会期间签署合作备忘录。根据该文件，在"一带一路"倡议框架下，中方计划向哈方购买一条1G速率的中欧国际地面传输通道，从而使中国移动在亚洲和欧洲的用户能够享受

①《诺基亚贝尔的5G布局曝光 涉及"一带一路"40多个国家》，中国一带一路网，2017年10月，https://www.yidaiyilu.gov.cn/xwzx/gnxw/29750.htm。

高速欧亚数据链的优质通信服务。哈电信公司将为中国移动在哈开发语音和短信服务提供协助。①

第三节 贸易畅通成效明显

贸易畅通重点着力解决投资贸易便利化问题，消除投资和贸易壁垒，构建区域内和各国良好的营商环境，积极同共建国家和地区共同商建自由贸易区，激发释放合作潜力，做大做好合作"蛋糕"。

一 双边贸易产品种类丰富，双边贸易额逐年上升

基于各国资源禀赋的不同与比较优势，中国与联盟成员国进出口的产品会有所差异。

俄罗斯是中国第一大能源进口来源国、第一大电力进口来源国、第二大原油进口来源国和第二大煤炭进口来源国。中国自俄罗斯进口的商品主要是原油、煤炭、金属矿及矿砂、水产品、食用油、粮食、木制品等初级产品，而中国对俄出口的商品主要是机电产品、轻工产品、化工产品、钢材等制成品。此外，与货物贸易相比，中俄服务贸易规模相对较小，随着"一带一路"倡议的推进，中俄服务贸易额也在逐年增长。其中，旅游、运输、建筑工程承包、商品服务是中俄服务贸易的重点领域。随着中俄贸易的扩大，服务贸易对于推动两国经济发展的作用也愈加凸显。中国商务部国际贸易经济合作研究院欧亚研究所所长刘华芹表示，中俄新时代全面战略协作伙伴关系高水平发展，为两国经贸合作提供了重要政治前提、夯实了基础。为继续推动双边贸易高质量发展，中俄双方编制完成了《中俄货物贸易和服务贸易高质量发展的路线图》，为实现中俄双边贸易额 2000 亿美元目标做出规划。

---

① 《哈萨克斯坦电信公司有意与中国移动开展合作》，中华人民共和国商务部，2019 年 6 月，http://m.mofcom.gov.cn/article/i/jyjl/e/201906/20190602877150.shtml。

中国是哈萨克斯坦的第一大贸易伙伴。中国近年来主要从哈国进口金属砂及矿砂、铬铁、原油、天然气、小麦、食用植物油、亚麻子、羊毛，而向哈国出口机电产品、服装鞋靴等。哈国家统计局发布的 2022 年全国贸易数据显示，哈中贸易额 241.5 亿美元，同比增长 34.1%，其中哈出口 131.7 亿美元，同比增长 34.7%，哈进口 109.8 亿美元，同比增长 33.5%。① 值得一提的是，近年来，华为、欧珀、中兴、联想等国产品牌手机，在哈萨克斯坦均有不错的销售业绩。积极开拓包括哈萨克斯坦在内的中亚手机市场，将为中国相关企业带来新的发展机遇期。新的市场也很有可能成为企业实现自身发展目标的重要推动力量。②

白俄罗斯是中国的重要贸易伙伴。它主要从中国进口机电产品、鞋靴、纺织纱线、玩具、医药材及药品，向中国出口的商品主要是肥料、农产品、木及木制品等。2021 年 4 月 7 日，中国与白俄罗斯服务贸易与投资协定第一轮谈判就《谈判职责文件》达成共识，围绕服务贸易、投资、知识产权等领域规则深入交换了意见，并拟定下一步工作计划。该谈判旨在完善服务贸易和投资等领域的双边经贸规则，为进一步扩大两国贸易投资合作创造良好环境。③ 2022 年 4 月 26~28 日，《中国与白俄罗斯服务贸易与投资协定》第四轮谈判以视频会议方式举行，双方就投资、特定服务贸易、电子商务等深入交换意见，并拟定下一步工作计划。④

作为吉尔吉斯斯坦的第二大贸易伙伴、第一大投资来源国，中国主要从其进口皮革、钢铁、矿砂、棉花、坚果、天然蜂蜜、羊毛、黄金等，向其出口纺织服装、汽车零配件、家用电器、核桃、茶叶。

---

① 《哈萨克斯坦国家统计局发布 2022 年哈中贸易数据》，中华人民共和国商务部，2023 年 2 月，http://kz.mofcom.gov.cn/article/jmxw/202302/20230203391443.shtml。

② 《"一带一路"带来新机遇　中国手机热销哈萨克斯坦》，中国一带一路网，2017 年 2 月，https://www.yidaiyilu.gov.cn/xwzx/gnxw/7765.htm。

③ 《中国与白俄罗斯举行服务贸易与投资协定第一轮谈判》，中国一带一路网，2021 年 4 月，https://www.yidaiyilu.gov.cn/xwzx/gnxw/169817.htm。

④ 《中国与白俄罗斯举行服务贸易与投资协定第四轮谈判》，中国服务贸易指南网，2022 年 4 月，http://tradeinservices.mofcom.gov.cn/article/news/ywdt/202204/133207.html。

　　中国是亚美尼亚的第二大贸易伙伴，主要向其出口电机、电气、音像设备、机械器具、锅炉等，进口铜及铜精矿、酒类产品以及宝石等。

　　由表 12-3 可知，中国同欧亚经济联盟成员国之间的双边贸易额总体呈增长趋势，进一步说明了"一带一盟"在贸易畅通方面的对接合作取得了显著成效。

表 12-3　2015~2021 年中国与欧亚经济联盟成员国双边贸易额

单位：万美元

年份	项目	俄罗斯	哈萨克斯坦	白俄罗斯	吉尔吉斯斯坦	亚美尼亚
2015	进出口总额	6801554	1429019	175972	434069	32137
	从中国进口	3475688	844124	74890	428212	11240
	对中国出口	3325866	584895	101082	5857	20897
2016	进出口总额	6961592	1309767	152536	567669	39181
	从中国进口	3735577	829259	109017	560546	11119
	对中国出口	3226015	480508	43519	7124	28062
2017	进出口总额	8422089	1794313	144875	542386	44653
	从中国进口	4283060	1156444	93336	533681	14385
	对中国出口	4139029	637869	51538	8706	30268
2018	进出口总额	10710745	1987814	171264	561112	51533
	从中国进口	4796527	1135153	114159	555679	21318
	对中国出口	5914218	852661	57105	5433	30214
2019	进出口总额	11094019	2200277	271393	634656	75440
	从中国进口	4974849	1272910	179907	628052	22309
	对中国出口	6119171	927367	91486	6604	53130
2020	进出口总额	10776516	2144671	300324	290093	99488
	从中国进口	5058458	1170731	211335	286614	22279
	对中国出口	5718058	973938	88989	3477	77209
2021	进出口总额	14688700	2525000	312796	755374	130354
	从中国进口	6756500	1398000	222610	747400	29386
	对中国出口	7932200	1127000	90185	7974	100967

资料来源：中国一带一路网。

二 中方与联盟成员国产能合作项目在广度与深度上有所推进

"一带一盟"对接，推动中国与各成员国的产能合作项目务实开展。

（一）俄罗斯与中国之间的产能合作

在能源项目合作上，两国已经有了良好基础。2016年4月，中俄双方签订了多项在俄罗斯远东地区建厂的谅解备忘录，双方同意中国12个先进经济行业与俄罗斯开展合作的倡议，包括造船、化工、冶金、建筑、能源、机械制造、纺织、水泥、通信、农业等。

在上游油气勘探开发与下游炼化和精深加工合作领域开展密切合作。在上游勘探开发领域，2015年9月3日，中国石化集团与俄罗斯石油公司签署《共同开发鲁斯科耶油气田和尤鲁勃切诺—托霍姆油气田合作框架协议》，该协议的签署有利于中俄双方在这两个油气田的勘探开发合作中降低项目运营风险。2015年12月17日，中国石油集团与俄罗斯天然气工业股份公司签署了《中国石油与俄气公司石油合作谅解备忘录》，这份协议的签署进一步拓展了双方的合作领域。在下游炼化和精深加工合作方面，2015年9月，中国石化集团陆续与俄罗斯天然气加工及石化产品公司西布尔集团签署战略投资协议。在天然气领域，中国通过参股方式深度参与亚马尔天然气项目，也是中俄提出共建"冰上丝绸之路"后启动的首个全产业链能源合作项目。2019年4月25日，中国石油集团与俄罗斯诺瓦泰克股份公司就该项目签署合作框架协议开展北极LNG-2项目合作，此项目是中俄在北极地区的第二个大型能源合作项目。

在电力领域已有合作成果。中国三峡集团与俄罗斯水电公司于2016年5月签署《中俄关于成立合资公司开发俄罗斯下布列亚水电项目的合作意向协议》。2017年6月，中俄合资建设的华电捷宁斯卡娅电站投入运营，该项目的顺利运营对于中俄在电力领域的合作具有示范意义。

在核能领域，中俄两国主要通过田湾核电站和徐大堡核电站两大项目进行合作。田湾核电站7号、8号机组和徐大堡核电站3号、4号机组是2018年6月中俄两国元首见证签署的双方核能领域一揽子合作协议中的重要项目。田湾核电站是中俄两国最大的技术经济合作项目。徐大堡核电站是中国东北第二个，也是迄今中国最北的核电站，项目由俄罗斯负责核岛设计和核岛主要设备供货；中方负责电站总体设计、常规岛及 BOP 设计，核岛部分设备、全部常规岛和 BOP 设备供货，以及电站建安、调试等工作。[①]

（二）哈萨克斯坦与中国之间的产能合作

自 2016 年以来，在中哈两国政府的全力推进下，由中国国家发展改革委与哈萨克斯坦投资发展部共同设立了中哈产能与投资合作协调委员会。同时指定中国产业海外发展协会与哈萨克斯坦国家投资公司为项目对接机制的执行单位，负责项目对接、跟踪及《中哈产能与投资合作清单》的更新工作。

哈国正在落实的"光明之路"新经济政策和中国提出的共建"一带一路"倡议进行项目合作对接。据哈萨克斯坦媒体报道，哈工业和基础设施发展部发布消息称，正在实施的 55 个中哈产能合作项目总投资 273 亿美元，其中 13 个项目已完成，总额 37 亿美元；12 个项目正在建设，总额 57 亿美元；8 个项目处于冻结状态，其中 7 个将从清单中移除；22 个项目正在规划，其中总计 35 亿美元的 12 个项目已基本确定，总计 143 亿美元的 10 个项目正在筹备。[②] 中哈率先开展产能和投资合作，札纳塔斯 100 兆瓦风电、江淮汽车生产线、奇姆肯特炼厂现代化改造、阿克套沥青厂等多个项目被称为"中哈合作典范"。[③]

（三）白俄罗斯与中国之间的产能合作

在白俄罗斯有近 30 家中资企业从事工程承包项目，中国企业参加的白俄罗斯水泥厂建设、电站及电网改造、白俄罗斯吉利汽车项目、水电站建设、亚麻厂技术改造等项目得到了白俄罗斯政府的高度评价。截至 2018 年，

[①] 《中俄合作徐大堡核电站首批俄供大件设备通关》，中国一带一路网，2021 年 11 月，https：//www.yidaiyilu.gov.cn/xwzx/dfdt/202281.htm。

[②] 《哈萨克斯坦：中哈产能合作项目 55 个，总投资 273 亿美元》，《中国工业报》2019 年 9 月 17 日。

[③] 《中哈油气合作累计生产原油近 3 亿吨　多个项目被称"中哈合作典范"》，中国一带一路网，2017 年 6 月，https：//www.yidaiyilu.gov.cn/xwzx/hwxw/15549.htm。

两国在白俄罗斯境内联合实施的 16 个大型项目已经完工, 尚有 16 个总额约为 80 亿美元的合作项目在实施中。[①]

(四)吉尔吉斯斯坦与中国之间的产能合作

2015 年, 时任吉尔吉斯斯坦总理萨里耶夫明确表示愿与"丝绸之路经济带"倡议对接, 积极开展产能合作。中吉两国在联合公报中指出将创新合作模式, 开展国际产能与装备制造合作, 利用双方互补优势, 将中方产能与吉方发展要求相结合, 为两国工业体系更新和升级提供助力。2017 年 8 月 30 日, 中吉最大能源合作项目比什凯克热电厂改造项目全面竣工投产, 这是中吉战略合作伙伴关系快速发展的有力证明, 也是两国共建"丝绸之路经济带"的重要举措。比什凯克热电厂改造项目的竣工投产不仅是中吉两国务实合作的典范, 更是中吉友谊的象征(见表 12-4)。

表 12-4 中国企业与欧亚经济联盟成员国部分产能合作项目

国家	合作单位	项目主要内容
俄罗斯	中国平煤神马能源化工集团与俄罗斯伊尔库茨克石油股份有限公司	合资共建甲烷气深加工园区项目
	中国铁路建设总公司与俄联邦交通运输部	开发欧亚高速运输走廊的"莫斯科—北京"高铁项目
	中核集团与俄罗斯国家原子能集团	签署相关协议,包括《田湾核电站 7/8 号机组框架合同》《徐大堡核电站框架合同》《中国示范快堆设备供应及服务采购框架合同》等合作协议。迄今为止中俄最大的核能合作项目,合同总额超 200 亿元,项目总造价超千亿元
	中国友谊商城	百货零售、超级市场、餐饮娱乐与商务办公
	华为公司	生产与销售交换与接入设备
	黑龙江紫金龙兴矿业有限公司	参与俄罗斯图瓦共和国 120 吨金属矿项目

---

① 杨希燕、唐朱昌等:《对接与合作:丝绸之路经济带与欧亚经济联盟》, 中国经济出版社, 2020, 第 122 页。

续表

国家	合作单位	项目主要内容
哈萨克斯坦	中石油公司	石油天然气勘探、开采、加工、运输、石油机械设备出口,天然气管道铺路等
	中石化公司	石油机械设备出口,石油天然气勘探、开采、加工
	中国有色金属建设股份有限公司	电解铝厂、选矿厂、石油焦煅烧
	华为阿拉木图公司	通信网络建设
白俄罗斯	中白工业园区开发股份有限公司与青岛市城阳区人民政府、中工国际工程股份有限公司、中恒荣耀(北京)科技有限公司	为园区乃至整个白俄罗斯中医药行业的发展注入新动力
	中工国际	潍柴马兹项目是中白两国合作的首个柴油发动机项目
	中国能源	白俄罗斯斯拉夫钾肥项目
吉尔吉斯斯坦	中国特变电工股份有限公司	比什凯克热电厂改造项目
亚美尼亚	辽宁易发式电气设备有限公司	亚希努哈伊尔和阿格拉克2号变电站改造项目
	中国水电	亚美尼亚 M1 南北公路 TL 18.7 项目,是中国水电在亚美尼亚的第一个公路项目

资料来源:作者根据相关资料整理而得。

三 海外产业园建设成果显著

共建"丝绸之路经济带"倡议,直接推动中国制造企业海外市场发展。其中,海外产业园是重要的合作方式。2015 年 5 月,中俄两国发表的《联合声明》中明确将"共同打造产业园区和跨境经济合作区"作为推动地区合作的优先领域。2015 年,中白两国共同确立将中白工业园建设作为政府间最大投资项目,双方遵循"政府引导、企业主体、市场运作、科学规划、分步实施"的发展思路,推进园区建设,共同致力于将中白工业园打造成"一带一路"的标志性工程和双方合作的典范。表 12-5 展示了部分中国在欧亚经济联盟成员国建设的产业园区。

表 12-5 中国在欧亚经济联盟成员国的产业园

国家	名称	主导产业
俄罗斯	乌苏里斯克经贸合作区	窗体顶端轻工、机电、木业等产业
	中俄托木斯克木材工贸合作区、俄罗斯伊尔库茨克木材加工园区、俄罗斯耐力木材园区、俄罗斯格城新北方木材加工园区、俄罗斯巴什科沃木材加工园区	木材加工
	中俄丝绸之路高科技产业园区俄方园区	高新技术研发
	俄罗斯巴什科尔托斯坦石化工业园	化学产业、机械设备制造等
	中俄尼古拉商贸物流保税园区	建筑材料、陶瓷系列各种百货商品产品展示展销、双向物流等
哈萨克斯坦	乌尔加尔县粮油工业园区	粮油
	东哈萨克斯坦州现代农牧业产业园	农产品、畜禽养殖
白俄罗斯	中白工业园	机械制造、电子信息、精细化工、生物医药、新材料、仓储物流
吉尔吉斯斯坦	吉尔吉斯斯坦亚洲之星农业产业合作区	农业种植、畜禽养殖、饲料加工、动物检疫、速冻食品、物流仓储、农机配件等
	吉尔吉斯斯坦比什凯克中吉产业园	物流仓储、纺织服装产业、轻工家电产业

资料来源：作者根据相关资料整理而得。

四 高新技术与数字经济新兴领域的迅速崛起

科技创新合作是当前世界各国发展的重点领域。2016 年 6 月 27 日，中国科技部与俄罗斯经济发展部签署了《关于在创新领域开展合作的谅解备忘录》，旨在加强两国在创新战略、技术转移、国家创新体系建设等领域的合作。2017 年 6 月，中俄创新合作协调委员会举办中俄创新对话，促进了两国在科技创新领域合作的顶层设计与合作交流。

中俄航空航天领域的合作愈加深入。俄罗斯在航空航天领域实力雄厚，在火箭发动机、大推力涡扇发动机、大型客机、重型直升机等领域的水平居世界前列。关于卫星导航领域合作，中俄两国联合发布了格洛纳斯和北斗两系统兼容与互操作、融合应用等声明，开展了"一带一路"服务第一阶段测试，形成了 10 个标志性合作的项目清单，取得了一些阶段性成果。2018
年 9 月 28 日，中俄总理定期会晤委员会航天合作分委会第十九次会议中，
两国就运载火箭及发动机制造、地球遥感、月球与深空探测、卫星导航、航
天电子元器件、空间碎片、低轨卫星通信系统等领域合作达成共识，并更新
了《2018—2022 年中俄航天合作大纲》。

中国与联盟成员国已经开始在数字经济领域合作。随着以数字化、网络
化、智能化为核心特征的第四次工业革命的到来，全球产业结构和发展方式
将发生深刻变革。数字经济已成为经济增长的新动能。数字经济的红利规模
与国际经济技术合作正相关。数字经济为"一带一盟"对接提供了新的合
作平台。2020 年初，突如其来的新冠疫情给全球经济带来了前所未有的冲
击，但数字科技的发展和广泛应用降低了疫情对全球经济发展的影响。新冠
疫情重塑了全球经济活动，更加凸显了数字经济的重要性。[①] 中国数字经济
体量大，信息产业集群完善，与联盟成员国开展数字领域合作具有显著的产
业优势。

第四节 资金融通取得进展

随着"一带一盟"对接合作的进一步加深，金融合作成为双方对接的
一个重要领域，并且取得了进展。

一 中国与联盟成员国就促进金融机构融通签署相关协议

2014 年 10 月 13 日、2014 年 12 月 14 日、2015 年 3 月 25 日、2015 年 5
月 10 日，中国分别与俄罗斯、哈萨克斯坦、亚美尼亚、白俄罗斯签署了有
效期三年的双边本币互换协议。2018 年 1 月 5 日，中国人民银行发布了
《关于进一步完善人民币跨境业务政策促进贸易投资便利化的通知》。该通
知的实施将有利于进一步提高贸易投资便利化水平，有利于提升金融机构服

---

① 《中俄共促数字经济与实体经济融合发展》，《国际人才交流》2021 年第 2 期，第 62~
63 页。

务实体经济、服务"一带一路"建设的能力，有利于中国推进更深层次更高水平的对外开放。① 2019 年 12 月 16 日，国家开发银行与白俄罗斯财政部在上海签署 35 亿元境外人民币贷款协议。该项目是国开行在中国人民银行、银保监会指导支持下，发挥上海自贸试验区金融创新机制优势，为白俄罗斯共和国提供的境外人民币主权贷款，并已纳入第二届"一带一路"国际合作高峰论坛的成果清单。白俄罗斯将把这笔资金用于投资人民币计价的资产和支持双边经贸往来。②

二 中国同联盟成员国的金融合作模式不断创新

近年来，中国与欧亚经济联盟各成员国之间进行了投资基金、贷款合同、债券合作等（见表 12-6）。

表 12-6 中国同欧亚经济联盟成员国的金融合作项目

国家	时间	合作方	项目名称	项目内容
俄罗斯	2012 年 6 月	中投公司和俄罗斯	中俄投资基金	双方各出资 10 亿美元，主要投资俄罗斯和独联体国家的商业项目以及与俄罗斯有关的中国项目。该联合基金已经在 19 个项目中投入了 10 多亿美元
	2017 年 3 月	中国国际金融有限公司和俄罗斯铝业联合公司	熊猫债券的发行	总金额为 100 亿元，分期发行，首期为 10 亿元。同年 9 月 1 日，该公司在上交所发行第二期熊猫债券，发行规模为 5 亿元
	2018 年 2 月	俄远东发展基金和中国黄金集团公司	投资基金	总规模 10 亿美元

① 《哈萨克中国银行开办个人客户向中国内地人民币跨境汇款业务》，中国一带一路网，2018 年 1 月，https://www.yidaiyilu.gov.cn/xwzx/hwxw/43209.htm。
② 《国开行与白俄罗斯财政部签署 35 亿元境外人民币贷款协议》，中国一带一路网，2019 年 12 月，https://www.yidaiyilu.gov.cn/xwzx/gnxw/112999.htm。

国家	时间	合作方	项目名称	项目内容
哈萨克斯坦	2015年12月	中国和哈萨克斯坦	中哈产能合作基金	丝路基金单独出资20亿美元设立中哈产能合作基金，重点支持中国与哈萨克斯坦两国之间的产能合作及相关领域项目
	2016年11月	中国亚粮集团和哈萨克斯坦出口投资署	签署《关于设立中哈农业发展基金的框架协议》	为拓展两国农业合作提供资金支持
	2017年6月	中航证券有限公司、新疆中泰有限公司和哈萨克斯坦出口与投资署	签署"中哈跨境人民币产能合作基金"战略合作协议	共同在哈萨克斯坦搭建金融桥梁，开展产能合作项目投资
	2017年12月	哈萨克斯坦中国银行与欧洲复兴开发银行	银团贷款合同	共同为哈萨克斯坦沙尔基亚锌业公司锌矿改扩建项目提供贷款，贷款总金额为2.95亿美元，其中哈萨克斯坦中国银行提供1.2亿美元
	2018年6月	丝路基金与哈萨克斯坦阿斯塔纳国际金融中心	签署战略合作伙伴备忘录并与阿斯塔纳国际交易所签署框架协议	深化中哈在双边重点领域的合作，助力哈资本市场发展和金融改革，支持哈经济社会发展。发挥丝路基金自身优势，以金融合作为抓手推动中哈产能合作
白俄罗斯	2016年9月	中国和白俄罗斯	签署《中白投资基金合作协议》	两国合作以来的首个基金项目
吉尔吉斯斯坦	2016年9月	中国国开行与吉尔吉斯农业银行	融资贷款合作协议	额度150万美元和1200万元人民币的融资贷款合作协议，采用融资租赁形式支持吉尔吉斯斯坦农民购买农用机械

资料来源：作者根据相关资料整理而得。

三 银行合作向跨境金融联盟、互设机构跨境经营转变

（一）中俄金融联盟

2015年10月15日，在第二届中国—俄罗斯博览会"中俄金融合作会

议"上，中俄金融联盟在哈尔滨宣布正式成立。该联盟由中国最早开办对俄金融业务的城市商业银行哈尔滨银行与俄罗斯资产排名第一的俄罗斯联邦储蓄银行牵头联合发起设立。中俄金融联盟以"建立中俄经贸往来高效发展有利机制，促进中俄金融合作的全面发展，推进中俄两国经济主体本币结算"为主要目标，通过加强联盟会员在金融服务、风险管理、技术解决、员工培训等方面的经验交流，增进中俄两国在金融等领域的信息交流，并在代理行关系建立、双边本币结算及现钞业务、国际贸易及信保融资、组织银团贷款、中俄地方基础设施建设项目融资以及在全球市场交易业务等领域寻求合作。

中俄金融联盟初始成员为 35 家金融机构。其中，中方成员 18 家，包括包商银行、重庆银行、朝阳银行、阜新银行、富邦华一银行、广州农村商业银行、哈尔滨银行、哈尔滨农村商业银行、哈银金融租赁有限责任公司、恒丰银行、华夏人寿保险股份有限公司、吉林银行、民生加银基金管理有限公司、内蒙古银行、天津银行、威海市商业银行、新华信托股份有限公司、中泰信托有限责任公司；俄方成员 17 家，包括俄罗斯联邦储蓄银行、工业通讯银行、亚太银行、外经银行、天然气工业银行等。据不完全统计，国内商业机构已与俄罗斯超过 200 家银行建立了代理行关系。①

（二）跨境金融机构

2017 年 12 月 20 日，1000 万俄罗斯卢布现钞跨越欧亚大陆，从俄罗斯亚太银行空运至哈尔滨银行金库。这一操作，标志着在中国非边境口岸城市，俄罗斯卢布现钞实现了中俄金融机构间调入、调出的双向流动，这是中俄两国银行间在现钞调运渠道方面的突破。两家机构凭借良好的协作基础，搭乘"一带一盟"对接东风，开启了中俄两国金融机构现钞合作新篇章。俄罗斯卢布调入极大地缓解了境内银行俄罗斯卢布备付金不足的压力，充裕的现金流方便了中俄双方客户，为旅游、留学、商务出差人员使用俄罗斯卢

① 姜欣欣：《如何看待当前背景下的中俄金融合作》，《金融时报》2016 年 12 月 12 日，第 11 版。

布现钞提供了便利。同时，俄罗斯卢布现钞跨境调入也为部分俄罗斯银行搭建了平台，为加强中俄两国金融机构现钞合作奠定了坚实基础。[①]

四　支付系统合作有序开展，银行卡的合作不断深化

中国银联与欧亚经济联盟各成员国的合作正在有序开展。随着中俄两国经贸往来和人员交流越来越密切，16家俄罗斯本地机构已累计发行超过250万张银联卡，手机闪付成为服务亮点。其他成员国与中国银联的合作也有了新的突破（见表12-7）。

表12-7　中国银联同欧亚经济联盟成员国的合作

国家	时间	合作项目	合作内容
俄罗斯	2019年10月	莫斯科地铁站银联闪付进站功能	银联卡非接触支付功能首次应用于海外地铁。此项业务由中国银联下属子公司银联国际、俄罗斯VTB银行、莫斯科地铁公司联合推出，首批应用于莫斯科地铁150个车站
哈萨克斯坦	2012年12月至2017年1月	中国银联服务	哈萨克斯坦人民银行、储蓄银行、贸易银行、外贸银行、阿拉木图商业和金融银行相继加入中国银联
吉尔吉斯斯坦	2015年5月	全面发行银联卡	OPTIMA银行全面发行银联卡
亚美尼亚	2019年10月	中国银联卡服务	亚美尼亚农业互助银行(ACBA)的POS终端和自动柜员机在亚美尼亚开通中国银联卡的服务

资料来源：作者根据相关资料整理而得。

五　金融监管与合作机制完善取得一定进展

2019年6月，中俄两国签署《中华人民共和国和俄罗斯联邦关于发展新时代全面战略协作伙伴关系的联合声明》。明确在中俄总理定期会晤委员

[①] 《中俄两国金融机构首次实现卢布现钞空运至中国非边境口岸城市》，中国一带一路网，2018年1月，https://www.yidaiyilu.gov.cn/xwzx/gnxw/42824.htm。

会金融合作分委员会框架内开展两国政府部门和金融监管部门的合作。中俄金融监管部门将采取措施，提高外贸合同中使用本币结算的份额，开展支付系统、银行卡和保险领域合作，促进相互投资，欢迎两国发行人在双方金融市场发行债券。标志着中俄两国在金融监管与合作机制上有了新的发展。近年来，中国同欧亚经济联盟主要成员国——俄罗斯和哈萨克斯坦金融监管机构对监管与合作机制进行了不同程度的完善，在保险监管、财金合作、融资机制建设等方面的合作取得了新的进展（见表12-8）。

表 12-8　中国同欧亚经济联盟成员国之间签署的金融监管协议/合作机制

国家	时间	签署协议/合作机制	具体内容
俄罗斯	2015 年 11 月	签署《中俄保险监管合作谅解备忘录》	中国保险监督管理委员会与俄罗斯联邦中央银行双方将采取措施开展保险市场信息交换,建立相互协作机制,加强保险监管和业务合作
	2016 年 6 月	签署《关于预防洗钱和恐怖融资谅解备忘录》	中国人民银行与俄罗斯中央银行双方签署的这份文件对于加强中俄在洗钱监管交流、金融情报交换等领域的合作有着重要意义
	2019 年 8 月	签署《中俄会计准则合作备忘录》《中俄审计监管合作备忘录》	这两份文件为两国跨境交易与资金融通提供了制度保障
哈萨克斯坦	2016 年 12 月	签订双边监管合作备忘录并成立中哈金融合作分委会	积极促进《清迈倡议》的多边化,建立了区域外汇储备 2400 亿美元,并倡议构建金砖国家应急储备安排,金额为 1000 亿美元

资料来源：作者根据相关资料整理而得。

第五节　民心相通丰富多彩

民心相通是共建"丝绸之路经济带"的重要内容，也是开展"一带一盟"对接的社会人文保障。随着"一带一盟"对接民间交往日益频繁，民心相通也日益深化，相互认同感与参与度也有较大提升。

一 在欧亚经济联盟各成员国设立孔子学院

孔子学院在欧亚经济联盟各成员国设立，在文化交流中发挥着重要作用。通过表 12-9 可以发现共在欧亚经济联盟各成员国设立了 36 所孔子学院，孔子学院已经成为"一带一盟"人文领域对接的一个重要窗口。

表 12-9 欧亚经济联盟各成员国开设孔子学院情况

国家	孔子学院名称
俄罗斯 （20 所）	圣彼得堡国立大学孔子学院、远东联邦大学孔子学院、伊尔库兹克国立大学孔子学院、俄罗斯国立人文大学孔子学院、新西伯利亚国立技术大学孔子学院、喀山联邦大学孔子学院、布拉戈维申斯克国立师范大学孔子学院、布里亚特国立大学孔子学院、莫斯科国立大学孔子学院、卡尔梅克国立大学孔子学院、托木斯克国立大学孔子学院、乌拉尔联邦大学孔子学院、莫斯科国立语言大学孔子学院、梁赞国立大学孔子学院、下诺夫哥罗德国立语言大学孔子学院、伏尔加格勒国立社会师范大学孔子学院、阿穆尔国立人文师范大学孔子学院、新西伯利亚国立大学孔子学院、克拉斯诺亚尔斯克阿斯塔菲耶夫国立师范大学孔子学院、俄罗斯国立职业师范大学孔子学院
哈萨克斯坦 （5 所）	卡拉干达萨金诺夫技术大学孔子学院、欧亚大学孔子学院、哈萨克国立民族大学孔子学院、阿克托别州朱巴诺夫大学孔子学院、阿布莱汗国际关系与外国语大学孔子学院
白俄罗斯 （6 所）	白俄罗斯国立大学共和国汉学孔子学院、明斯克国立语言大学孔子学院、白俄罗斯国立技术大学科技孔子学院、戈梅利国立大学孔子学院、布列斯特国立普希金大学孔子学院、白俄罗斯国立体育大学孔子学院
吉尔吉斯斯坦 （4 所）	比什凯克国立大学孔子学院、贾拉拉巴德国立大学孔子学院、吉尔吉斯国立民族大学孔子学院、奥什国立大学孔子学院
亚美尼亚 （1 所）	"布留索夫"国立大学孔子学院

二 双边教育合作不断深入

"一带一盟"对接过程中，合作办学得到迅速发展。中国与欧亚经济联盟成员国签署了学历学位互认协议，国家间互派留学生的规模与数量逐年增加。截至 2018 年初，有约 1.8 万俄罗斯学生在华留学；截至 2019 年，在华哈萨克斯坦籍留学生已达 1.4 万人。中国与欧亚经济联盟成员国出版相关教育书籍，促进双边教育合作（见表 12-10）。

表 12-10　中国同欧亚经济联盟成员国之间的部分教育合作

国家	时间	教育合作
俄罗斯	2014 年 5 月	签署《中华人民共和国教育部与俄罗斯联邦教育科学部关于北京理工大学与莫斯科国立罗蒙诺索夫大学合作举办"中俄大学"的谅解备忘录》
	2015 年 8 月至 2017 年 8 月	2015 年 8 月，教育部正式发文批准筹设深圳北理莫斯科大学。2016 年 11 月，深圳北理莫斯科大学获教育部批准正式设立。2017 年 8 月，深圳北理莫斯科大学迎来首批 113 名 2017 级本科生
哈萨克斯坦	2018 年 2 月	哈萨克斯坦《汉哈大辞典》首发，这部辞典的问世不仅将为哈萨克斯坦的汉语教学、翻译和研究提供有力支持，还将为中国民众深入了解哈萨克斯坦的语言和文化打开一扇窗口
吉尔吉斯斯坦	2022 年 2 月	签署了《中华人民共和国国家新闻出版署与吉尔吉斯共和国文化、信息、体育和青年政策部关于经典著作互译出版的备忘录》，根据该备忘录，中吉双方约定在未来 5 年内，共同翻译出版至少 50 种两国经典著作，为两国读者和人民提供更多优秀精神文化产品

资料来源：作者根据相关资料整理而得。

三　中国与欧亚经济联盟成员国间的旅游免签政策逐渐放开，双边旅游有序开展

俄罗斯针对赴俄的中国游客增设新航线，推动再保险政策。新航线的增设让中国更多地区的游客能够直飞俄罗斯。中俄保险公司签署协议，推动再保险政策，即中国游客在购买中方保险公司的境外旅游险后，能够同时获得一份俄方公司的保险，享受旅游期间的免费医疗服务。[①] 2018 年 10 月 12 日，俄罗斯方面完成《俄中免签证旅游新协议》的制定，该协议规定将接待中国境内游客免签证逗留期限延长至 3 周。

---

① 《中俄：从路相连到心相通》，中国一带一路网，2016 年 9 月，https：//www.yidaiyilu.gov.cn/wtfz/mxxt/37.htm。

哈萨克斯坦、亚美尼亚均逐步推出了进一步开放交流相关政策。哈萨克斯坦于 2017 年 6 月推出了对中国乘客 72 小时免过境签证的政策。2017 年 8 月，中国与亚美尼亚还就扩大航权安排、更新航空运输协定文本等达成共识，进一步推动双边航空运输发展以带动旅游人数增加。

白俄罗斯增设相关旅游协定。2018 年是中国"白俄罗斯旅游年"，《中华人民共和国政府和白俄罗斯共和国政府关于互免持普通护照人员签证的协定》于 8 月 10 日正式生效。根据该协定，两国持普通护照人员可免签入境对方国家，每次停留时间不超过 30 天，一年内免签入境时间累计不超过 90 天。该协议对因私出国、商务出差及出境旅游人员有效。[①]

四　文化交流节与文化合作交流年活动不断

近年来，电影节、语言文化节频繁，国家年、语言年、青年友好交流年、媒体交流年、发展地方合作交流年等国家主办的大型、系列项目与活动不断。2017 年 6 月 20 日，中国发布《文化部"一带一路"文化发展行动计划》，该计划与共建"丝绸之路经济带"国家一起，逐步完善文化交流合作机制，形成多个文化交流合作平台，继续强化"欢乐春节""丝绸之路文化之旅"等文化交流合作项目的品牌效应，同时逐步形成面向"一带一路"国际文化市场的产业发展格局。

（一）中国与俄罗斯的文化交流活动

从 2006 年起，中俄两国连续互办国家级大型活动，包括中俄国家年、语言年、旅游年、青年友好交流年、媒体交流年等。在上述活动框架内，中俄互办文化节、文化论坛、文化大集，互派演出团、艺术展览，并积极参加在对方国家举办国际艺术节和艺术比赛等活动，两国在文化领域的交流合作达到了前所未有的高度（见表 12-11）。[②]

---

① 《中白互免签证协定生效　首批中国公民免签入境》，中国一带一路网，2018 年 8 月，https：//www.yidaiyilu.gov.cn/xwzx/hwxw/62555.htm。

② 《"感知中国—吉林文化周"活动走进俄罗斯　传播中国文化增进中俄友谊》，中国一带一路网，2018 年 11 月，https：//www.yidaiyilu.gov.cn/xwzx/hwxw/31504.htm。

表 12-11 中国与俄罗斯双方举办的具有代表性的文化交流活动

时间	活动名称	活动内容
2017 年 8 月	中国藏文化交流团访问俄罗斯	在活动中,交流团与俄方探讨了在"一带一路"框架下进一步开展中俄关于藏文化的交流前景,得到俄方专家学者的积极回应。藏文化把中俄特定地区的民心联结在一起,双方商定从宗教文化和藏医培训、治疗等方面开展交流工作
2017 年 9 月	中俄人文合作委员会第十八次会议	两国副总理共同出席了中俄大学校长论坛、"俄罗斯文化节"开幕式、中俄合拍影片发布式等活动,并见证了有关领域 8 个合作协议的签署
2017 年 10 月	"2017 感知中国·俄罗斯行——吉林文化周"活动	活动期间举行了《铁证如山》俄文版、《中国古典诗词三十首》俄文版图书版权输出签约仪式,向俄罗斯高校赠送图书、影片仪式和莫斯科中国文化中心"吉林图书角"揭幕仪式等
2019 年 3 月	中俄两国妇女跨境互访	2019 年是中俄建交 70 周年,也是中俄地方合作交流年的第二年,此次互访旨在为中俄边境女性企业家搭建互通有无的情感桥、信息桥、合作桥,为深入开展中俄地方合作积势蓄力
2019 年 11 月	2019 俄罗斯电影展	在中国电影博物馆举办的为期 6 天的影展中,《坦克》《草稿》《无往不胜》等 8 部有代表性的俄罗斯电影在京举行 16 场展映,此次俄罗斯电影展是中国电影博物馆"一带一路"系列影展的第一站
2019 年 12 月	俄罗斯文化周	搭建中国海南与共建"一带一路"国家尤其是俄语地区国家在文化领域交流、合作、交易的平台

资料来源:作者根据相关资料整理而得。

(二)中、哈、吉三国举办主题展览与开展电影合作

2017 年 11 月 28 日,香港历史博物馆举办以"绵亘万里——世界遗产丝绸之路"为题的大型展览,展出来自中国内地、哈萨克斯坦和吉尔吉斯斯坦的珍贵文物。这是中国、哈萨克斯坦和吉尔吉斯斯坦三国文物第一次联合展览,也是三国联合申遗成功后的首次丝绸之路主题展。[①] 在电影合作方面,中、哈两国于 2017 年签署合作拍摄电影协议,《音乐家》作为协议的启动项目,是中国"一带一路"倡议与哈萨克斯坦"光明之路"新经济政

---

① 《中哈吉丝路文物联合申遗成功后首次主题展举行》,中国一带一路网,2017 年 11 月,https://www.yidaiyilu.gov.cn/xwzx/dfdt/37631.htm。

策对接在人文领域的重点合作项目。2019 年 11 月，《音乐家》获"金色银幕奖"四项大奖。[①]

（三）中白文化中心促进友好交流

2016 年 12 月 21 日，中国文化中心在明斯克成立；2017 年 5 月 30 日，白俄罗斯文化中心在北京成立。文化中心落成是中白文化交流中的标志性事件，它有助于加深两国人民之间的相互了解，扩大人文领域的友好关系和交流。两国举办文化日活动，是文化中心框架内双方互动的重要形式之一，已成为两国文化合作的重要品牌。[②]

[①] 《中哈合拍片〈音乐家〉获"金色银幕奖"四项大奖》，中国一带一路网，2019 年 11 月，https：//www.yidaiyilu.gov.cn/xwzx/hwxw/109184.htm。

[②] 吴荣兰、章清：《"一带一路"背景下的中白文化交流与合作》，《浙江树人大学学报》（人文社会科学）2018 年第 6 期，第 41~46 页。

图书在版编目（CIP）数据

欧亚经济联盟研究报告／卢纳熙等著. --北京：
社会科学文献出版社，2024.11
　　ISBN 978-7-5228-3279-1

　　Ⅰ.①欧…　Ⅱ.①卢…　Ⅲ.①国际合作-经济联盟-
研究报告-欧洲、亚洲　Ⅳ.①F114.46

　　中国国家版本馆 CIP 数据核字（2024）第 035675 号

欧亚经济联盟研究报告

著　　者／卢纳熙 等

出 版 人／冀祥德
责任编辑／侯曦轩　吴　敏
责任印制／王京美

出　　版／社会科学文献出版社
　　　　　　地址：北京市北三环中路甲 29 号院华龙大厦　邮编：100029
　　　　　　网址：www.ssap.com.cn
发　　行／社会科学文献出版社（010）59367028
印　　装／三河市尚艺印装有限公司

规　　格／开　本：787mm×1092mm　1/16
　　　　　　印　张：19.25　字　数：292 千字
版　　次／2024 年 11 月第 1 版　2024 年 11 月第 1 次印刷
书　　号／ISBN 978-7-5228-3279-1
定　　价／98.00 元

读者服务电话：4008918866

🔺 版权所有 翻印必究